编委会成员（以姓氏音序排列）：

白奚　陈少明　陈卫平　陈支平　成中英

丁四新　董平　冯兵　何俊　黄俊杰

黄勇　乐爱国　李承贵　李存山　李景林

梁涛　廖名春　林乐昌　刘廷善　牛廷涛

潘朝阳　彭国翔　彭永捷　苏费翔　王大千

王中江　吴根友　吾妻重二　向世陵　肖永明

杨朝明　杨儒宾　杨少涵　杨泽波　曾振宇

詹石窗　张学智　周可真　朱汉民　朱人求

国际孔孟学刊

[第一辑]

International Journal
of Confucius and Mencius

主 编 曾振宇

副主编 冯 兵

执行主编 冯 兵

华侨大学国际儒学研究院

中国孔子基金会 主办

社会科学文献出版社

SOCIAL SCIENCES ACADEMIC PRESS (CHINA)

《国际孔孟学刊》创刊词

曾振宇

　　"五四"与新文化运动已逾百年。"硝烟"散尽之后的今天，国人对"打倒孔家店"的认识仍停留在表层。国人过多留意陈独秀、李大钊、钱玄同、胡适等人对孔子与儒家如何恣意批判，恰恰忽略了另一个更加深层次的问题：从二十世纪初开始，这些"先进的中国人"开始自我反思与检讨。逐渐深刻意识到以往对孔子与儒家的认识过于"片面之深刻"。譬如，钱玄同当年一再呼吁废除汉字，把儒家著述"摔破、捣烂，好叫大家不能再去用它"。但是，在 1926 年致周作人的信中，又开始自我反省："前几年那种排斥孔教、排斥旧文学的态度很应改变。""打倒孔家店"的旗手陈独秀早年高喊"新旧之间，绝无调和两存之余地"。但在其晚年又认为在现代知识的评定之下，孔子与儒家思想有现代价值。白云苍狗，世事如棋，在"五四"与新文化运动尘埃落定之后，绝大多数中国知识界精英都纷纷进入"集体反思"之中。因为如果不能从片面激愤地批评中国传统文化的心结升华到对文化传统有一全面、辩证的认识甚至"理解之同情"，就无法在知识和人格上实现自我超越。可喜可贺的是，当时绝大多数中国知识分子都已实现了这一内在自我超越。

　　华侨大学《国际儒学论坛》创刊之时，恰逢 1958 年唐君毅、牟宗三、徐复观和张君劢四位先生发表《为中国文化敬告世界人士宣言》六十周年。六十一甲子，时光如白驹过隙。今天再读此宏文，仍然血脉贲张、心潮起伏。在四顾苍茫、一无所藉之际，四先生呼喊中国文化"有其世界的重要性"，可谓有椎心泣血之痛。中华文化不像发源于古印度的佛教文化，自异域文化入侵之时，便在本土趋于衰微。中华文化虽历经劫难，仍瓜瓞绵绵，"活的生命"依然挺立。以儒学为主体的中国文化，倡导人人自觉成为伦理境界上"道德实践的主体"、政治上的"政治的主体"、自然界和知识界的"认识的主体"与"实用技术的活动主体"。儒家以"仁义"、"民心"为核心的文化精神，老安少怀、父慈子孝的人文情怀，四维、八德的价值理念，内圣外王的社会担当，天下一家的社会理想，仍然闪耀着现代性的光辉。牟宗三先生尝言：在现代化进程中，儒家并不简单只是追求一个如何"适应"的问题。其实更重要的在于：儒家之于现代化，是一个如何"实现"的问题。

《国际儒学论坛》旨在立足于现代性高度，展开与东西方文明的对话与交流，以期"共同思索人类整个的问题"。夙兴夜寐，任重道远。东西南北海，千百世之上，千百世之下，圣人心同理同。

目　录

明清儒学研究

东亚儒学研究

朱子哲学中"心"的概念

陈　来*

摘　要　从晚明至现代，很多学者将朱子所论之"心"与气直接关联起来，认为其"心"是气或属于气。但通过仔细搜检朱子的全部《文集》和《朱子语类》，发现没有一条材料断言心即是气，这清楚表明朱子思想中并没有以心为气的看法。在肯定心为"神明知觉"的前提下，朱子特别重视的心的特质是"具众理""主于身""应万事""统性情"，这五点可以说是朱子论心之大旨。同时，朱子拒绝把"形而上/形而下"这样的分析模式引入对"心"的讨论，这意味着"理/气"的分析方式不适用于朱子自己对"心"的了解。

关键词　朱子　"心"　理　气

朱子哲学中有关"心"的讨论很多，涉及的方面也比较广泛，因此在一篇论文中对有关"心"的问题作全面的讨论，是很困难的。

在这里我想集中地讨论一下朱子哲学中心与气的关系，更明白地说，就是：在朱子哲学中"心"是不是气，或者"心"是否属于气。我们知道，在明代后期的哲学中有不少学者明确主张"性是理、心是气"，认为性和心的关系就是理和气的关系，如黄宗羲就是用这样的观点批评明代朱子学代表罗钦顺。同时，在韩国性理学史上，如李栗谷也主张"心属气之发"。已故现代著名朱子学研究学者钱穆先生在其《朱子新学

＊　陈来，清华大学国学院院长，教授，博士生导师。

案》中肯定地认为："朱子分论理气，性属理，心属气。"[1] 又说："朱子释心，曰知觉、曰虚灵、曰神明，知觉虚灵神明皆属气一边事，非即理一边事。"[2] 已故当代新儒家大师牟宗三先生更早就在《心体与性体》中认定朱子的心是气心，不是自律的道德主体。我在台湾访问的时候曾被问到这样的问题："台湾学者都认为朱子哲学中心属气，为什么你不肯定这一点？"其实在我的著作《朱熹哲学研究》158 页曾对这个问题作过简单的讨论。在这里我愿意进一步阐明我对这个问题的看法。要使讨论的问题清楚而不致混淆，有必要对以下两个问题进行区分：一个是朱子自己是否说过心是气，是否认为心是属气；另一个是后来学者从逻辑上来了解朱子的结构，其中的心是否应该是一个属气的范畴。这是两个完全不同的问题。本文的讨论仅仅集中在前一个问题上。

一　太极阴阳

应当承认，认为朱子哲学中"心"属气或"心"就是气，这样的看法并不是完全没有理由的。在朱子的论述中，有一些表述带给人们一种印象，似乎"心"是与气有关的，是接近于气的一个范畴。如《朱子语类》载：

> 性犹太极也，心犹阴阳也。太极只在阴阳之中，……惟性与心亦然。（《朱子语类》卷五）

"犹"指类似、好像，这是说性和心的关系类似于太极与阴阳的关系；太极在阴阳之中而不离于阴阳，性在心之中而不离于心。"犹"字表示朱子只肯定了两种关系的相类性，但并未肯定心是气。相似的另一段话录：

> 心之理是太极，心之动静是阴阳。（《朱子语类》卷五）

这里朱子不说心是阴阳，而说"心之动静是阴阳"，表现出他的讲话是颇谨慎的。另外，阴阳在中国哲学中的意义很广泛，从而太极阴阳作为一种模式，不限于指述理

---

[1]　钱穆：《朱子新学案》第二册，台湾联经出版事业公司，1998，第 1 页。

[2]　钱穆：《朱子新学案》第二册，台湾联经出版事业公司，1998，第 1 页。

和气这样的关系，也可以指其他有动静的现象。因此，动静往往可以置换为阴阳，而并不表示实体的意义，如心之动为阳、心之静属阴，但这不是说心之动是阳气、心之静是阴气。

二　气之精爽

在语录中只有一段对心气的关系作了某种肯定的提示：

> 心者气之精爽。（《朱子语类》卷五）

仅靠这一条语录，我们并不能清楚了解朱子的意思，因为"心"可以有两种意义：一指心脏，一指知觉。"精爽"亦可有两种意义：一指精气，一指灵。在理学中不仅周敦颐说"人得其秀为最灵"，王阳明也说"气之至精而为人、至灵而为心"（参见《稽山承语》第十条）。因此，朱子的这一段话，可以认为实际指的是心脏之心而言。

朱子哲学中"心"有时是指心脏而言，如说"凡物有心，而其中必虚。如饮食中鸡心猪心之属，切开可见。人心亦然，止这些虚处便包藏许多道理"（《朱子语类》卷九十八），"心以性为体，心将性做馅子模样"（《朱子语类》卷五）。这些实体化的说法中，心都是指心脏而言。因此，心脏之心及五脏皆可说是气或精气，但并不是指知觉意识之心，并无哲学意义。

三　虚灵

正如钱穆所说，朱子常用"虚灵""神明"说心。在这里我们仍然处处可见朱子在定义心的概念时表现的严谨性：

> 问：人心形而上下如何？曰：心脏五脏之心却是实有一物，若今学者所论操存舍亡之心，自是神明不测。（《朱子语类》卷五）

理是形而上者，气是形而下者。心脏之心实有一物，可以谓之形而下，但哲学意义上的心并非实有一物，其特质为"神明不测"，故不能说是形而下。心既然不属形而下，当然意味着心不属气。

神明不测又称虚灵，故朱子说：

> 所觉者，心之理也。能觉者，气之灵也。（《朱子语类》卷五）

能觉者气之灵，是说知觉能力是气所具有的一种特殊功能，是气的一种能力或特性。这个说法表示，朱子确实肯定心与气有关，但这种关系只是承认心之知觉以气为物质基础，并不是说心就是气。所以朱子有一句名言：

> 心比性则微有迹，比气则自然又灵。（《朱子语类》卷五）

这个说法表示，心与性不同，心与气也不同，既不能说心是形而上者，又不能说心是形而下者。所以心既不是性，也不是气。《朱子语类》又载：

> 问：先生前日以挥扇是气，节后思之，心之所思、耳之所听、目之所视、手之持、足之履，似非气之能到。气之所运，必有以主之。曰：气中自有个灵底物事。（《朱子语类》卷五）

这也说明"气之灵"与"气"并不是一回事。虚灵特指思维的功能。

四　（知觉）运动营为

朱子在有些地方也曾说过知觉运动与气有密切关系。在《孟子集注》中论人物之性：

> 性者，人之所得于天之理也。生者，人之所得于天之气也。性，形而上者也。气，形而下者也。人物之生，莫不有是性，亦莫不有是气。然以气言之，则知觉运动，人与物若不异也。以理言之，则仁义礼智之禀，岂物之所得而全哉。（《孟子集注》告子上）

这是指有知觉、能运动、趋利避害等生理机能是属气，由气决定的。

> 人之所以生，理与气合而已。天理固浩浩不穷，然非是气，则虽有是理而无所凑泊，故必二气交感，凝结生聚，然后是理有所附着。凡人之能言语动作、

思虑营为，皆气也，而理存焉。故发而为孝悌忠信仁义礼智，皆理也。（《朱子语类》卷四）

这是说人的动作言语等是气的作用，而孝悌之心则是理的表现。人为理气之合，故理与气在人皆有表现。《孟子集注》中的"知觉"和这里的"思虑营为"很明显是属于心的范畴的。朱子肯定它们皆是气，但是这并不表示朱子认为在总体上可以说"心即气"。因为朱子也同时指出忠信孝悌之心是理。所以这里所说的知觉是指动物皆有的生理性知觉与活动，这里所说的思也特指感性欲望（即人心）而言。要全面了解这一点，还必须和朱子的"人心道心"说联系起来加以考察。

五　知觉：道心人心

我们知道，"心"在朱子哲学中的主要意义之一是指"知觉"，如"心者人之觉，主于身而应事物者也"（《文集》六十五《大禹谟解》），"心之知觉，即所以具此理而行此情者也"（《文集》五十五《答潘谦之》）。"知觉"一方面指能知觉，即感知与思维的能力；另一方面指所知觉，即具体的意念、思维。所以朱子说："人只有一个心，但知觉得道理底是道心，知觉得声色臭味底是人心……道心人心本只是一个物事，但所知觉不同。"（《朱子语类》卷七十八）

知觉之心分为道心、人心，其中道心根于理，人心生于气：

心之虚灵知觉，一而已矣。而以有人心道心之异者，则以其或生于形气之私，或原于性命之正，而所以为知觉者不同。（《中庸章句序》）

又说："心者人之知觉，主于身而应事物者也。指其生于形气之私而言，则谓之人心。指其发于义理之公者而言，则谓之道心。"（《大禹谟解》）蔡沈《书集传》则表述为人心"发于形气"，道心"发于义理"。此外朱子还提到过"四端是理之发，七情是气之发"。这都是指人的念虑思维可分为两大部分，以人心为代表的感性欲望"发于气"，是"气之发"，即根于气而发，但并不是气。严格说来，人心只是根于形气而发的"知觉"，但不能简单地说人心是气。前面引用的《孟子集注》和《朱子语类》卷四的讲法只是一种简略的表达，因为朱子自己在其他地方明确说过：

　　知觉运用莫非心之所为。

　　视听行动，亦是心向那里。（《朱子语类》卷五）

　　退一步说，如果说"发于气""气之发"就称是承认属于气一边，那么很显然，朱子绝不能承认一切知觉都是发于气，也不能承认心都是气之发。如果把孝悌忠信的"道心"也说成是气，是气一边，那定然是朱子所不能接受的。仅从这一点也可以看出，朱子是不可能认为在总体上心就是气。《孟子集注》和《朱子语类》卷四所说，一方面是指生理躯体的动作，另一方面是指"人心"而言，可以说是指比较低层次的知觉活动而言。所以在《朱子语类》卷四的那一条中，朱子仍在强调动作思虑"皆气也，而理存焉"，强调发为孝悌的道心"皆理也"，发为孝悌忠信者即是心，所以即使在《朱子语类》卷四的一条语录中，朱子也并非肯定心就是气。

六　总论

　　其实，以上所涉及的种种问题，在语录中有一段记载陈淳的极为明确：

　　问：知觉是气之灵固如此，抑气为之邪？曰：不专是气，是先有知觉之理，理未知觉，气聚成形，理与气合，便能知觉。

　　问：心之发处是气否？曰：也只是知觉。（《朱子语类》卷五）

　　学生向朱子提了两个重要问题：第一个是知觉是否气为之，即知觉是不是在气的作用下产生的；第二个是心之发处是不是气。对于这两个问题，朱子都给予了否定的回答。对前者，朱子的回答是，知觉是在理与气结合后的共同作用下形成的，不能说仅仅是气之所为。对于后者，朱子的回答是，不能说心之发处就是气，只能说心之发处是知觉。从朱子在遣词命义上的严谨习惯来看，他之所以始终不说心是气，而只说知觉是气之灵，是因为他认为心与气二者不能等同，必须注意在概念上把它们区别开来。所以朱子曾明确分梳："性者即天理也，心者一身之主宰，意者心之所发，情者心之所动，志者心之所之，气者即吾之血气而充乎体者也。"（《朱子语类》卷五）性无形，心略有迹，气者为形器而较粗者，三者是有区别的。

　　陈淳所录的一条所提的问题，正是现代学者提出的问题。我想朱子对此已经作了明确的回答。那就是：心之知觉是气之灵，但虚灵不测的知觉之心不是实有一物，不是形而上者，心比气灵，心之发处只是知觉，而不即是气，亦非气之所为。

因此，在"实谓"的层次上，朱子思想中始终不能承认心即是气，或心属气一边事。

现在，我们要进一步深入讨论：为什么 15 世纪以后的朱子学或阳明学思想家会提出这样的问题；为什么现代思想家会这样理解朱子哲学；这些理解或申述或质疑，内在于朱子思想来看，其方法和结论有无问题。

如果综合地看朱子关于心的了解，以下可以视为朱子哲学中对心的经典表述：

> 心者人之神明，所以具众理而应万事者也。（《孟子集注》）
>
> 心之神明，妙众理而宰万物。（《大学或问》）
>
> 心者人之知觉，主于身而应事物者也。（《大禹谟解》）
>
> 性者心之理，情者心之用，心则统性情而为之主。（《文集》六十七《元亨利贞说》，七十七《孟子纲领》）

所以在肯定心为"神明知觉"的前提下，朱子特别重视的心的特质是"具众理""主于身""应万事""统性情"。这五点可以说是朱子论心之大旨。

以"心统性情"为代表的朱子心性论的结构，十分值得注意的是，这结构的表达、描述常常使用的模式并不是"理/气"的模式而是"易/道/神"的模式。因为心性系统是一个功能系统，而不是存在实体。

黄宗羲则认为，朱子没有把"理/气"的分析用于心性关系的说明，是朱子哲学体系不一致的表现，在他看来，只有把"理/气"的分析原则运用贯通到心性关系，"天"和"人"才能合一。其实，在朱子哲学中，理和气的观念并不是没有应用于"人"。与"理/气"相对应，朱子使用"性理/气质"来分析人的问题。如：

> 才有天命，便有气质，不能相离。（《朱子语类》卷四）
>
> 性离气禀不得。有气禀，性方存在里面；无气禀，性便无所寄搭了。（《朱子语类》卷九十四）

"性"与"气禀（气质）"的关系就是"人"身之上的理气关系。

另外，由于朱子哲学区分了"未发"与"已发"，以情为已发、性为未发，故常常讨论"已发"的根据与根源。在这方面，即"活动→根源"的分析中，朱子也采取理气的分析。在有关人心、道心、四端、七情的根源性分析上，朱子主张人身为理气之合，人心、七情发于形气，道心、四端根于性理。所以，黄宗羲用"天人未能合一"批评朱子没有把"理/气"的方法论贯通到人论中去，是不合事实的。

黄宗羲的提法也表现出，他把"理/气"的二元分析看作一个绝对的、普遍的方法，认为无论主体、客体、实体、功能都应采取这种分析方法。朱子则与之不同，在人论方面，理气的方法只限于追溯意识情感的根源性分析和人身的结构性分析。朱子从不把意识活动系统（即"心"本身）归结为"理"或者"气"。钱穆、牟宗三先生也是把朱子哲学理解为一种"非理即气"的二元性普遍思维。在他们看来，心既然不是性，不属于理一边事，那就应当属于气，是气边事。他们也未了解在朱子哲学中并不是每个部分都可以作这种二元性的分析。

朱子曾说：

> 天地之间有理有气。理也者，形而上之道也，生物之本也。气也者，形而下之器也，生物之具也。是以人物之生，必禀此理，然后有性，必禀此气，然后有形。（《朱文公文集》五十八《答黄道夫》）

这种分析方法即"理/气"的分析是对存在实体所作的"要素分析"，把实体的事物分析、分解为理和气两个基本的构成要素，其中气作为"具"，扮演着质料、材料的角色。但是，从前边的论述（三、虚灵）可以看到，这样的分析法不是绝对的，朱子拒绝把"形而上/形而下"这样的分析模式引入对"心"的讨论，这也意味着"理/气"的分析方式不适用于朱子自己对"心"的了解。在朱子的哲学中，知觉神明之心是作为以知觉为特色的功能总体，而不是存在实体，故不能把对存在实体的形上学分析（理/气）运用于对功能总体的了解。在功能系统中质料的概念找不到它的适当地位。另外，形上学的"理/气"分析把事物分解为形式、质料的要素，而"心"是统括性情的总体性范畴，并不是要素。这些都决定了存在论的形上学分析不能无条件地生搬硬套在朱子哲学中对"心"的把握上面。

企图把存在论的分析不加分析地运用到心性论，特别是贯穿到"心"上，在这一点上，李栗谷也不例外。他主张：

只是一心。其发也，或为理义，或为食色，故随其所发而异共名……大抵发之者气也，所以发之者理也。非气则不能发，非理则无所发。(《答成浩原壬申书》,《李栗谷全书》卷十)

李栗谷显然是想把"发/所以发"这种存在论的分析套用在心性关系上，在"发/所以发"也就是"体/用"的模式，而朱子认为在心性论中只能性情为体用，心则统性情。对朱子来说，心之发只能说是知觉，不能说是气，而李栗谷则认为发者为气，则心属"发"、属气，这与朱子的思想是不合的。

如果从"已发"来看，朱子反对把"心"归属于气，除了哲学上的理由外，更重要的是价值上的理由。问题很明显，如果知觉之心即是气，或把知觉之心全部归结为气，那么，不仅"道心"也属于气，人的良心和四端都成了气一边事，心之知觉在内容和根源上都变成了与理无关的气心，这等于否认人有道德的理性。所以，"心即理"和"心即气"同样是朱子所反对的，可以说，惟其有人心，故心不即是理，惟其有道心，故心不即是气。

在朱子学的发展中，如果一定要把"理""气"的观念引入"已发"来分析，那么，应用于已发的知觉之心的"理""气"观念的意义就要发生变化，而不是存在论意义上的理、气概念了。如在程朱哲学中道心亦称为天理，在此意义上，"知觉从义理上去"亦可称为理。人的"习"与"欲"亦可称为气，但在这种说法中，理指理性，气指感性欲望，已经与黄宗羲、钱穆、牟宗三所说的理、气概念不相同，与我们开始提出的问题不相同，在这里也就不必讨论了。

最后，再强调一遍，在全部《朱文公文集》《朱子语类》中，没有一条材料断言心即是气，这清楚表明朱子思想中并没有以心为气的看法。

儒家的六经与子学的思想比较*

朱汉民*

摘 要 孔子创建了以"六经"为核心的经学体系，又开创了"六经以外立说"的子学体系。在汉以后的典籍分类中，儒学分布在六经与诸子的不同部类。"六经"与"诸子"不仅仅是典籍形式与学术形态的不同，二者的思想形态有很大的差异。"六经"与"诸子"的思想主体分别是君王与士人，相应其思想旨趣也有重要区别。

关键词 儒家 六经 诸子 思想主体 道 治

孔子创建了以"六艺"为核心的"经学"体系，又开创了"六经以外立说"的儒家"子学"体系。《四库全书总目提要》云："自六经以外立说者，皆子书也。"[①] 在汉代确立的典籍和知识的分类中，诸子百家的著作和学说属于"子学"。而在"子学"的二级分类中，儒家位列诸子学之首。

儒学既然是六经之学，为什么又是诸子之学？"六经"与"诸子"除了典籍形式的不同，二者在思想旨趣方面的差异是什么？

---

* 此文是国家社科基金重点项目"四书学与中国思想传统的重建和整合研究"（15AZD032）的阶段性成果。

* 朱汉民，湖南邵阳人，湖南大学岳麓书院国学院院长，教授，博士生导师。研究方向为中国思想文化史。

① 《四库全书总目提要》卷九十一，《子部总叙》。

一　"六经"以外的立说：儒家子学

从刘歆《七略》到班固《汉书·艺文志》，他们所确立的中国典籍和知识的分类中，儒家典籍被分到"六艺略""诸子略"的两个不同部类中。这种典籍分类法似乎隐含着一个知识学分类的矛盾："儒学"到底是"六艺之学"还是"诸子之学"？梁启超在作于1902年的《论中国学术思想变迁之大势》中，对《汉书·艺文志》的分类法提出了质疑："《艺文志》亦非能知学派之真相者也。既列儒家于九流，则不应别著《六艺略》；即崇儒于六艺，何复遗其子孙以侪十家，其疵一也。"梁启超的质疑或许是有一些道理的。作为中国传统学术形态的儒学，为什么要分割到两个不同的知识部类中去？

但是，刘歆、班固所确立的典籍和知识的分类确实有其道理。特别是他们关于经学、子学的分类，更是为后代学者所普遍接受，后来的中国典籍和知识的基本分类就是经、史、子、集的四部分类，而儒学仍然被分布在经部、子部以及史部、集部的不同部类。

儒家建立经学的目的是全面总结、继承夏商周三代的文明体系。孔子自称对上古文献是"述而不作"，这一个"述而不作"的学术宗旨所表达的恰恰是儒家建立经学的特点和要求。三代礼乐文明、典章制度是"先王""圣人"创造出来的，故而谓"作"；儒家通过整理、传播"六经"，以继承三代时期"先王""圣人"创造的优秀华夏文化传统，所以只是"述"。"述而不作"的学术宗旨催生了儒家的"经传"之学，"经"就是指三代"先王""圣人"创造出来原典，"传"则是后世儒家、士人对"经"的传播、传递，"经传"合起来就是经学。

然而，儒家不仅仅有"作"与"述"的"经传"体系，还有"自六经以外立说"的文献，即儒家子学的典籍。应该说，经学、子学的区分本来就是十分明显的，即所谓"官"与"私"的区别。"六艺"原本为"官书"，只为王官撰修、保存、传播；"子书"本为"私书"，则是为私人聚徒讲学而撰修，主要由私学弟子记录、编纂、保存、传播。其实，在先秦时期就将这些不同性质的典籍作了区分，它们作为典、册的竹书在形制上就因尺寸大小不一样而区别明显。可见，刘歆《七略》、班固《汉书·艺文志》的典籍和知识分类有其明显的合理性。

孔子是开创春秋战国讲学的第一人，其创立的学派是诸子百家的第一家，同时，记录他讲学的《论语》也是他"自六经以外立说"的第一本儒家子学著作，因为它是为孔子私人聚徒讲学而纂修，主要由孔门弟子编纂、保存、传播。正如蒋伯潜先生所说："弟子纂述其师说，以成专书，始于《论语》，《论语》一书，如不别立书名，则亦可题曰《孔子》矣。"① 在汉代确立的经学体系中，《论语》逐步被提升为"经"，并且与其他"五经"一样设立博士；宋代以后，《论语》又列为"四书"之首。但是，从最初《论语》的思想内容和典籍形式来看，它应该是儒家子学的第一本书。班固《汉书·艺文志》认为："《论语》者，孔子应答弟子时人及弟子相与言而接闻于夫子之语也。当时弟子各有所记。夫子既卒，门人相与辑而论纂，故谓之《论语》。"② 班固认为"论"即编撰、编订之义，"语"则是"夫子之语"，即孔子通过与学生谈话而"立言"。尽管后来还有一些对《论语》书名的新的解释，但是班固的解释还是比较准确的，由此也正好体现出《论语》作为儒家子学著作的特点。我们可以考察《论语》书名为什么要用"语"字。班固以"孔子应答弟子时人及弟子相与言而接闻于夫子之语也"说"语"，体现的正是子学著作的特点。"六经"的经文属于三代圣王的国家政典、经世大法的记录，而诸子学的典籍则是民间士人和弟子们一道论学、讲学之语的记录。所以，春秋战国时期留下了大量"语""论"等一类的子学著作。与"六经"典籍不同，子学著作的基本特点是民间士人的独立立说，而这些以"语""论"形式立说、论证的著作和典籍，被统称为"子学"。儒家不仅有《论语》，另外还有《孔子家语》《新语》等记录私人讲学的子学著作，宋以后许多儒家学者讲学的著作被称为"语录"，亦是属于这一类子学著作的延续。还有很多没有以"语"命名，而是直接以"子"命名的书，如《子思子》《孟子》等，其实仍然是记录儒家学者讲学的"语"书。另外，还包括其他诸子学派的著作也是以"子"命名。所以先秦的诸子学著作往往可以称为"百家语"。《史记·秦始皇本纪》中记载秦时焚书，"非博士官所职，天下敢有藏《诗》、《书》、百家语者，悉诣守、尉杂烧之"，这里所说的"《诗》、《书》"即是"六经"，"百家语"则是"诸子"。我们注意到，从儒家的《论语》到司马迁的"百家语"，应该说"语"是诸子书的通称之一。与"作""述"的"六经之学"相区别，"语"是诸子针对各种问题发表自己的议论和见解的讲学记录。

---

① 蒋伯潜：《诸子通论》，上海古籍出版社，2013，第 4 页。
② 《汉书》第六册，卷三十，《艺文志第十》，中华书局，1962，第 1717 页。

与"语"接近的是"论"。儒家诸子的大量著作,又均是以"论"的文体,对问题发表自己个人的看法。"语"字的本义是谈论、议论、辩论。许慎《说文》云:"语,论也。"但是,作为文体的"语""论"又有一些区别。"语"、"论"均是"立言","语"是记录诸子与弟子的议论而"立言","论"则往往是诸子自己对某些问题的议论而"立言"。《论语》《孟子》主要是"语",而《荀子》主要是"论",如《荀子》中有《天论》《礼论》《乐论》等。另汉代贾谊有《过秦论》,王充有《论衡》。王充在《论衡·对作篇》中,解释自己《论衡》之"论"的含义:"〔非〕作也,亦非述也,论也。论者,述之次也。《五经》之兴,可谓作矣。太史公《书》、刘子政《序》、班叔皮传,可谓述矣。桓君山《新论》、邹伯奇《检论》,可谓论矣。"可见,"作""述"的著作属于"经""传",而"论"的著作则是诸子所著的"子学"。

儒学本来就是春秋战国时期兴起最早、规模最大、影响最深的诸子百家中的一个学派,孔子去世后,儒分为八。《韩非子·显学》记载:"自孔子之死也,有子张之儒,有子思之儒,有颜氏之儒,有孟氏之儒,有漆雕氏之儒,有仲良氏之儒,有孙氏之儒,有乐正氏之儒。"《荀子·非十二子》中,还记载荀子极力称颂子弓之儒,猛烈批判子思之儒、孟轲之儒、子张之儒、子夏之儒、子游之儒,亦反映了儒家内部分派的事实。他们也按照老师"自六经以外立说"的私人讲学的方式,留下了大量被列为"子书"的著作典籍。在《汉书·艺文志》中,著录了大量孔门弟子的子学著作,其中大多是以"子"学书命名。在《汉书·艺文志·诸子略》的"儒家类"中,著录了许多孔子后学的著作,包括《子思》23 篇、《曾子》18 篇、《漆雕子》13 篇、《宓子》16 篇、《景子》3 篇、《世子》21 篇、《李克》7 篇、《公孙尼子》28 篇、《孟子》11篇、《孙卿子》33 篇、《芉子》18 篇。这些著作大多以某某"子"命名,即使其中一些著作没有以"子"命名,其实也是子书,因为它们也是儒家诸子与弟子的讲学记录。《汉书·艺文志》在自注中对这些书的作者身份作了介绍,如子思名伋,为孔子孙;曾子名参,孔子弟子;宓子名不齐,字子贱,孔子弟子;漆雕子为孔子弟子漆雕启之后;景子说宓子语,似宓子弟子;世子名硕,为七十子之弟子;李克为子夏弟子;公孙尼子为七十子之弟子;孟子名轲,子思弟子;孙卿子即荀况,齐国稷下祭酒;芉子名婴,七十子之后。①

---

① 《汉书》第六册,卷三十,《艺文志第十》,第 1724～1725 页。

由于秦始皇"焚书坑儒"及其战乱等各种原因，除了有少部分传世儒家诸子如《孟子》《荀子》外，《汉书·艺文志·诸子略》著录的孔子后学的子学著作大多没有保留下来。所幸，一些新出土的文献中发现了大量孔子后学的子学著作。1993 年湖北荆门市郭店战国楚墓中出土的竹简中，有字简 730 枚，总字数经整理得 1.3 万余字，其中包括儒家文献 11 种 14 篇，分别为《缁衣》《鲁穆公问子思》《穷达以时》《五行》《唐虞之道》《忠信之道》《成之闻之》《尊德义》《性自命出》《六德》各 1 篇，《语丛》4 篇。当代学者考证，这些文献应为《子思子》《公孙尼子》《世子》等孔子后学的子学著作。另外，一部分七十子及七十子弟子的著作保留在儒家的经典的传、记著作中，如《小戴礼记》之《缁衣》《中庸》《坊记》《表记》等被认定为出于《子思子》，《小戴礼记》之《乐记》出于《公孙尼子》，《小戴礼记》之《大学》《曾子问》出于《曾子》。

所以，从孔子开始，儒学发展出了一个子学的学术类型和典籍部类，并且一直延续下来。尽管两汉确立了儒家"五经"在中国学术史、文化上的正统地位，但是，两千多年来，儒家学者一直作为思想主体，继续对历史和现实的各种问题独立思考并发表自己的看法，从事与弟子们的相关讲学论学。他们也留下了大量表达这个社会群体的独立思想的著作，后来主要是列入"子部"的典籍。也就是说，儒家在"经学"的学术体系之外，还建立了一个"子学"的学术体系。

二　思想主体的转换：由君而士

儒家子学的特点不仅仅体现在与文献类型相关的学术形态上，追根溯源则是与这些文献的思想主体不同有关。与儒家经典比较而言，儒家子学的思想差别首先体现为思想主体的转换。"六经"是以三代先王为思想主体，而儒家子学转换为以儒家士人为思想主体。所以，"语""论"只是儒家诸子学的典籍形式特征，子书不同于"六经"的经书，尤其是儒家子学"立说"的思想主体是不一样的。而思想主体的差异，导致两种文献体例在思想内容方面有重大差异。

"六经"是夏商周三代时期国君、天子治理国家、天下而遗留下来的王室档案、国家政典，制定这些档案、文献、政典的是居于天子、国君之位的王者，故而"六经"的思想主体就是天子、国君。而儒家子学是春秋战国时期在民间讲学的普通士人"立说"，编撰这些典籍、文献的是民间士人，这样，儒家子学的思想主体则发生了一个重大变化，即由有位有权的天子、国君，转换为独立思考的民间士人。

我们首先讨论"六经"的思想主体。我们说"六经"的思想主体是天子、国君，因为"六经"本来就是"王官之学"，即均是记载天子、国君治理国家过程中留下的文献和档案，记录、留下这些文献档案是为了保存历代君王治理国家的历史经验，为后世的君王治国提供借鉴。显然，三代君王是这些文献和档案的主体，而君王身边的史官则是这些文献和档案的执笔者。本来"六经"的主要内容与记录君王的史官文化有关，中国上古时期记载王朝君主言行的史官文化很发达，正如《汉书·艺文志》所说："古之王者世有史官，君举必书，所以慎言行，昭法式也。左史记言，右史记事，事为《春秋》，言为《尚书》。"① 史官包括记事与记言的不同，故而留下分门别类的档案文献，这些记载帝王言行的文献档案大量收藏在王室，为后来的君王治理国家、国子教育提供政治教科书。《周易》《尚书》《春秋》等经典就是史官记载唐、虞、夏、商、周各朝代的天子、国君治理国家的历史文献和档案。

因此，"六经"的思想主体是天子、国君，"六经"记载的治理国家的政治经验、典章制度，均是以天子、国君的视角、立场形成的，故而必然会以王官之学的方式保留下来。儒家学者也总是强调，"六经"均是与有权位的"圣王"有关，包括尧、舜、禹、汤、文王、武王、周公等。"六经"记言、记事的主体主要是天子、国君。在《尚书》中各篇均是"人君辞诰之典，右史记言之策"，故而其"言"、其"行"均是人君、王者思想的表达。如《甘誓》记载夏朝君王启之言："嗟！六事之人，各有军事，故曰六事。予誓告汝：有扈氏威，侮五行，怠弃三正。天用剿绝其命，今予惟恭行天之罚。"（《尚书·甘誓》）商王盘庚说："明听朕言，无荒失朕命。呜呼！古我前后，罔不惟民之承。保后胥戚，鲜以不浮于天时。"（《尚书·盘庚中》）周武王之言："呜呼！我西土君子，天有显道，厥类惟彰。今商王受，狎侮五常，荒怠弗敬。自绝于天，结怨于民。"（《尚书·泰誓下》）这都是从夏商周三代的天子君王的视角、立场的讲话，表达了居于君主之位的先王的思想和意志。

儒家诸子的思想主体是"士"。在夏商周三代时期，天子、国君与大夫、士均是建立在共同血缘关系基础上的贵族阶层，他们共同主导了三代政治共同体的思想文化。

---

① 《汉书》第六册，卷三十，《艺文志第十》，第1715页。

到了春秋战国时期，作为西周贵族社会中最低的等级的"士"流落民间，成为社会中的平民阶层，但是，他们拥有西周贵族才有的文化知识。另外，有许多平民社会中的成员，因为努力学习而成为士的群体。战国时代的许多诸侯王为争霸的需要，形成了一种养士的风气。"士"有明显的双重性。一方面，"士"大多来源于西周贵族社会，其思想总是和君王治理的王官之学有一些内在联系；另一方面，春秋战国时代的"士"已经演变为平民，"士"是一个具有相对独立性的阶层。孟子说："无恒产而有恒心者，惟士为能。"所以，他们的政治思考又具有自己超越于现实政治权力的独立立场。春秋战国时期诸子并起，其实就是那些演变为平民的"士"所推动的文化思潮，胡适认为："诸子自老聃孔丘至于韩非，皆忧世之乱而思有以拯济之，故其学皆应时而生诸子之学。"① 诸子之学的兴起是源于春秋战国时代出现的政治、社会问题，这些已经脱离贵族统治集团的士人为了解决这些问题，进而提出不同的解决方案，就形成了儒家、道家、阴阳家、法家、墨家、纵横家、杂家、农家等不同学派。尽管这些不同学派的思想观念、救世方案不同，但是它们均是具有自己独立立场的士人的政治思考和价值追求。

　　早期儒学就是诸子之学。儒家诸子的代表著作《论语》《子思子》《孟子》《荀子》，其文体形式、思想内容已经不完全是站在国君、王官的立场立言，而是士人集团针对春秋战国历史时期的现实政治、社会问题，提出自己的系统思想和治国方略。如奠定儒家学派思想基础的《论语》，本来就是孔子及其弟子在具体的历史情境中，就现实中的社会、政治问题作出"应世随感"的思考与讨论。皇侃曾说，"夫圣人应世，事迹多端，随感而起，故为教不一"；"然此书之作，适会多途，皆夫子平生应机作教，事无常准。"② 由此可见，《论语》显然不同于《易》《书》《礼》《诗》等六经那样"皆先王之政典也"。③《论语》具有"事迹多端，随感而起"的个人讲学论学的特点，其思想的主体是儒家士人，故而就其思想特点、文献类型来说应该属于"子学"。孔子去世后，作为民间学术的儒家学派又进一步分化为子张之儒、子思之儒、颜氏之儒、孟氏之儒、漆雕氏之儒、仲良氏之儒、孙氏之儒、乐正氏之儒，并且留下了《子思

---

① 姜义华主编《胡适学术文集·中国哲学史》（上），中华书局，1991。
② 皇侃：《论语义疏》卷一，《论语义疏自序》，《儒藏》（精华编，四书类论语属），北京大学出版社，2005，第9页。
③ 章学诚著，叶瑛校注《文史通义校注》卷一，《易教上》，中华书局，2005，第1页。

《曾子》《漆雕子》《宓子》《景子》《世子》《李克》《公孙尼子》《孟子》《孙卿子》《芈子》等著作。孔门弟子继承了孔子"事迹多端，随感而起"的个人讲学论学的特点，这些著作的思想主体、文献类型更是具有"子学"的特点，故而均直接以"子"名书。

儒家诸子的思想主体是儒家士人，儒家子学记载的是儒者个人对国家治理、社会秩序、个体人格的独特思考，均是以儒者个人的视角、立场形成的，故而完全是个人讲学的方式被弟子记录和传播下来。在《论语》《子思》《曾子》《漆雕子》《宓子》《景子》《世子》《李克》《公孙尼子》《孟子》《荀子》《芈子》这些重要著作中，记录了儒家诸子作为民间士人的"事迹多端，随感而起，故为教不一"的思想特点。孔子在讲学中坦诚地表白自己是"非生而知之者，好古，敏以求之者也。""三人行，必有我师焉。择其善者而从之，其不善者而改之。"而他作为士人在国家政治体系的地位完全取决于国君，只能是"用之则行，舍之则藏"（《论语·述而》）。在儒家的子学著作中，常常可以读到君主、儒者的对话，但是真正的思想主体是儒家士人，而君主则是被教育、批评、指导的对象。《孟子·梁惠王上》记载：

> 梁惠王曰："寡人之于国也，尽心焉耳矣。河内凶，则移其民于河东，移其粟于河内。河东凶亦然。察邻国之政，无如寡人之用心者。邻国之民不加少，寡人之民不加多，何也？"孟子对曰："王好战，请以战喻。填然鼓之，兵刃既接，弃甲曳兵而走，或百步而后止，或五十步而后止。以五十步笑百步，则何如？"曰："不可。直不百步耳，是亦走也。"曰："王如知此，则无望民之多于邻国也。"

"五经"记载的是君主之位者的思想和意志，而《孟子》通过对君王的批评和指导，表达的是士人的思想和意志。

儒家诸子的思想主体是儒家士人，其思想视角具有鲜明的个体士人的特点，故而还有一个特别突出的特点，就是不仅仅能够关注社会政治问题，还能够关注个体生命问题，能够独立地表达出儒者对生命意义、个体人格的独特思考，后来他们还提出了一系列关于心性情的系统理论。《论语》记载了孔子对生活理想的独特看法，即"吾与点也"的理想生活："莫春者，春服既成，冠者五六人，童子六七人，浴乎沂，风乎舞雩，咏而归。"（《论语·先进》）这一种生活理想、生命境界与社会政治没有关系。儒家思孟学派特别强调个体人格、终极关怀等问题，建构了一系列心性思想、人格哲学的系统思想。这恰恰体现出士人作为思想主体的特点。

三　核心价值的改变：由治而道

儒学所建构的价值体系是由"道""治"构成的，二者有密切联系，但是又有自己的相对独立性。先王的"六经"与士人的"子学"，由于其制作者的政治身份、思想主体不同，故而其思想的核心有很大差异，如果说"六经"的思想核心在君王之治的话，那么，儒家子学的思想核心则追求天下有道。

当然，无论是三代的"先王"还是春秋战国时代的"诸子"，他们有许多共同点。譬如，他们均有非常强烈的政治忧患意识，也有非常务实的政治功利追求，因而他们均关心建立、维护一个和谐的、长久的政治秩序，希望完成国家治理的目标。也就是说，他们都关心"治"。与此同时，他们也均意识到道德、民意在国家治理中的重要性，故而在追求政治功利之"治"的同时，也表现出对政治治理原则之"道"的追求。但是，如果进一步比较六经原典与儒家诸子，可以发现二者之间的显著区别：六经原典以"治"为目标，而儒家诸子则是以"道"为目标。

毫无疑问，"六经"是以天子、国君为主体而建构的治理国家的政治经验与典章制度，而且是以王官之学的方式保留下来。所以，"六经"一般是与君王权位有关的国家治理的政治文献。"六经"记言、记事的对象主要是天子、国君，其思想目标、主要内容是与国家治理有关的王官之学。既然"六经"记载的是先王之治的政治经验，而夏商周三代君主为了征服和统治天下，维持对国家的有效治理，往往离不开以霸道为特征的"以力服人"，既包括对外族的军事征讨、暴力征服，又包括对部族内部的强权统治、严酷刑罚。"六经"经文中有大量这一类体现"以力服人"的记载，即使那些被看作"圣王"的天子也是如此。如殷王盘庚说："我乃劓殄灭之，无遗育，无俾易种于兹新邑。"（《尚书·盘庚中》）对不忠的人要赶尽杀绝。武王伐商时对作战不力的也要杀掉："尔所弗勖，其于尔躬有戮。"（《尚书·牧誓下》）三代先王还建立了"五辞""五刑""五罚""五过"刑罚原则，落实下来"墨罚之属千，劓罚之属千，剕罚之属五百，宫罚之属三百，大辟之罚其属二百，五刑之属三千。"（《尚书·吕刑》）国家治理必须讲效率，而三代先王形成严酷刑罚、暴力征服相结合的"霸道"治理方式显然是有效率的。

夏商周三代的先王们在王朝轮替、历史变革的过程中，意识到不能够仅仅依赖暴力和天命，统治者的德性、被统治者的民意在维护国家的治理秩序、维持王朝祚命方面居于重要地位。儒家推崇一些具有这种政治理性的"先王"，尧、舜、禹、汤、文、武、周公，就是这样一批能够推行王道的有德者。特别是周人从商的覆灭中认识到"天命靡常"，意识到必须"敬德""保民"才能够维持王朝祚命。《尚书》记载太保召公之语："呜呼！天亦哀于四方民，其眷命用懋，王其疾敬德，相古先民有夏"（《尚书·召诰》）；"皇天无亲，惟德是辅"（《尚书注疏》卷十七，《蔡仲之命》）。特别是西周王朝看到了人民的武装倒戈，才使自己打败了商王朝，故而他们把民意与天命联系起来，将民意的力量理论化为天命。周召公提出："我受天命，丕若有夏历年，式勿替有殷历年，欲王以小民受天永命。"（《尚书·召诰》）皋陶将天人关系概括为："天聪明，自我民聪明。天明畏，自我民明威。"（《尚书·皋陶谟》）他们相信天与民相互通达。所以，统治者强调以真心善待民众，认为"天惟时求民主"（《尚书·多方》），"民之所欲，天必从之"（《尚书·泰誓上》），"天视自我民视，天听自我民听"（《尚书·泰誓中》）。这些敬德、保民思想，开启了春秋战国时期儒家子学的仁政、民本思想。

但是，"六经"所记载的三代先王的政治思想，无论是刑罚、暴力的"霸道"治理方式，还是敬德、保民的"王道"治理方式，其目的都是一样的，就是建立王朝的统治、延续王朝的祚命。也就是说，在"六经"的政治思想中，三代先王的思想核心、政治使命并不是"德"，也不是"民"，而是维护王朝的治理、延续王朝的祚命的"治"。我们不妨看看这些"先王"自己的表述。周召公说：

> 我不可不监于有夏，亦不可不监于有殷。我不敢知：曰有夏服天命，惟有历年；我不敢知：曰不其延。惟不敬厥德，乃早坠厥命。我不敢知：曰有殷受天命，惟有历年；我不敢知，曰不其延，惟不敬厥德，乃早坠厥命。今王嗣受厥命，我亦惟兹二国命，嗣若功。（《尚书·召诰》）

召公辅助周武王灭商，但是，他已经从殷商的灭国中，意识到"不可不监于有殷""惟不敬厥德，乃早坠厥命"。显然，周作为统治者，特别关注如何维护王朝的治理。延续王朝的祚命，正是这些王公贵族确立的政治目标。他们之所以"能保惠于庶民，不敢侮鳏寡"，并非为了一种合乎道德的政治理想，而是基于维护王朝的"享国"。他们担心的是："自时厥后立王，生则逸。生则逸，不知稼穑之艰难，不闻小人之劳，惟耽乐之从。自时厥后，亦罔或克寿。或十年，或七、八年，或五、六年，或四、三年。"（《尚书·无逸》）对人民反抗、国祚不长的担心和惊恐，才是这些先王倡导敬德、保民的精神动力。

儒家诸子继承了三代先王的敬德、保民思想，但是他们作为一个独立的士人集团，不仅能够超越某一具体王朝及其统治秩序，有时甚至还能够超越具体的政治集团或社会阶层的利益诉求，而追求一个体现社会共同体的秩序、理想，也就是他们所说的"道"。与三代先王的思想核心和政治使命是维护王朝的治理、延续王朝祚命的"治"不同，儒家诸子的思想目标和政治使命是社会共同体的秩序、理想的"道"。所以，尽管儒家士人集团十分推崇三代先王，以他们的国家治理为政治典范，但是，儒家士人与三代先王的思想核心是大不一样的。在三代先王眼中，君主的权力与王朝的祚命是最重要的；而在孔子及其门人那里，"天下有道"才是最重要的。孔子这样表述自己的政治使命和文化使命："天下有道，丘不与易也。"（《论语·微子》）儒家学者通过"子"的学术形态建构，来解决春秋战国时代出现的"天下无道"的政治社会问题。虽然儒学与"六经"紧密相连，但是，由于儒家子学著作主要是"六经以外立说者"，故而最能够代表儒家学术创新、思想锋芒的恰恰是儒家的子学著作。他们希望通过"天下有道"的文化理想和政治理想，来建立一种新的人伦关系、国家秩序，这一个"道"表达了儒家士人理想的价值体系、社会次序，它永远超越于国君的政治权力之上。儒家的这些思想，是通过《论语》《子思子》《孟子》《荀子》等系列子学著作表达的。

从儒家诸子之学所欲解决的问题意识考察，儒家建立子学也表现出非常强烈的社会忧患意识和非常务实的政治功利追求。但是，这一种社会忧患意识和政治功利追求最终走向"道"的实现。这里仍然引孟子与梁惠王的一段对话：

　　孟子见梁惠王。王曰："叟！不远千里而来，亦将有以利吾国乎？"孟子对曰："王何必曰利？亦有仁义而已矣。王曰：'何以利吾国？'大夫曰：'何以利吾家？'士庶人曰：'何以利吾身？'上下交征利，而国危矣。万乘之国，弑其君者必千乘之家。千乘之国，弑其君者必百乘之家。万取千焉，千取百焉，不为不多矣。苟为后义而先利，不夺不餍。未有仁而遗其亲者也，未有义而后其君者也。王亦曰

仁义而已矣，何必曰利?"（《孟子·梁惠王上》）

梁惠王的政治思想，和三代时期的君王一样，考虑的是非常务实的政治功利即"利吾国"，因为他的政治立场、政治目标就是维护君主的权力与王朝的祚命。而孟子的政治立场、政治目标则是继承孔子"天下有道"，即追求"仁义而已"。从孟子与梁惠王的对话中可以看出来，子书记载的儒家士人的政治思想与"六经"记载的"先王"们的政治思想相比，已经发生了重大变化，由"先王"的以"治"为目的转化为儒家士人的以"道"为目的。

所以，尽管民本思想源于"六经"记载的"先王"的政治思想，但是，"先王"的"保民"思想是因为监于有殷的"早坠厥命"，而儒家诸子的民本思想则是基于"天下有道"。所以，只有儒家士人才能够提出这系统的以民为本的民本政治思想。他们坚持一切政治权力的依据来源于人民。孟子说："民为贵，社稷次之，君为轻。是故得乎丘民而为天子，得乎天子为诸侯，得乎诸侯为大夫。"《荀子·大略》载："天之生民，非为君也；天之立君，以为民也。"君主总是以上天立君并使之获得政治权力，但是"天之立君"的最终目的则是为了人民。"民贵君轻"是中国古代最精彩的民本思想命题之一，其核心理念是：在追溯政治权力来源的意义上，人民的重要性要高于国家政权，更要高于君主。他们强调只有人民才是国家体系的基础、政治稳定的条件。作为统治者要认识到人民力量的重要性，即如孟子所说："得天下有道，得其民，斯得天下矣。得其民有道，得其心，斯得民矣。"这一套系统的民本思想，只有这种能够超越某一具体王朝和政治集团利益、努力追求体现社会共同体之"道"的儒家士人才能够提出。

由于六艺和诸子的思想有较明显的差异，故而儒家需要将二者的思想整合起来。儒家学者早就发明了一种将六经和诸子结合起来的学术形态，就是"传记之学"。通过"传记之学"，儒家学者将"经""子"两种学术形态整合为一个有机的整体。此当另文论述。

再论《尚书·洪范》的政治哲学

——以五行畴和皇极畴为中心

丁四新*

摘 要 "洪范九畴"作为理论系统是王权和天命的象征。它与"革命"理论不同，前者属于平治天下的大法和基本理论，后者则论证了改朝换代的合理性。关于《洪范》的政治哲学，北宋以前，儒者更重视五行畴；南宋以后，理学家更重视皇极畴。这两畴的重要性与其在九畴中的序次是完全相应的：五行为初始畴，皇极为次五畴（中畴）。所谓五行，因其可以施用于民生，故谓之五行。五行是实行王道政治的基础。《洪范》已具备五元的思维方式，通过这一思维方式，君主可以很好地条理和建构其统治的世界。而且，五行本身在上古具有一定的序次性，由此深化了人们对于这个世界的理解。"皇极"之"皇"当训"君"训"王"，训为"大"是不对的；"极"当训"中"，但它潜在地包含了"至"或"至极的标准"之义。朱子则颠覆故训，以"至极的标准"为第一义。而所谓"皇极"，原意是说君王应以中道建立其位。从内容来看，皇极畴包含了中道和"作民父母"的民本思想，它们是儒家政治哲学的重要内涵。南宋时期，由于成为"国是"的关键话题，"皇极"成为官僚集团竞相利用和理学集团极力辩解的观念。今天看来，王淮充满政治实用主义的解释固然是对这一概念的庸俗化，但是朱子充满理学家趣味的解释也未必就切中了这一概念的本意。

关键词 尚书 洪范 五行 皇极 政治哲学

《尚书·洪范》是一篇非常重要的文献，包含了中国古代政治哲学的一些基本要点。

---

* 丁四新，湖北武汉人，清华大学哲学系教授，主要从事先秦两汉哲学、出土简帛思想、儒家哲学与经学的研究。

"洪范"即"大法"之义①；而所谓"法"，兼含"道"与"规章制度"两种意思，与今人所谓"法律"概念大殊。不但如此，而且古人将洪范九畴肯定为"天道"。《史记·周本纪》曰："武王亦丑，故问以天道。"其实，此种说法源自《洪范》本身。《洪范》曰："帝乃震怒，不畀洪范九畴。"又曰："天乃锡禹洪范九畴。"这就是将洪范九畴直接肯定为"天道"！而通过"天道"一词，古人肯定了洪范九畴的神圣性、恒常性和应然性。

《洪范》无疑以五行和皇极二畴为核心，对后世产生了深远的思想影响。汉代的尚书学以今文二十八篇为经典依据，以《洪范》学为中心，且在九畴中又以五行畴为核心。《汉书》及其下历朝史书皆有《五行志》，可为明证。宋代的尚书学则近承晋唐的传统，以古文五十六篇为经典依据，以《洪范》和《大禹谟》等为诠释中心。单就《洪范》来看，宋人的解释经历了从以五行畴为中心到以皇极畴为中心的变化。由此可知，"五行"和"皇极"确实是九畴中最为重要的两畴。而从研究现状来看，尽管相关文献非常丰富，但是关于其哲学思想的论文还是颇为少见；而且，在训释和理解上，即使是这些相关论文也还存在一些关键的地方值得商榷。有鉴于此，笔者拟将视角集中在五行和皇极二畴上，再次深入地探讨《尚书·洪范》的政治哲学。②

一　"洪范九畴"理论的性质、目的与五行、皇极二畴之序次的含意

1. "洪范九畴"理论的性质、目的及其与"革命"理论的区别

《尚书·洪范》为周初著作③，一般认为作者为箕子④，它反映了殷周之际作为天子

① 《尔雅·释诂》云："洪，大也"；"范，法也。"王先谦解题曰："言天地之大法。"参见（清）王先谦《尚书孔传参正》，中华书局，2011，第503页。

② 此前，笔者已发表一篇相关论文，参见《论〈尚书·洪范〉的政治哲学及其在汉宋的诠释》，《广西大学学报》（哲学社会科学版）2015年第2期，第26~33、38页。

③ 相关论证，参见丁四新《近九十年〈尚书·洪范〉作者及著作时代考证与新证》，《中原文化》2013年第5期，第12~22页。

④ 这是传统说法，笔者同意此一观点。《书序》曰："武王胜殷，杀纣，立武庚，以箕子归，作《洪范》。"参见（唐）孔颖达疏《尚书注疏》卷12，载（清）阮元校刻《十三经注疏（清嘉庆刊本）》第1册，中华书局，2009，第397页。

（"王"）应当如何有效地统治天下的政治哲学思想。《洪范》与《周诰》诸篇的叙述角度差别很大。《周诰》诸篇以敬德受命、保命和保民等为思想要点，其目的在于申明和论证周革殷命的合理性：一方面强化周人集团统治天下的理论自信，另一方面用以说服和软化业已降服、归顺的殷旧臣和民众。这两个方面结合起来，无非是为了巩固周人的统治，以期达到长久拥有天下的政治目的。而《洪范》则与此颇不相同，它是从天子（"王"）的角度来谈如何有效地统治天下而达到"彝伦攸叙"的政治目的的。对此，《洪范》曰：

> 惟十有（又）三祀，王访于箕子。王乃言曰："呜呼！箕子，惟天阴（荫）骘下民，相协厥居，我不知其彝伦攸叙。"箕子乃言曰："我闻在昔，鲧陻（堙）洪水，汨陈其五行。帝乃震怒，不畀洪范九畴，彝伦攸斁，鲧则殛（极）死①。禹乃嗣兴。天乃锡禹洪范九畴，彝伦攸叙。"

这段引文可称为"《洪范》序论"。武王与箕子的对话发生在武王克殷后二年，即文王受命之十三年。对话的起因是，武王在夺取天下之后向箕子谋问如何统治（治理）天下和安定百姓的道理（大政方针）。《史记·周本纪》曰："武王已克殷，后二年，问箕子殷所以亡。箕子不忍言殷恶，以存亡国宜告。武王亦丑，故问以天道。"在此，武王从问"殷所以亡之故"转变到"问以天道"的问题上来。其实，这两个问题都是在周革殷命之后，周人必须面对和回答的重大问题。前一个问题体现出武王对改朝换代之合理性论证的极大兴趣，其根本目的就是论证周革殷命具有天命的来源。这一论证，乃是周初统治者（武王、周公、召公和成王）持久进行的意识形态的说教工作。当然，这种"革命"理论的说教，其目的不单纯是为了宗教意义上的心理慰藉，也不单纯是为了说服殷人安于天命，同时还包括通过"德"的概念以重建周王作为最高统治主体或政治主体的新内涵。这套理论，对于周人消解革命之后随时可能产生的政权危机是非常重要的。通观全篇，《洪范》的主旨显然与此迥异。后一个问题展现出天子

---

① "殛"，陆德明《经典释文》云"本或作极"，裴松之注《魏志》作"极"。孙星衍曰："言极之远方，至死不反。"参见（清）孙星衍《尚书今古文注疏》，中华书局，1986，第294页。伪孔《传》云："放鲧至死不赦。"亦作"极"字解。今按，《尚书·尧典》曰："流共工于幽州，放驩兜于崇山，窜三苗于三危，殛鲧于羽山，四罪而天下咸服。"流、放、窜、殛四字同义，故此"殛"字亦当读作"极"。刘起釪谓《洪范》此"殛"当如字训为"杀"（参见顾颉刚、刘起釪《尚书校释译论》第3册，中华书局，2005，第1147页），说非。

（"王"）应当考虑哪些重大方面，才能有效地平治天下，使世间常理（"彝伦"）达到井然有序的地步。而对于这一问题的回答，就历史性地落到了箕子的肩膀上。总之，"洪范九畴"理论的思想主旨是为了阐明如何平治（有效地统治）天下，而"革命"理论则与之不同，其思想主旨是为了论证改朝换代的合理性。前者体系庞大，涉及国家政治生活的所有最基本的方面，而所谓"王道"的具体内容即见于此。

2. 洪范九畴是王权和天命的象征

"九畴"，《史记·宋微子世家》作"九等"，伪孔《传》释为"九类"，《汉书·五行志》作"九章"，"等""类""章"三词同意。"九畴"，即九类、九条；"洪范九畴"，即大法九类、九条。"九畴"显然是对君王（不是对职官）而言的，对其如何管治天下之政治事务作了最为基本而系统的理论概括。为了强化其平治天下的重大意义，通过上溯于天帝的"不畀"（因而"彝伦攸斁"）和"锡命"（因而"彝伦攸叙"）①，箕子显然将洪范九畴神圣化了！当然，在彼时的思想背景下，将"洪范九畴"归源于"天"或"帝"，这是十分合理的。而通过上溯至"天"、"帝"，洪范九畴就不是单纯的人为法，而是所谓天道了！今天，我们甚至由此也完全可以看出箕子公天下的用心：朝代虽然改换了，但是"彝伦"必须通过此九条大法而重新获得"攸叙"。"洪范九畴"无疑是商人统治天下数百年之政治经验和思想的高度概括与总结。

不仅如此，而且"洪范九畴"实际上代表着王权，是另外一种形式的天命！据《尚书·尧典》，鲧本尧廷的重臣，其时正当洪水大害天下，于是尧委之以治水的重任。然而鲧辜负了此一重任，"九载，绩用弗成"（《尚书·尧典》）。舜摄政后，即据其罪而"殛（极）鲧于羽山"。尧死，舜为天子，鲧子禹贤能，于是立即起用他重新治水。《尧典》曰："（帝曰）禹，汝平水土，惟时懋哉！"回头看《洪范》"我闻在昔"一段文字，它应当是以《尧典》所说故事为论述之前提的。不过，箕子所述的故事及相关

---

① 《洪范》中的"帝""天"同义。裴骃《集解》引郑玄曰："帝，天也。天以鲧如是，乃震动其威怒，不与天道大法九类，言王所问所由败也。"参见（汉）司马迁《史记》卷38，中华书局，1982，第1611页。甲骨文的"天"字有两种写法，一种作𠀡，另一种作𠀤。前一形，本义指人的头顶；后一形，从上从大，会天在人上之意。通过论证，赵诚说："商人心目中的天和上帝是相近的，甚至是同一的。卜辞不用天来表示天地就很容易理解了。"参见赵诚编著《甲骨文简明词典——卜辞分类读本》，中华书局，1988，第186~187页。

论说可能在殷末已有所变化。这个变化可能是，尧本有意考察鲧，以为己后（继位者，接班人），但可惜的是，鲧没有通过考验。《洪范》说他堙堵洪水，杂乱地陈列五行，导致上帝震动其威怒，"不畀洪范九畴"，天下之常道于是败坏不存（"彝伦攸斁"）。"不畀洪范九畴"正显示出鲧没有得到天命，因而他无法作为接班人而被授予王权！与此相对，大禹平治水土，通过了舜的考验，于是"天乃锡禹洪范九畴，彝伦攸叙"，这表示他已获得天命的肯定，可以为舜后了！

总之，"洪范九畴"既是治理天下之大法，也是王权和受命的象征。这种含意，大经学家刘歆以"神异化"的方式把捉到了①。据《论语·子罕》、《易·系辞》等，《河图》、《雒书》乃古人所谓圣人受命为王的符瑞。刘歆以《雒书》为"洪范九畴"，指明"初一曰五行"下六十五字为"《雒书》本文"，其后伪孔《传》即继承了这一说法。②

3. 五行畴和皇极畴的序次：含意与成因

《尚书·洪范》曰：

> 初一曰五行，次二曰敬〈苟〉用五事③，次三曰农用八政，次四曰协用五纪，次五曰建用皇极，次六曰乂用三德，次七曰明用稽疑，次八曰念用庶征，次九曰向（飨）用五福，威用六极。

此一段文字"第叙九畴之次"，属于总叙。在箕子所述九畴中，五行、皇极和五福六极三畴是最为重要的。五行位居第一，为初始畴，居于基础位置；皇极位居第五，为正中畴，为统领畴，居于核心位置；五福六极位居第九，为终末畴，为目的畴。而在这三畴中，无疑又以前二畴，即五行畴和皇极畴更为重要。

先看五行畴。"五行"为何被列为第一畴，或者说何以能被列为初一畴？这个问题，决定着古人认识世界的起点，同时也决定着王道的始基所在。从逻辑上来看，整

---

① 《汉书》卷27《五行志上》云："刘歆以为伏羲氏继天而王，受《河图》，则而画之，八卦是也；禹治洪水，赐《洛书》，法而陈之，《洪范》是也。"

② 参见（唐）孔颖达疏《尚书注疏》卷12，载（清）阮元校刻《十三经注疏（清嘉庆刊本）》第1册，第398页。

③ 孙星衍曰："羞，盖苟字。"参见（清）孙星衍《尚书今古文注疏》卷12，第295页。今按，"羞"为"苟"之讹字，而"苟"为"苟"字的古文（《说文·苟部》），读作"敬"。

个生活世界和政治世界，乃至整个物质世界均是以五行为基础的。而这很可能是"五行"被列为第一畴的根本原因。其次，据箕子所闻，鲧被舜"殛（极）死"的主要理由是"鲧陻（堙）洪水，汩陈其五行"。"汩陈其五行"，即杂乱地陈列五行。而什么又叫作杂乱地陈列五行呢？在此，"鲧陻洪水"似乎与"汩陈其五行"具有因果关系。可能的解释是，鲧由于没有很好地研究五行之性即草率地以土木之物来堵塞大洪水，结果酿成了重大灾害，造成了不堪的后果，"九载绩用弗成"（《尚书·尧典》）。从五行自身来看，此即所谓鲧"汩陈其五行"。关于这一点，《夏书·甘誓》也有反映。据《甘誓》，夏启攻伐有扈氏的一个重要理由即是"有扈氏威侮五行"。据王引之说，"威"即"威"之形讹，"威"同"蔑"。"蔑侮"，即轻慢之义①。"蔑侮五行"，即是轻慢五行，其意与"汩陈其五行"相通。不管怎样，"五行"的重要性在当时是毋庸置疑的。最后，《洪范》既然说"汩陈其五行"是导致上帝"不畀洪范九畴"的根本原因，那么由此可以推知，上天之所以"锡禹洪范九畴"，乃由于大禹采取了疏导的方法来平治水土（参见《尧典》《禹贡》《吕刑》）②。所谓"平治水土"，亦可以称为

---

① 参见（清）王引之《经义述闻》卷3，江苏古籍出版社，2000，第79~80页。

② 一般认为，鲧采取"堙塞"而禹采取"疏导"的方法来治理洪水。顾颉刚、童书业则反对此说而别出新见。他们认为，禹所用的治水方法其实和鲧没有什么不同，"满是'堙'和'塞'"；又说："禹用息土填塞洪水，遂造成了名山，这便是所谓'敷土'、'平水土'和'甸山'。"又说："洪水是鲧禹用息土填平的，九州是鲧禹放置的。"遂将二人的事迹和功绩完全等同了起来。参见顾颉刚、童书业《鲧禹的传说》，载吕思勉、童书业编著《古史辨》第7册下，上海古籍出版社，1982，第160、161、147页。裘锡圭先生信其说，依据顾、童二氏的解释，认为豳公盨铭文的"専（敷）土"是指"以息壤堙填洪水"之意，而"堕山"是削平高山的意思。参见裘锡圭《豳公盨铭文考释》，《中国历史文物》2002年第6期，第13~15页。今按，顾、童二氏的新说不可信，而裘氏对豳公盨铭文"専土堕山"的训读也未必是正确的。笔者之所以如此下判断，这是因为，一者，顾、童二氏对于"堙塞"和"疏导"的方法缺乏辩证的理解，其实在治理洪水的过程中，这两种方法常常是缺一不可的。后世特因鲧以"堙塞"而禹以"疏导"为主，故即以它们来标识父子二人在治水方法上的不同罢了。其二，我们看到，为了颠覆旧说和证成新解，顾、童二氏在行文中故意刊落和矫揉了许多材料，对一些关键文献作了颇为大胆的歪曲解释。如一书同时载有禹采用"堙""疏"两种方法治水，而此二氏则仅取"堙"字说之。又如，他们往往轻视儒家经传的材料，却笃信《山海经》《墨子》《天问》《淮南子》等书的记载，在逻辑上认为只有它们才包含着所谓鲧禹治水的"本相"。再如，顾、童二氏及裘锡圭先生并无多少根据即将关键词"敷土"径直解释为用息壤填塞洪水，而罔顾故训。其实，豳公盨铭文已自明言："天命禹敷土，堕山，濬川。""濬"，深挖而疏通之；"濬川"，即疏通河川之意。"濬川"已完全表明了在作者的心目中大禹是以"疏通"之法来治理洪水的。总之，顾、童二氏的新说不可信，而裘氏的肯定则只能算作盲从。

"平治五行"。能否"平治水土"（与"汩陈五行"相对），这即是鲧、禹能否成为天子后（接班人）的决定因素。总之，《洪范》将"五行"作为初一畴，在笔者看来，其理由是非常充分的。

再看皇极畴。"皇极"被安排在第五畴，它主要讲君王必须以中道（"极"）建立天子之位。而这个"中"的原则，恰与中数"五"相配。在一至九这九个数字中，"五"居中而为中数。以居中的数字"五"来表现"中"的原则，这既是作者有意而为的结果，也是古人以"数"表达客观实在的一种普遍观念与做法。商周之际，"尚中"的观念已经形成。关于洪范的畴数，我们还可以追问：为何箕子以"九畴"之数为度，而不采用"八畴"或"十畴"呢？在《洪范》中，第二畴与第八畴的内容密切相关，它们确实可以合并为一畴，如此洪范则为八畴矣。相反，第三畴"八政"（食、货、祀、司空、司徒、司寇、宾、师）可以离析为两畴，如此洪范则为十畴矣。但是，问题正在于：为何箕子的洪范不以"八畴"或"十畴"为度呢？推想开来，这很可能是因为"八""十"均为偶数，无法由其中构造出一个单一的中数畴来。而"九畴"之数则包含中数"五"！这样，以"五"作为中数，以"皇极"为中数畴，就与皇极中道的观念完全相匹配了。进一步，还需要追问一个问题：为何《洪范》选定数字"五"而不是数字"四"（相应地，洪范为七畴）或"六"（相应地，洪范为十一畴）来表示中数畴呢？据笔者的理解，这个问题当与殷人"尚五"的观念有关，此可以参看庞朴、饶宗颐、宋镇豪和张秉权四人的文章①。据笔者的统计，在今文《尚书》二十八篇中，"五"字一共出现了88次，并出现了大量以"五"开头的词汇或术语，这

---

① 庞朴说："从以上这些五方、五臣、五火的诸五中，我们不仅依次看到了殷人尚五的习惯，而且还能看到一个隐约的体系，那就是以五方为基础的五的体系：五臣是五方之臣，五火是五方之火；而五方本身，则不再属于其他，它是帝。这种以方位为基础的五的体系，正是五行说的原始。"饶宗颐说："龟甲上记若干卜，自第一卜至第五卜而止，通例大抵如此。何以龟卜以'五'为极限，这是有它的道理的。"宋镇豪说："武丁时盛行龟卜，常一次卜用五龟，至廪辛康丁武乙文武丁时骨卜盛行，常卜用三骨。"张秉权说，在殷代甚至之前，已产生"用'三'或'五'数来表达'极多'或'全体'的观念。"参见庞朴《阴阳五行探源》，《中国社会科学》1984年第3期，第80~81页；饶宗颐《殷代易卦及有关占卜诸问题》，载《文史》第20辑，中华书局，1983，第10~11页；宋镇豪《殷代习卜和有关占卜制度的研究》，《中国史研究》1987年第4期，第97页；张秉权《甲骨文中所见的"数"》，载《"中央研究院"历史语言研究所集刊》第46本第3分册，1975，第379、382页。

是一个非常有力的旁证。

总之，"洪范九畴"理论是关于天子（"王"）如何有效地统治天下，达到"彝伦攸叙"之目的的政治哲学，在性质上与"革命"理论大殊。该理论是王权和受命的象征。而且，畴序本身具有特别的含意，其内容与畴序的搭配也是经过精心安排的。其中，"初一""次五""次九"与"五行""皇极""五福六极"的搭配最为重要，清晰地展现了箕子对于王道秩序的内在把握和理解。

二　五行的性质和五行的序次

"洪范九畴"象征着天命和王权。九畴以王治为中心，构筑了一个有序的思想整体。而这一思想整体包含了统治的主体、要素、方法和目的等内容，其中第一畴"五行"和第五畴"皇极"是最为重要的两畴。

1. 何谓五行与五行的性质

何谓五行？《尚书·洪范》曰：

> 五行：一曰水，二曰火，三曰木，四曰金，五曰土。水曰润下，火曰炎上，木曰曲直，金曰从革，土爰稼穑。润下作咸，炎上作苦，曲直作酸，从革作辛，稼穑作甘。

就何谓五行及其自身是否具备一定的次序这两个问题，学者曾作了长期的讨论。

先看第一个问题。从名实来看，《洪范》的"五行"无疑指水、火、木、金、土五者；至于其性质，孔颖达曾从"体性"（体）和"气味"（用）出发，认为"五行"也可称为"五材"。孔《疏》曰："言五者性异而味别，各为人之用。《书传》云：'水火者，百姓之所饮食也；金木者，百姓之所兴作也；土者，万物之所资生也。'是为人用五行，即五材也。襄二十七年《左传》云：'天生五材，民并用之。'言五者各有才干也。谓之'行'者，若在天，则五气流行；在地，世所行用也。"① 应当说，孔

---

① 参见（唐）孔颖达疏《尚书注疏》卷12，载（清）阮元校刻《十三经注疏（清嘉庆刊本）》第1册，第399页。

颖达的论述是比较符合《洪范》原意的，与《左传·襄公二十七年》宋大夫子罕曰"天生五材，民并用之"同意①。由此推断，殷末周初的五行说当为五材说。今天看来，这属于从实用的角度来判断"五行"的性质。不过，其中还存在一个疑问，即为何当时人们不将水、火、木、金、土五者直接称为"五材"，而一定要称之为"五行"呢？对此问题，孔颖达也有一个说法，他认为这两个同实异名的概念有"在天"与"在地"之不同："在地"即称之为"五材"，"在天"则称之为"五行"——"谓之'行'者，若在天，则五气流行"。这是训"行"为"流行"，"五行"就是指水气、火气、木气、金气、土气之流行。流行，故能生物。这种解释，显然将周初的"五行"看作宇宙论哲学的基本观念了。对此，当代学者基本上不赞成②，很难说"五行"在那时已经成为气化宇宙论的概念。其实，在笔者看来，"行"应当训为"施用""施行"③，"五行"即五种可以施用、施行的基本材质。这种解释与《左传》的"五材"说是吻合的。

另外，由于水、火、木、金、土五者在古人的思想世界中非常重要，设想此五行有所谓职官（主要掌握其施用）分守之，这是可能的。《左传》所记晋太史蔡墨的一段话即为证明。《昭公二十九年》曰："（蔡墨对魏献子曰）故有五行之官，是谓五官。实列受氏姓，封为上公，祀为贵神。社稷五祀，是尊是奉。木正曰句芒，火正曰祝融，金正曰蓐收，水正曰玄冥，土正曰后土。"同书《昭公三十二年》曰："（晋史墨对赵简子曰）天有三辰，地有五行。"又，《国语·鲁语上》曰："（鲁大夫展禽曰）及天之三辰，民所以瞻仰也；及地之五行，所以生殖也。禁九州名山川泽，所以出财用也。非是不在祀典。"后二条文献互看，可证蔡墨所谓"五行"即所谓"五材"（五种基本

---

① 《左传·昭公十一年》："（晋大夫叔向对韩宣子曰）且譬之如天其有五材而将用之。"同书《昭公二十五年》："（郑大夫子大叔对赵简子曰）吉也闻诸先大夫子产曰：夫礼……则天之明，因地之性，生其六气，用其五行。气为五味，发为五色，章为五声。"

② 参见梁启超《阴阳五行说之来历》，载顾颉刚编著《古史辨》第 5 册，上海古籍出版社，1982，第 343~362 页；顾颉刚《五德终始说下的政治和历史》，《古史辨》第 5 册，第 404~617 页；徐复观《阴阳五行及其有关文献的研究》，《中国思想史论集续篇》，九州出版社，2014，第 1~71 页。

③ 《周易》经文"勿用"，王引之说"无所施行也"。参见（清）王引之《经义述闻》卷 1，第 3 页。本字，刘起釪训为"用"。参见刘起釪《五行原始意义及其分歧蜕变大要》，《尚书研究要论》，中华书局，2007，第 351 页。

的材质），不过它们是"所以生殖"者，而不是直接的"出财用"者。需要指出，"所以生殖"的说法，与史伯"和实生物"（《国语·郑语》）的命题在思想上是相似的。

2. 五行本身的序次及其含意

再看五行本身是否具有序次的问题。这个问题，与五行思维方式的形成问题密切相关。一般认为，从西周末至春秋时期，五行学说经历了两个重大的发展阶段。第一个是在西周末年，史伯提出了"和实生物"（《国语·郑语》）的命题。所谓"和实生物"，指"先王以土与金木水火杂，以成百物"[①]。在这个"和实生物"的命题中，土行无疑居于中心。这种思想虽然还很难说是宇宙生成论式的，但是它注重生成，注重器物的新创，并以"以土与金木水火杂"作为基本规则，这至少表明西周末期的五行说已经发展到了一个较高的阶段。同时，我们还注意到，若将"土"行插入"金木水火"中间，那么"金木土水火"五行正呈现出所谓相克之序！第二个是在春秋中后期，五行说发展出相生相克说。相生说约产生于僖公时期（前659～前627）[②]，而相克说的产生与之相近。《左传·文公七年》曰："（晋大夫郤缺言于赵宣子曰）水、火、金、木、土、谷，谓之六府。"其中的五行，即按照相克次序排列。春秋后期，相克说被广泛应用到占星术的解释当中。

现在，回头看殷末周初五行本身是否暗中包含着某种次序的问题。《洪范》曰："五行：一曰水，二曰火，三曰木，四曰金，五曰土。"从表面来看，这属于通过"以数记言"的方式对五行予以条理化和数序化的方法[③]；但是，从深层次来看，这是否说明五行在当时已具备如此匹配和确定不易的次序呢？这是一个目前难以回答的问题，不过可以确定，"水""土"二行与"一""五"的搭配在西周乃至周初已经形成了。在此，笔者可以提供三点论证。第一点，《尚书·禹贡》说"禹敷土，随山刊木，奠

---

① 参见徐元诰《国语集解》，中华书局，2002，第470页。
② 参见王引之《春秋名字解诂》"秦白丙字乙"条，《经义述闻》卷24，第558页。
③ 语出阮元《揅经室三集》卷2《数说》篇。《数说》云："古人简策繁重，以口耳相传者多，以目相传者少，是以有韵有文之言，行之始远。不第此也，且以数记言，使百官万民易诵易记，《洪范》、《周官》尤其最著者也。《论语》二十篇，名之曰'语'，即所谓'论难曰语'，语非文矣。然语虽非文，而以数记言者，如一言、三省、三友、三乐、三戒、三畏、三愆、三疾、三变、四教、绝四、四恶、五美、六言、六蔽、九思之类，则亦皆口授耳受心记之古法也。"参见（清）阮元《揅经室集》，中华书局，1993，第606～607页。

高山大川"，同书《尧典》曰："（舜曰）禹，汝平水土，惟时懋哉！"① 同书《吕刑》曰："禹平水土，主名山川。"此外，《国语·周语上》记伯阳父在评论"三川皆震"时，也非常强调水土的意义②。这些文献都说明了，在上古，人们已经深刻地意识到了水土对于民生和国族兴亡的重要性，因此重视水土二行，乃古人应当早已具备的基本常识。而《洪范》以水、土分居五行次序之首尾，而序以"一""五"二数，从数序和位置上突出了此二行的重要性——这是何其巧妙的安排！第二点，《洪范》五行虽然没有生克之意，但是我们看到，在郤缺的"六府"（水、火、金、木、土、谷）说中③，水土二行继续保留在一、五的次序上。而"六府"其实源自《尚书·禹贡》篇。这说明《洪范》五行的次序在当时已经成为一种传统，而不得随意更改。与"水、火、金、木、土"的次序相对，在战国后期，邹衍提出了五行相胜的德运说，作"土、木、金、火、水"，将郤缺的相克次序正好颠倒过来④，以满足改朝换代之合理性论证的需要。这种改变，是相克对于相生之序的改变，是有意的。这进而说明在邹衍之前，"相生之序"的概念很可能已经建立起来了。第三点，"和实生物"的命题虽然是由史伯概括出来的，但其实它有更早的渊源。当史伯以"先王以土与金木水火杂，以成百物"来阐释"和实生物"的命题时，其中就包含了这样的五行观："土"为五行的中心，其他四行因之以相杂，继而能够生物和成物；相应地，如果将"土"移于"金木水火"的中间，那么金、木、土、水、火正为相克的次序。由此，我们看到五行相克之序其实有更早的来源！简言之，从箕子到史伯，从史伯到郤缺，从郤缺到邹衍，人

---

① 《国语·郑语》："夏禹能单（殚）平水土，以品处庶类者也。"《左传》僖公二十四年"君子曰"引《夏书》曰"地平天成"称赞禹功。《左传·文公十八年》："（季文子使大史克对曰）舜臣尧，举八恺，使主后土，以揆百事，莫不时序，地平天成。"这一条将"地平天成"之功归之于舜，其原因在于其时禹为臣而舜为君。

② 《国语·周语上》："（伯阳父曰）夫水，土演而民用也。土无所演，民乏财用，不亡何待？"

③ 《左传·文公七年》："（晋郤缺言于赵宣子曰）六府、三事，谓之九功。水、火、金、木、土、谷，谓之六府；正德、利用、厚生，谓之三事。"

④ 为了区别郤缺与邹衍之说，本文约定郤缺的水、火、金、木、土次序为相克说，邹衍的土、木、金、火、水次序为相胜说。王应麟《困学纪闻》："五行，《大禹谟》以相克为次，《洪范》以生数为次。五德，邹衍以相胜为义，刘向以相生为义。"参见（宋）王应麟撰、（清）翁元圻等注《困学纪闻》卷2，上海古籍出版社，2008，第182页。其实，春秋至战国时期，"相克"与"相胜"两个概念并无此严格的区别。

们一直在思考和深化五行的序次及其哲学含意！此外，"天锡禹洪范九畴"也是为了生物和成物，给予此世界以秩序（"彝伦攸叙"），而五行之序为其中的一个关键。如何叙陈五行（与"汩陈五行"相对）？答案可以是给予它们以"数"的规范，即以一、二、三、四、五分别表示水、火、木、金、土之序；而这五个数字也因此成为五行的象征，即"一"表示水，"二"表示"火"，"三"表示木，"四"表示"金"，"五"表示"土"。

总之，《尚书·洪范》五行确实存在着一定的次序，尽管这个次序是潜在的。其中，水一、土五的数序及其数字的象征化（"五"代表土、"一"代表水）很可能在周初已经存在。而且，其他三行（火、木、金）最可能的情况是在西周已经完成了其数序化和象征化。而在象征化的基础上，"五行"一旦与五方四时相结合，就形成了所谓五行生数图式；再重之以六、七、八、九、十，就形成了所谓五行生成数图式。而这两个图式，经汉至宋，逐步演变为所谓《河图》《洛书》①，并随之产生了后世所谓图书之学。

三 "皇极"解诂及其思想内涵

1. "皇极"解诂及其争论

皇极畴为洪范九畴的第五畴。《洪范》曰：

> 皇极：皇建其有极。敛时五福，用敷锡厥庶民，惟时厥庶民于汝极，锡汝保极。凡厥庶民，无（毋）有淫朋；人无（毋）有比德，惟皇作极。凡厥庶民，有猷有为有守，汝则念之。不协于极，不罹于咎，皇则受之。而康而色，曰："予攸

---

① 最早明确按照五行生成数方位排列的图式，见于《易传·系辞》。《系辞上》曰："天数五，地数五，五位相得而各有合。天数二十有五，地数三十，凡天地之数五十有五，此所以成变化而行鬼神也。"所谓"天地之数五十有五"，即《系辞上》曰："天一，地二，天三，地四，天五，地六，天七，地八，天九，地十。"五行思维图式发展的另一条线索是，通过类联法则，与五色、五声、五嗅、五味、五脏、五体、五常等关联起来，并应用生克说来解释它们之间的关系。文献见于《管子·四时、五行》《吕览·十二纪》《礼记·月令》《淮南子·时则》诸篇，相关思想后被西汉后期的纬书所吸收和改造。

（修）好德。"汝则锡之福。时人斯其惟皇之极。无（毋）虐茕独而畏高明，人之有能有为，使羞其行，而邦其昌。凡厥正（政）人，既富方谷，汝弗能使有好于而家，时人斯其辜。于其无好①，汝虽锡之福，其作汝用咎。无偏无陂〈颇〉②，遵王之义（仪）；无有作好，遵王之道；无有作恶，遵王之路；无偏无党，王道荡荡；无党无偏，王道平〈采〉平〈采〉；无反无侧，王道正直。会其有极，归其有极。曰：皇极之敷言，是彝是训，于帝其训。凡厥庶民，极之敷言，是训是行，以近天子之光。曰：天子作民父母，以为天下王。

首先，"皇极"作为畴名，含义重大，学界向来有争议。南宋时期，由于事关"国是"，"皇极"是何意的问题曾在以王淮为首的官僚集团和以朱熹为代表的理学集团之间产生了激烈的争论。概括起来说，王淮利用"大中"的故训而将"含容姑息、善恶不分"塞入"皇极"的内涵之中③，以为高宗以来的"安静"大政方针服务。朱子一反"大中"的故训，认为"皇"应当训"君"、训"王"，而"极"应当训"至"或"至极的标准"，批评那种"误认'中'为含胡苟且、不分善恶之意"（《皇极辨》）的意见。从思想史的角度来看，朱子的《皇极辨》十分重要④，是"皇极"训诂及其含意在近世的转折点。关于这场围绕"皇极"的"国是"争论，可以参看余英时和吴震的论述⑤；至于朱子《皇极辨》的思想要点及其价值，则可以参看陈来的专文⑥。不

---

① "好"下，原有"德"字，王引之认为它是衍文。参见（清）王引之《经义述闻》卷3，第87页。

② 经文本作"颇"，唐玄宗改为"陂"，故今本致误。《释文》云："旧本作'颇'。"《熹平石经》亦作"颇"。参见（清）孙星衍《尚书今古文注疏》卷12，第305页。

③ "含容姑息、善恶不分"，是李心传对王淮"皇极"说的评论，参见（宋）李心传编《道命录》卷7下，丛书集成初编本，商务印书馆，1937，第84页。

④ 朱子的《皇极辨》有初本和后本之别，收入《晦安先生朱文公文集》卷72的本子属于后本，参见朱杰人、严佐之、刘永翔主编《朱子全书（修订本）》第24册，上海古籍出版社、安徽教育出版社，2010，第3453~3457页。

⑤ 余英时：《朱熹的历史世界——宋代士大夫政治文化的研究（下）》，生活·读书·新知三联书店，2004，第808~853页；吴震：《宋代政治思想史上的"皇极"解释——以朱熹〈皇极辨〉为中心》，《复旦学报》（社会科学版）2012年第6期，第1~12页。

⑥ 陈来：《"一破千古之惑"——朱子对〈洪范〉皇极说的解释》，《北京大学学报》（哲学社会科学版）第50卷第2期（2013年2月），第5~17页。

过，这场历史的纠葛及朱子的《皇极辨》是否真正厘清了《洪范》"皇极"的本意，是需要认真对待和重新检讨的问题。

"皇极"为何意？这首先需要从"皇极"的训诂入手。先看"极"字。伪孔《传》和孔《疏》训"极"为"中"，这是故训，代表一般意见。与此同时，"极"也可训为"至"，训为"标准"或"准则"义。朱子和蔡沈即采用此训，并且他们二人特别强调此训与训为"中"的区别。而这种区别，与南宋官僚集团主张"安静"和理学集团主张"恢复"的对立是相应的。抛开历史的纠葛，其实"极"训"中"和训"标准"是相通的，后者不过是对于前者的引申罢了。《说文·木部》："极，栋也。"又同部："栋，极也。"二字互为转注。"栋"即居于屋中的正梁。由此引申，"极"有"中"义。《广雅·释言》："极，中也。"进一步，"极"有"至"义，有"标准"义。至于"皇极"之"极"应当训为何义，这既要求之故训，更要验之于先秦文献。在此，笔者认为，"极"还是应当训为"中"，只不过它潜在地包含着"至"，进而包含着"标准"或"准则"之义。我们不应像朱子那样以"至""至极的标准"为此"极"字的第一义。再看"皇"字。伪孔《传》和孔《疏》均训"皇"为"大"，而朱子和蔡沈则明确反对之，改训为"君"或"王"。在这两训之中到底哪一个是正确的？笔者认为训为"君"或"王"是正确的，参看下文的论述。最后看"皇极"一词。伪孔《传》曰："皇，大；极，中也。凡立事，当用大中之道。"孔颖达《疏》曰："皇，大，《释诂》文。极之为中，常训也。凡所立事，王者所行，皆是无得过与不及，常用大中之道也。"① 朱子、蔡沈不同。朱子《皇极辨》曰："盖皇者，君之称也；极者，至极之义，标准之名，常在屋之中央，而四外望之以取正焉者也。故以极为在中之准的则可，而便训极为中则不可。"② 朱子又说："盖皇者，君之称也……'极'虽有'中'底意思，但不可便以为'中'，只训得'至'字。"③ 蔡沈曰："皇，君也……极，犹北极之极，至极之义④，标准之名，中立而四方之所取正焉者也。"此

---

① （唐）孔颖达疏《革》，《尚书注疏》卷12，载（清）阮元校刻《十三经注疏（清嘉庆刊本）》第1册，第398页。

② （宋）朱熹：《晦安先生朱文公文集》卷72，载《朱子全书》第24册，第3454页。

③ （宋）黎靖德：《朱子语类》卷79，中华书局，1994，第2049页。

④ （宋）蔡沈：《书经集传》卷4，第75页，载宋元人注《四书五经》上册，中国书店，1985。

后，元明学者或从伪孔《传》，或从朱、蔡。其实，这两种训解均见之于汉人。汉人训"皇"为"大"，见于《汉书·五行志》注引应劭曰："皇，大；极，中也。"①《汉书·孔光传》引《书》"建用皇极"，并解释曰"大中之道不立"。与此相对，汉人亦训"皇"为"君王"，其例一见于《尚书大传·洪范五行传》，引经作"建用王极"，郑玄《注》曰："王极，或皆为皇极。"②再见于《汉书·五行志》卷二十七下之上，曰："'皇之不极，是谓不建。'皇，君也；极，中；建，立也。"清人孙星衍和皮锡瑞是赞成这一训解的。孙曰："是皇极为君道之中，皇建有极，为君立其中也。"③皮曰："盖皇、王声近，义皆训大，故今文家或作'王'，或作'皇'，或训君，或训大……皇与王虽可通用，而义则当从《五行志》训君。盖王之不极、皇之不极必训为君而后可通，若训为大之不中，则不辞甚矣。"④总之，归纳起来，我们看到，"皇极"有二解，一训为"大中"，一训为"君立其中"或"君立其准则"。其差别，首先落实在"皇"字上，其次在"极"字上。不过，因历史的纠葛，南宋时期的训解差异主要落实在"极"字上。

从宋至清，"皇"训为"君王"，这是主流意见，笔者即赞成这一训解。不过，在当代，仍然有一些学者坚持所谓"大中"的训解⑤。这是不对的，需要再作辩驳。先看"皇"字的古文字写法：⑥

　　　皇 皇令簋 皇作册大鼎 皇颂鼎 皇王孙钟 皇栾书缶 皇 3·914 皇铁云 25：2 皇瓦簋 5：23

《说文·王部》："皇，大也。从自，自，始也。"其实"皇"不从"自"，本意也非"大"。《古文字诂林》编者说："皇字本义，学者据金文考之，有王冠说、日光说、

---

① （汉）班固撰、（唐）颜师古注《汉书》卷 27 上，中华书局，1962，第 1317 页。

② （汉）伏胜撰、（汉）郑玄注、（清）陈寿祺辑校《尚书大传》卷 2，丛书集成初编本，商务印书馆，1937，第 63 页。

③ （清）孙星衍：《尚书今古文注疏》卷 12，第 303 页。

④ （清）皮锡瑞：《今文尚书考证》卷 11，中华书局，1989，第 244 页。

⑤ 例如，方东美、刘节就是这么认为的。参见方东美《中国哲学精神及其发展上》，中华书局，2012，第 44 页；方东美《原始儒家道家哲学》，中华书局，2012，第 52 页；刘节《洪范疏证》，载顾颉刚编著《古史辨》第 5 册，第 399~401 页。

⑥ 下列字形，参见古文字诂林编纂委员会《古文字诂林》第 1 册，上海教育出版社，1999，第 224 页。

生字讹变说等。今以陶文皇字𥇀、𥇀、𥇀诸形验之，以王冠说近于事实。《礼记·王制》郑《注》：'皇，冕属。'即其本义。从自、王之皇，乃其讹变。"① 这即是说，"皇"的本意是王冠。而"王冠"可指代"王"，故"皇"有"王"义。由此引申，方有"大"义。从《洪范》皇极畴的本文来看，"皇极"之"皇"字无疑应当训为"王"。这不仅因为汉人"皇极"有作"王极"之训②，而且从语法来看，也只能如此训解。皮锡瑞说："盖王之不极、皇之不极必训为君而后可通，若训为大之不中，则不辞甚矣。"其实皮氏的说法，朱子早有相近的批评："今人将'皇极'字作'大中'解了，都不是。'皇建其有极'，不成是大建其有中？'时人斯其惟皇之极'，不成是时人斯其惟大之中？皇，须是君；极，须是人君建一个表仪于上。"③ 这即是说，在朱子、皮锡瑞看来，"皇之不极"、"皇建其有极"和"时人斯其惟皇之极"中的"皇"字都应当训为"王"；否则，训为"大"，这三句的文意就变得很不通顺了。

为了进一步辨明相关问题，现将《洪范》与"皇极"相关的六条文本列之如下。

（1）次五曰建用皇极。

（2）皇极：皇建其有极。

（3）凡厥庶民，无有淫朋，人无有比德，惟皇作极。

（4）不协于极，不罹于咎，皇则受之。

（5）时人斯其惟皇之极。

（6）皇极之敷言，是彝是训，于帝其训。

在总叙中，除五行畴外，《洪范》在叙述其他八畴时均在其前加有动词，如叙述本畴即作"建用皇极"。不过，在分释部分，《洪范》则只保留畴名，而省去了前面的各动词，如本畴即删去了"建用"二字。由此就"皇极：皇建其有极"一句来看，很明显"皇建其有极"是用来解释"皇极"二字的。而其中的"建"字与"建用皇极"的"建"字所带的宾语不同。这即是说，"皇极"其实是由"皇建其有极"一句省略

---

① 参见古文字诂林编纂委员会编《古文字诂林》第 1 册，第 224～225 页。《汉语大字典（第 2 版）》（崇文书局、四川辞书出版社，2010）编者也同此说，参见该书第 2832 页。

② "皇极之敷言"，《史记·宋微子世家》"皇"作"王"。

③ 参见（宋）黎靖德编《朱子语类》卷 79，第 2046 页。

而来的。这是我们分析"皇极"语义的基础。进一步，在"皇建其有极"（"皇极"）一句中，"皇"是主语，"建"是谓语，"其"指代"皇"，在句中作兼语。如此，若训"皇"为"大"，那么对于这句，我们真的会产生朱子那样的诘问——"不成是大建其有中？"而下句"时人斯其惟皇之极"，若解作"时人斯其惟大之中"，那么它就更不成话语了！而"惟皇之极"的否定句是"皇之不极"，若训"皇"为"大"，后一句即为"大之不中"，那么也确实如皮锡瑞所说，这是很不通顺的。

　　总之，《洪范》的所有"皇"字都应当训"王"（或"君王"）。而"皇"训为"王"，在《诗》《书》故训上例子多见，可参看《故训汇纂》①。刘节所谓"在春秋战国以前，'皇'决无训'王'，训'君'之说"的说法，肯定是不能成立的②。而"皇极"的"极"字，首先应当训"中"，然后言其包含"至极"之义。而朱子以"极至"为首训，为第一义，在笔者看来，这不是很恰当和准确的。因为一者，汉人故训并无将此"极"字解为"至"者；二者，从《洪范》本文来看，"极"训"中"最得其义；三者，根据《尚书》及出土先秦文献，上古十分重视"中"的观念，出现了"立中""设中"等词，与"建极"的说法非常相近，并且在那时"至"尚未成为概念。简言之，"皇极"即是说天子以中道建立王位，进而以平治天下。或者说，天子建立王位应具备不偏不倚的标准，而这个标准即是所谓中道。

2. 皇极与中道

　　其次，既然"皇极"是讲王应以中道建立王位，那么"中"在本章中无疑是一个核心观念。甲金文均有"中"字，例如：③

　　　　甲三九八　1561　　682　　何尊　颂簋　颂鼎

"中"字从　从　，本意像建中之旗，或建旗于　中④。在卜辞中，除用作本意

---

① 参见宗福邦、陈世铙、萧海波主编《故训汇纂》，商务印书馆，2003，第1525页。

② 刘节：《洪范疏证》，载顾颉刚编著《古史辨》第5册，第401页。

③ 下列字形，参见古文字诂林编纂委员会《古文字诂林》第1册，第322～323页。

④ 参见赵诚编著《甲骨文简明词典——卜辞分类读本》，第74、219、271页。又参见罗振玉、唐兰说，载古文字诂林编纂委员会《古文字诂林》第1册，第325～326、327～329页；姚孝遂按语编撰《甲骨文字诂林》第4册，中华书局，1996，第2935～2937页。

外，"中"还有作左右之中、方位之中及内外之中等用法。另外，卜辞有"立中"（续四·四·五）一辞，与《洪范》"建极"相近。或者说，"建极"即所谓"立中"。不过，这个"中"不是在其本意上来使用的，而是从王者建立"王"自身的标准来说的，"中"即不偏不倚的"标准"。从《尚书》来看，"中"确实是王道的重要内涵。在《禹贡》篇中，禹以"中"为标准来裁断各州之田、贡、赋的等次。在《盘庚》篇中，商王盘庚训告殷民："汝分猷念以相从，各设中于乃心。""设"，建也，立也。在此，"中"是以商王的名义建立的，它不仅是王治应当遵循的标准，而且是臣民应当遵循的准则。《洪范》所谓"皇极"，正与《盘庚》篇"各设中于乃心"具有前后的继承关系。此外，《酒诰》云"作稽中德"，而《吕刑》以"中"作为断狱用刑的基本原则，皆可见在殷周时期它是非常流行而重要的概念。从出土材料来看，也是如此。懿王时期的《牧簋》云："王曰：牧，汝毋敢勿帅先王作明型用，乃讯庶右毋敢不明不中不型，乃敷政事，毋敢不尹其不中不型。"所谓"不中不型"，即以"中"为法式、楷模。在清华简《保训》中，"中"字出现了四次①，学者讨论颇多，笔者认为它应当与《盘庚》《吕刑》的"中"观念是一致的，是古人重视"中"观念的反映。

3. 皇极的思想内涵

最后，我们来看皇极畴的具体内涵。在笔者看来，本畴包括六个思想要点。第一，"皇建其有极"，即是说，天子自己应当建立其应有的准则（"中"），强调了立王的应然之则和君主的权威性。第二，要考察庶民的言行。关于此点，情况虽然有些复杂，但归根结底要看庶民是否遵行了"皇极"和能否"保极"。如果他们做到了，那么君王就有责任赐之以"五福"；否则，威用"六极"。第三，百姓（"人"，百官）应当"惟皇作极"，以王为"中"（标准），而不应该朋比结党、偏邪自私。在实践的过程中，对于他们，君王既要做到酌情裁量，也要做到宽严适当。第四，对于位高禄重的"正（政）人"（执政官），如果不能使其"有好于而家"，那么应当据其罪过予以严惩。与普通百姓（百官）相较，天子对于"正（政）人"的提防与惩处要严肃和严重得多。第五，宣扬王道的崇高和优越。相对于庶民、人、正人而言，《洪范》认为皇极

---

① 参见李学勤主编《清华大学藏战国竹简（壹）》，中西书局，2010，第143页。

是不偏不邪的绝对准则，即所谓中道。"中道"是政治活动应当遵循的基本原则，《洪范》所谓"会其有极，归其有极"是也。不仅如此，箕子在肯定"皇极"是常法、常则的同时还将其看作上帝所命之物。除帝天外，"皇极"是世间至高无上的准则，而"王"的地位显然不容他人僭越和侵犯。第六，作为庶民，其义务是顺从"皇极"而为，以趋近天子的威光；相应的，天子有责任、有义务"作民父母"，尽心尽力地去养育和保护他们，如此才可以为"天下王"。

总之，皇极畴是从王对臣民如何统治及建立其至中不易的政治准则出发的。无疑，它高扬了王权，肯定了"王"是建极的主体，在政治生活中具有至高无上的权威性。同时，"皇极"这一概念也要求王承担其作为最高统治者的政治责任，并担负起"作民父母"的义务。这些思想，后来都得到了儒家的大力继承和弘扬。而朱子在《皇极辨》及语录中特将"皇极"阐释为人君通过修身以建立可以效法、推崇的至极标准（"立德"），这虽然符合宋代理学的思维倾向，但是并不符合这一概念的古义和本意。

四　结语

以五行畴和皇极畴为代表的《尚书·洪范》篇的政治哲学有何内涵？通过上文的研究和论述，笔者认为，其中有五点是值得高度重视的。

第一，洪范九畴既是治理天下的大法，也是王权和受命的象征。洪范九畴是商人统治天下数百年之政治经验和思想的高度概括与总结，涉及国家政治生活的最基本方面，对后世的中国王朝政治产生了深远的影响，而彼时所谓"王道"的内容即具体见于此。这一理论体系的主旨是阐明如何平治（有效地统治）天下，对于彝伦是"攸斁"还是"攸叙"的问题起着根本作用。这一理论体系与"革命"理论在目的上颇不相同，"革命"理论是为了论证改朝换代的合理性，由周人提出来的。不仅如此，洪范九畴还是王权和受命的象征，这在鲧、禹是否受命的问题上就非常直接地表现出来了。

第二，《洪范》通过"数"的哲学观念而将九畴预先作了次序上的安排，由此突出了"五行"、"皇极"和"五福六极"三畴的地位及其重要性。而这种序次的安排，确立了中国古代君王治理天下和建立稳固秩序的基本框架。"初一曰五行"，水、火、木、金、土乃五种材用之物，在洪范九畴的王道世界中处于最基本的层面。"次五曰建用皇极"，在九域（天下）之中，"王"（"天子"）无疑应当居于王道政治的中心；而皇极居于第五畴，与中数"五"正相匹配，其寓意不言而喻。此外，五元的思维方式增加了初一和次五两畴的重要性，强化了《洪范》治理此世界的政治架构。从洪范九畴自身来看，各畴的内容多由五元组成，五行、五事、五官（见"八政"）、五纪、稽疑、庶征和五福诸畴都是如此，这说明五元的思维方式已深入《洪范》的基本结构之中。而在这种思维方式中，"初一"和"次五"的位置最为重要，前者具有初始义，后者具有总摄义。进一步，"次五"又较"初一"的次序更为重要，而这与殷人很早即建立了"尚五"的观念是完全一致的。

第三，"五行"即水、火、木、金、土五种可以施用或施行的基本材质（所谓"五材"）；不过，这五种基本材质通常是作为"所以生殖"者而不是作为"出财用"者来理解的。这一点，在西周后期至春秋前期被逐步阐明出来。而"所以生殖"的说法，正与史伯"和实生物"（《国语·郑语》）的命题在思想上是相似的。同时，反观《洪范》的五行自身，也存在着一定的次序，尽管这个次序是潜在的。其中，水一、土五的数序及其数字的象征化（"五"代表土、"一"代表水）很可能在周初已经存在了。而其他三行（火、木、金）也很可能在西周已完成了其数序化和象征化。通过数序化和象征化，五行即成为君王掌握世界的根本思维法则。

第四，在训诂上，"皇极"二字均为争论的焦点。以伪孔《传》和孔《疏》为代表，南宋以前"皇极"一般训为"大中"；以朱子为代表，南宋之后"皇极"常常被说为"人君修身以立至极的标准"。需要指出，汉人已训"皇"为"君"，但"极"字一律训"中"。今天，从《洪范》"皇极"章的本文来看，"皇"确实应当训"王"或"君王"；训为"大"，这是不对的。而"极"字，无论从《洪范》本章的内容还是从同时代的相关文献来看，都应当训为"中"，只不过此"中"暗中包含着"准则"或"标准"之义。那种对"中"作"含胡苟且、不分善恶"（调和折中）的政治实用主义的解释，乃是对皇极中道的曲解。所谓"皇极"，即是君王以中道建立其位之意。而朱子虽然不排斥"极"有"中"之义，但是他以"至极的标准"为第一义，这在笔者看来乃是颠倒了此"极"字可训为"中""至"二义的先后关系。对于"皇极"，朱子进而以君主修身而立一个至极的标准（楷模）来作解释，则未免堕入自家的理学路数，因而很难说它即是《洪范》"皇极"的本意。

第五，王权的建立和实施都应当遵循"中道"的原则，这是皇极畴的中心内容。由此而言，"皇极"即为所谓"中道"。从《洪范》来看，"皇极"包含两条非常重要的内涵，一者，要确保政治标准（"极"）的建立和实行，所谓"会其有极，归其有极"是也，在其中"皇"（"王"或"君"）本身即是一种"极"，居于政治统治的核心；二者，民本的思想，即所谓"天子作民父母，以为天下王"是也。政治准则或规矩很重要，从天子到臣下、百姓都应当遵守，这是不言而喻的；至于民本思想，则是中国儒家政治哲学的基本内涵。《洪范》"作民父母"和《尚书·康诰》的"若保赤子"同意，都属于中国传统政治哲学的经典说法。它们后来都被儒家所继承和发挥，《孟子》和《大学》二书就有非常直接而深入的反映。

总之，《尚书·洪范》篇的政治哲学思想，特别是五行畴和皇极畴所包含的政治哲学思想值得高度重视，这二畴也是汉宋《洪范》学的焦点，它们关系到我们对于历代尚书学的梳理和理解。同时，需要指出，以两宋之际为界，北宋以前更加重视五行畴，而南宋以下，则更加重视皇极畴。理学家一般重视发挥皇极大义，其中朱子在南宋王朝政治的影响下作了批判性的新解释。

"天命"与"契约"

——孔子与洛克的政治正当性观念比较

谢晓东[*]

摘　要　正当性与合法性是两个不同概念。中国与西方都很关注政治正当性，而孔子与洛克是两种文明的正当性观念的杰出阐发者。孔子与洛克的正当性观念最为显著的差异体现在天命与同意（契约）上，而这又与对人性的独特理解，进而和道与自然法的理论前提具有内在联系。在现代性的视野之下指出了重构儒家正当性观念的方向。

关键词　孔子　洛克　政治正当性

政治正当性（legitimacy）指的是政治秩序、政治权力、政治统治与政治制度的道德证成基础问题，在政治哲学中处于一种非常关键的地位。合法性（legality）则是指政策或行为的合法律性，法规与法律的合宪法性，因而是一个体现法律实证主义的概念。就政治正当性问题而言，中国与西方思想家都非常关注。孔子（前551～前479）是中国古典儒学的奠基者，影响中国正当性观念甚巨。约翰·洛克（1632～1704）则是"哲学上的自由主义的始祖"①，即古典自由主义的创始人，他确立了近现代西方典型的正当性观念。近代中西两种政治哲学遭遇之时，中国占据主导地位的是孔子的正当性观念，而西方主流的正当性观念则是由洛克等古典自由主义者所奠定的。在一定的意义上，可以视孔子与洛克在近代中国的相遇为中西两种政治正当性观念的一场对话。此外，他们面临的背景有相似之处。对他们而言，原有的政

* 谢晓东，四川射洪人，哲学博士，厦门大学哲学系教授，主要从事政治哲学、朱子学研究。

① 〔英〕伯兰特·罗素：《西方哲学史》（下），马元德译，商务印书馆，1976，第134页。

治统治秩序都面临着正当性危机。基于以上两点理由，本文拟对孔子和洛克进行一番比较，从而凸显中西正当性观念的基本异同，最后指出重构儒家正当性观念的方向。

一　形上学依据：道与自然法

孔子与洛克的政治正当性观念的形上学依据分别是"道"与"自然法"。早在启蒙时代，这两个观念之间的相似性就引起了人们的注意。"莱布尼茨与沃尔夫都认识到，在欧洲相当重要的自然法的概念，非常类似于儒家的'道'的概念。"① 进一步考察可以发现，这两个概念之间也存在明显差异，尤其是从正当性的角度来看。

孔子对"道"的规定性比较复杂。孔子说过："朝闻道，夕死可矣。"（《论语·里仁》）先秦时代的中国并没有"灵魂不朽"的观念，人们视死亡为生命的完全终结。在这种情况下，听闻大道之后就死去也没什么可以遗憾的了。可见，道是人们所追求的终极真理，是人类社会的客观的超越的依据。道不具备活动性，不能够自动自发地实现自身，而是需要人来彰显它、实现它。所谓"人能弘道，非道弘人"（《论语·卫灵公》）。但是，人对道的弘扬必然受到外在条件的限制，这就是"命"的观念。"道之将行也与，命也；道之将废也与，命也。"（《论语·宪问》）上述引语体现了哲学中的"力命"问题。"道之行废"均取决于"命"，从这点来看，"命"似乎是一个比"道"更为高级的概念，而"道"则是一个反映"人道"的概念。就此而言，孔子的道明显不同于老子的道，后者具有宇宙论向度。因此，就需要把前面的观点修正为：道是支配人类社会的规范性真理。在《论语》中，其实是区别了反映人类社会的"（人）道"与作为人道的依据的"天道（命）"的。根据孔子的终身弟子子贡的陈述，"夫子之文章，可得而闻也，夫子之言性与天道，不可得而闻也"（《论语·卫灵公》）。笔者认为，子贡应该是常常听孔子讲"（人）道"的。相对于洛克对自然法的消极性质的描述，孔子对于"道"的规定是比较积极的，在他看来，"道"具有一套实质性的内容。"吾说夏礼，杞不足征也；吾学殷礼，有宋存焉；吾学周礼，今用之，

---

① 〔美〕顾立雅：《孔子与中国之道》，高专诚译，大象出版社，2000，第322页。

吾从周。"（《中庸》第二十八章）"周监于二代。郁郁乎文哉，吾从周。"（《论语·八佾》）可见，孔子视野中的"道"的现实表现就是"周道"，他对于周初所确立的政治秩序是高度认同的。"周道"是由周公所奠定的，因而周公就成为一个符号，成为周道的代表。孔子念念不忘的就是实现周公之道，因此，他才会说道："甚矣，吾衰也！久矣，吾不复梦见周公。"（《论语·雍也》）而鲁国是周公的封国，是象征周道的一个诸侯国，所以孔子才会说"鲁一变，至于道"的话。在孔子时代，周代的政治统治面临正当性危机，从而出现了"天下无道"的局面。① 在他看来，周代的礼治秩序本身是好的，问题出在人身上。因此，是"人病"而不是"法病"。从正当性的角度来看，"（周）道"是政治统治具有正当性的一种表征。

洛克对自然法的规定比较简单，因而有人甚至抱怨："《政府论两篇》严重依赖自然法，可是正如我们所知，它从未对这个概念进行分析。"② 即便如此，还是可以在文本的基础上对洛克的自然法思想作些分析。洛克政治哲学的论证起点是自然状态学说，而自然状态是受自然法支配的一种人类生活状态，这就引出了自然法概念。"自然状态有一种为人人所应遵守的自然法对它起着支配作用；而理性，也就是自然法，教导着有意遵从理性的全人类。"③ 这里，洛克认为自然法是理性。"自然法、即上帝的意志，而自然法也就是上帝的意志的一种宣告。"此处，洛克又认定自然法是上帝的意志，是规范一切人的行动的法则。那么，其存在状态又是如何的呢？洛克告诉我们："自然法是不成文的，除在人们的意识中之外无处可找。"④ 可见，自然法存在于人们的意识之中，是上帝把它"印在了所有人的心中"。因而，可以认为，自然法就是上帝的意志、是理性，是人心中的道德法则。简言之，自然法与上帝存在密切关系。"洛克由前人接受下来的自然状态与自然法之说，脱不开它的神学根据。"⑤ 洛克的神学观点是自然神论，这种观点与无神论具有明显不同。"无神论是不容许存在的，因为畏惧上帝是使人

① 谢晓东：《孔子的合法性思想探析》，《江淮论坛》2007 年第 5 期。

② 〔英〕彼得·拉斯莱特：《洛克〈政府论〉导论》，冯克利译，生活·读书·新知三联书店，2007，第 109 页。

③ 〔英〕约翰·洛克：《政府论》（下），瞿菊农、叶启芳译，商务印书馆，1964，第 6 页。

④ 〔英〕约翰·洛克：《政府论》（下），第 84 页。

⑤ 〔英〕伯兰特·罗素：《西方哲学史》（下），第 156 页。

们遵守诺言和契约的一种必要动力，而这些反过来又为社会秩序所需要。"① 仅此而言，洛克的自然法与上帝的关系类似于孔子的道与天（天命）的关系。

简而言之，孔子与洛克的道和自然法观念都是支配人类社会的普遍、永恒的法则，它们都具有更为深刻的根源。相对而言，孔子重视道的道德层面，而洛克更关注自然法的理性层面，这和中西方的道德主义与理性主义的思维方式是分不开的。道与自然法不仅是超越的，也是内在的。它们内在于人自身便形成了人性，而人性学说起着沟通本文第一部分与第三部分的作用，从而成为政治正当性观念的人性依据，这就是下文所要展开的内容。

二 人性预设：仁爱与开明自利

孔子对人的本性的基本规定是"仁"，这种观点暗示人性是善的，故而孟子后来就直接提出了"性善"的观点。孔子的人是"焦点—区域式"自我，② 是关系自我。对于人性的考察应着眼于人们之间的相互关系，就此而言，彼此仁爱应当是相互性的内容。孔子从经验的角度提出了"性相近也，习相远也"（《论语·阳货》）的命题，可见，他是注意到了人性的现实表现层面的多样性，其中不乏恶贯满盈之徒的存在。但是，在孔子看来，从教育的角度而言人是可以塑造的。也就是说，人性是可以提升的，仁爱应当是人的本性。道是真与善的合一，因而可以弘道的人也可以彰显此于人自身。提升人性（经验层面）与恢复人的善性（理性层面）是儒家人性学说一枚硬币的两面。对于一般民众，其人性的提升具有伦理意义却不具备政治意义。具备政治意义的是统治阶层尤其是最高统治者的人性提升，因而，孔子要求的是王侯要以仁爱之心来实施政治统治。只有这样，才能获取政治秩序的正当性。可见，孔子与儒家认为政治哲学与正当性观念都应当建立在仁爱的基础之上。

对于人性的可塑性与可提升性，洛克也是赞成的。但是，他的着眼点却并不在此。他认为，对于政治而言，更加重要的是适应人性。洛克对人性政治意义的规定是在自

---

① 〔加拿大〕詹姆斯·塔利：《语境中的洛克》，梅雪芹、石楠等译，华东师范大学出版社，2005，第48页。

② 〔美〕赫大维、安乐哲：《汉哲学思维的文化探源》，施忠连译，江苏人民出版社，1999，第26~48页。

然状态学说中阐发的。在洛克看来，自然法的目的"旨在维护和平和保卫全人类"。①它的这个目的与从哲学意义所谈的人性具有内在联系，这就涉及了洛克的伦理学。"善"与"恶"是伦理学的基本概念，而洛克是从"快乐"与"痛苦"的角度来定义它们的。"所谓善或恶，只是快乐或痛苦自身。"② 人则是"恒常地要希望幸福"，因而人的行动法则就是"趋利避害"③。因而，洛克"肯定人性基本上是利己主义的，道德是开明的自利"④。洛克认为人的意志的动机来自人的欲望，⑤ 从康德哲学来看，洛克的伦理学是他律，是功利主义。"人类本性中最为强大的力量，因而也是对政治理解来说最有意义的东西就是自我保存的欲望。"⑥ 对于人类而言，"自我保存的欲望决定了人们的行为方式"。⑦ 自然法赋予人以基本义务——保存自身。"自我保存"是一种比较抽象的说法，具体来说就是指要保护自己的生命、健康、自由和财产。洛克认为，"当他保存自身不成问题时，他就应该尽其所能保存其余的人类"。具体而言，自然法赋予人的基本义务有二：第一是保存小我（个体），第二是保存大我（人类）。从消极的角度来看，人们就具有不侵犯他人的权利、不互相伤害的义务。

要言之，洛克持有的是独立个体的观念。知识论中的不可再分析的简单观念，物理学中的原子与伦理学中的个体，这就是洛克哲学中的个体观念。对单个个体的重视一以贯之，可以说，用原子式个体来描述洛克的本真状态的人是比较贴切的。而洛克的个体的最为本真的欲望是自我保存，在保存自我的前提下保护人类。因而，洛克的人是自利的人。洛克的政治哲学与正当性观念就是确立于该人性前提之下。对于洛克而言，人是可以仁爱的，不过这是第二义的，不足以确立政治哲学的基础。洛克的利己的人是开明自利的，而孔子仁爱的人是利他的。对于正当性的走向而言，利己与利他的人性预设具有重要含义。

---

① 〔英〕约翰·洛克：《政府论》（下），第 7 页。
② 〔英〕约翰·洛克：《人类理解研究》，关文运译，商务印书馆，1959，第 243 页。
③ 〔美〕格瑞特·汤姆森：《洛克》，袁银传、蔡红艳译，中华书局，2002，第 93 页。
④ 〔美〕梯利：《西方哲学史》（增补修订版），葛力译，商务印书馆，1995，第 366 页。
⑤ 〔英〕约翰·洛克：《人类理解研究》，第 253 页。
⑥ 〔美〕列奥·施特劳斯、约瑟夫·克罗波西主编《政治哲学史》（下），李天然等译，河北人民出版社，1993，第 589 页。
⑦ 〔美〕列奥·施特劳斯、约瑟夫·克罗波西主编《政治哲学史》（下），第 556 页。

三 正当性的基础：天命与人民的同意

政治统治的正当性依据何在？这是正当性观念的核心问题。对此问题，孔子的回答是"天命"，而洛克的意见则是"人民的同意"。下面，笔者依次把他们的看法展示出来。

中国的社会政治环境决定了孔子与儒家关于正当性的思维。孔子不像古希腊的亚里士多德那样看见过许多不同的政体，更不用说和两千年之后的西人洛克比了。"孔子只了解中国的封建国家以及由于它的衰败所引起的政治现象。"[①] 政治正当性具有层次之分，这是从纵向而言的；正当性也具有结构之别，这是从横向而言的。从正当性的层次来看，孔子默认君主政体理所当然地是正当的，即君主统治权具有一般意义上的正当性。从王朝的正当性与某个王侯统治的两层正当性来看，孔子有比较明确的观点。所以，下文关于孔子正当性的观点就是针对后两个层次而言的。[②] "天"是孔子哲学中的最高范畴，具有颇为复杂的内涵。"获罪于天，无所祷也。"（《论语·八佾》）这句话说明"天"是有意志、有感情的存在，人们不能违背"天"的意志，否则就无药可救了。"天生德于予，桓魋其如予何？"（《论语·述而》）"天之将丧斯文也，后死者不得与于斯文也；天之未丧斯文也，匡人其如予何！"（《论语·子罕》）这两段引文说明天赋予人以德性并控制着人的命运。颜渊死了，孔子痛苦地说："噫！天丧予！天丧予！"（《论语·先进》）这段话进一步说明"天"控制着人的生死存亡。上述材料表明，孔子继承了三代以来的"天"是人类社会最高主宰的观点，而类似的材料在《尚书》与《诗经》中比比皆是。"子罕言利，与命与仁。"（《论语·子罕》）这就说明"命"与"仁"是孔子教义的要点。而"天"与"命"的结合就是"天命"，或者说"命"是"天命"的简称。"君子有三畏：畏天命，畏大人，畏圣人之言。小人不知天命而不畏也，狎大人，侮圣人之言。"（《论语·季氏》）"天"的意志表现为"天命"，而"天命"则是孔子政治正当性观念的依据。后来，孟子就在孔子思想的基础之上提

[①] 顾立雅：《孔子与中国之道》，第 171 页。

[②] 关于政治正当性的三个层次的观点，可以参阅张星久《论帝制时期中国政治正当性的基本层次》，《政治学研究》2006 年第 4 期。

供了一个完整的关于正当性的天命论解释。(《孟子·万章上》)"天命论的论旨,就正当性的问题而言,最简单的说法就是,天命是统治者的正当性的基础。天命使得统治正当化,同样,正当性的丧失也是由于天命的终止或抛弃。"① 因而,在儒家看来,人间统治者所要争取的就是天命的支持,而天命降临则视统治者良好的德性与善政而定。这就是"以德配天"的观念。在儒家看来,一个具有良好德性的统治者必然可以实现善政,所谓内圣外王讲的就是这个道理。孔子接受并改造了传统的天命论,同时赋予其人本主义的因素。(《论语·乡党》) 天命并非捉摸不定,而是具有一定的客观表现。周公和孔子都把民意视为天命的表现,可以把这种天命论看作"民意论的天命观"。"殷商以前不可捉摸的皇天上帝的意志,被由人间社会投射去的人民意志所型塑,上天的意志不再是喜怒无常的,而被认为有了明确的伦理内涵,成了民意的终极支持者和最高代表。由于民众的意愿具有体现上天意志的强大道德基础和终极神学基础,所以在理论上民意比起皇天授命的君主更具优先性,因为皇天授命君主的目的是代天意来保护人民。"② 这就是天命论视野之下的民本主义。

孔子对于天命的态度是"尽人事,听天命"。他更加关注的是怎样获得民众的支持从而获得正当性。儒家主要从统治阶层的视角出发思考正当化政治统治:"儒家比较重视统治的规范性,即更多地从统治者的主观意愿出发衡量统治是否合法有道:是否施仁政?是否按照德性的原则统治?是否以民为本?"③ 孔子实现政治秩序之正当化的根本命题是"为政以德"。(《论语·为政》) 也就是说,要用德性来纯化政治、纯化权力,如果能够这样,民众就会团结在其周围、拥护其统治。这里的"政"不同于下文的"政"之处就在于"德(性)"的介入。"道之以政,齐之以刑,民免而无耻。道之以德,齐之以礼,有耻且格。"(《论语·为政》)此处的"政"可以解释为政治权力,其表现为强制力,"齐之以刑"的说法也说明这个解释是合理的。武力与刑法固然可以迫使人们服从,从而建立和维持政治统治,但是,这样的政治统治却不能使得人们自愿地服从,所谓"民免而无耻"是也。而"道之以德"和"为政以德"的说法则意味着把权力权威化,从而获得人们自愿地服从,所谓"有耻且格"是也。因而,统治者

① 石元康:《天命与正当性:从韦伯的分类看儒家的政道》,《开放时代》1999 年第 6 期。
② 陈来:《古代宗教与伦理——儒家思想的根源》,生活·读书·新知三联书店,1996,第 184 页。
③ 许纪霖:《近代中国政治正当性之历史转型》,《学海》2007 年第 5 期。

的良好德性（仁爱）灌注于政治就成了政治统治正当化的基本途径。这就是儒家著名的德治主张。孔子德治观念的基本预设是：民众是消极的，统治者的表率具有根本作用。这两项预设可以从下述三则引语中看出来：季康子问政于孔子。孔子对曰："政者正也，子帅以正，孰敢不正。"（《论语·颜渊》）"其身正，不令而行；其身不正，虽令不从"（《论语·子路》）"君子之德风，小人之德草，草上之风，必偃。"（《论语·颜渊》）对于一种政治统治来说，其具有正当性的较为客观的表现就是，"近者说，远者来"（《论语·子路》）。

推导出洛克正当性观念的是社会契约论，而自然法与自然状态则是这种理论的两项基本内容。洛克非常清楚，正当性是针对政治权力而言的，因此，他首先就界定了什么是政治权力。"政治权力就是为了规定和保护财产而制定法律的权利，判处死刑和一切较轻处分的权利，以及使用共同体的力量来执行这些法律和保卫国家不受外来侵害的权利；而这一切都只是为了公众福利。"① 为了理解政治权力的正当性，洛克引入了自然状态学说。自然状态是"一种完备无缺的自由状态"，也是"一种平等的状态"。② 因而，自然状态是一种人人自由和平等的状态，或者说人人享有平等的自由。这种学说的背后就是个体独立的政治个人主义观念。自然状态为自然法所支配。洛克的自然状态是，"有德性的无政府主义者们组成的空想社会，这帮人是绝不需要警察和法院的"。③ 但是，自然状态存在着一些基本缺陷，会导致人们之间战争状态的存在。为了弥补这些缺陷，理性教导人们通过契约建立政治社会，从而进入公民社会。"公民政府是针对自然状态的种种不方便情况而设置的正当救济办法。"④

"整个17世纪的争论所围绕的理论问题，就是'统治权'问题，或如洛克更清楚地表述的那样：'谁应当拥有它（政治权力）？'"⑤ 其实，这个问题就是政治权力的正当性问题，而《政府论》对此问题给出了迄今为止最为激进的回答：每一个个体都确实拥有并且应该拥有政治权力。在洛克看来，制度化的政府形式的权力来源于政治社会的每一个成员所拥有的自然权利。"任何人放弃其自然自由并受制于公民社会的种种

---

① 〔英〕约翰·洛克：《政府论》（下），第4页。
② 〔英〕约翰·洛克：《政府论》（下），第5页。
③ 〔英〕伯兰特·罗素：《西方哲学史》（下），第157页。
④ 〔英〕约翰·洛克：《政府论》（下），第10页。
⑤ 〔加拿大〕詹姆斯·塔利：《语境中的洛克》，第5页。

限制的唯一的方法，是同其他人协议联合组成为一个共同体，以谋他们彼此间的舒适、安全和和平的生活，以便安稳地享受他们的财产并且有更大的保障来防止共同体以外任何人的侵犯。"①"因此，当每个人和其他人同意建立一个由政府统辖的国家的时候，他使自己对这个社会的每一个成员负有服从大多数的决定和取决于大多数的义务；否则他和其他人为结合成一个社会而订立的那个原始契约便毫无意义。"② 不像罗尔斯视社会契约为一种理论假设，洛克认为从历史与经验的角度来看，人民的同意都是政治统治和平起源的条件。最后，从正反两个角度来总结一下洛克的观点。正面观点是个体的同意是他服从于一种政治权力（统治）的依据。"人类天生都是自由、平等和独立的，如不得本人的同意，不能把任何人置于这种状态之外，使受制于另一个人的政治权力。"③ 反面观点说明政府对于没有表达同意的人不具有统治权利，因而人民就可以不服从其统治。"任何政府都无权要求那些未曾自由地对它表示同意的人民服从。"④重申一下洛克的观点：人民的同意是政府正当性的依据。

有学者认为儒家正当性具有天意与民意的二重来源。在笔者看来，这二重来源的地位是不平等的。天命更具有终极性，而民意（作为整体）则是对其的一个补充，而且是天命论笼罩之下的补充。换言之，在天命与民意的二元结构中，民意的地位与分量是不足以与天命相抗衡的。因此，孔子政治正当性观念的终极依据是"天命"，它是一个客观的存在，而洛克的则是个体主观的同意（consent，也可以翻译为"认可"）。正如识者所云，从古代到现代的正当性观念经历了从强调客观面向到主观面向的转型。⑤ 这的确是一种趋势。

四　不服从与革命

人作为一种文明的成员，一个政治社会的公民，又是如何与政治正当性内在地勾连在一起的呢？换句话说，人们又是如何表达对一种政治统治（权力）的服从与不服

---

① 〔英〕约翰·洛克：《政府论》（下），第 59 页。
② 〔英〕约翰·洛克：《政府论》（下），第 60 页。
③ 〔英〕约翰·洛克：《政府论》（下），第 59 页。
④ 〔英〕约翰·洛克：《政府论》（下），第 117 页。
⑤ 周濂：《政治正当性的四重根》，《学海》2007 年第 2 期。

从的呢？孔子与洛克对此有一些各具特色的理解，下文就对他们的政治正当性观念予以进一步分析。

孔子认为，一种政治统治如果能够对人们实行仁政，就会出现"近者说，远者来"的局面。所谓"近者说"是指直接受某种政治权力统治的人对于这种统治是满意的、认同的；而"远者来"则是受别种政治权力统治的人选择了"用脚投票"的方式来归化于这种善政。这样就构成了对该种政治统治予以认可的两种形态，它们都说明了统治的正当性。一旦人们对某种政治秩序的正当性表示怀疑或否定，那么会发生什么事呢？这就可以区分为消极的不服从和积极的反抗。前者可以分为两种情况，第一种是"隐"。"天下有道则见，无道则隐。"（《论语·泰伯》）第二种是移民至其他统治区域。这又可以分为两种情况。一是如前文所说，移居于天下具有统治正当性的地方，二就是离弃天下。"道不行，乘桴浮于海，从我者其由与！"（《论语·公冶长》）这句话表明孔子甚至有脱离华夏文明而远走海外的意思表示。要言之，孔子就是通过上述方式表达了自己对不具有政治统治正当性的消极不服从。

一般来说，孔子不提倡叛乱与革命。比如，"子不语：怪、力、乱、神"（《论语·述而》），其中就包括了"乱"。孔子还有"博学于文，约之以礼，亦可以弗畔矣夫"（《论语·颜渊》）的进一步观点。"子曰：'弑父与君，亦不从也。'"（《论语·先进》）"弑君"是叛乱的一种表现，而孔子教导他的弟子们不能干这类事。"其身正，不令而行；其身不正，虽令不从。"（《论语·子路》）可见，统治者的身正与被统治者的服从与否具有密切的关系。这也说明儒学的服从观念具有私人性，不重视客观规则。"不从"表明了至少是一种抗议，或许暗示了叛乱与革命的原则。[①] 后来，孟子就直接指出民众具有革命权。不过，孔子对于别人的叛乱则持有一种比较矛盾的态度，《论语》就曾两次记载了叛乱者召唤孔子去而孔子也试图去。这也说明，孔子对于政治统治的正当性并不是完全按照宗法血缘的谱系，而是更为关注德性。例如，孔子就曾说过："雍也可使南面"（《论语·雍也》）。德性是得享天命的必要条件而不是充分条件，所以只能说德性是得享天命的更为有力的因素。也就是说，德性与天命之间并不具有因

---

① 革命原则暗示在《子路十三》的"苟正其身"章、《宪问》"卫灵公之无道"章。参见顾立雅《孔子与中国之道》，第 323 页的注释 [2]。

果关系，也并不意味着天命是可以操纵的。"正名"是孔子用来克服正当性危机的一种主要方法，但这个主张有时会与德性原则发生冲突。

洛克把个体的同意进一步区分为明示同意与默示同意两种类型①。在他看来，生命、自由与财产是人们建立政治社会的目的，一旦现存的政治权力威胁到这些目标，就意味着政府与人民处于战争状态，人们就收回了对政府的服从义务，而致力于清除这种现实威胁。如果一种政治权力丧失了正当性，那么人们就会诉诸革命权。可以说，洛克开创了叛乱学说中的哥白尼革命：叛乱者不是别人而是暴君。因此，革命是正当的，只有实际的革命实践才足以使人民免遭压迫。就此而言，"反抗压迫是正义的，这是《政府论》的主题。"② 在洛克看来，人民必须支配他们的统治者。当（如果）统治者违背契约时必须对其进行判决，必要时，可以通过一场革命确立新统治者，或建立一个新的政府形式来实行判决。

当然，未必凡是人民同意的就是正当的，也就是说，人民的同意赋予一种政治统治正当性的程度是有限的而不是绝对的。因为，人民的统治也可能会导致暴政，所谓"极权主义民主"和"多数人的暴政"就是如此。因此，人民的同意必须予以限制。洛克所推荐的方法是人的基本自由构成限制条款，所谓生命、自由与财产就是这样的基本自由。否则，就是越权，而"越权使用强力，常使使用强力的人处于战争状态而成为侵略者，因而必须把他当作侵略者来看待"。③ 这些都说明，洛克是一个法治宪政论者，因而可以说他是一个反对权力绝对主义的哲学家。孔子是一个德治论者，对他而言，让有德性的人掌握权力比防止权力的滥用更加重要。这是由于孔子对人性的基本规定是仁爱，而具有仁爱精神的统治者不可能不做出符合人民的幸福与福利的事情。相对而言，孔子显然从未构想过任何由人民群众控制政府的方式，更不用说对人民统治的限制了。"孔子的这个体系的弱点是显而易见的。从终极的意义上讲，良好的政府依然要依赖君主，因为他们掌握着最高权力。而且，如果他们不愿意的话，并没有办法迫使他们选贤任能。"④

---

① 〔英〕约翰·洛克：《政府论》（下），第 74 - 75 页。

② 〔加拿大〕詹姆斯·塔利：《语境中的洛克》，第 38 页。

③ 〔英〕约翰·洛克：《政府论》（下），第 95 页。

④ 顾立雅：《孔子与中国之道》，第 193 页。

五　结论

通过上文的论述，可以得出如下基本结论。第一，从正当性的主观与客观向度来看，孔子颇为重视客观向度，而洛克更重视主观向度。第二，他们都重视天意（天命与上帝）设置的作用，认为其对于一个好政府来说是必不可少的。洛克的上帝是自然神意义上的，因而并不直接干预人间的政治，而孔子的天命则一定程度上还是一个具有人格的存在，其对人类社会的事务具有最终的决定权。因此，洛克比孔子更加注重人在政治正当性中的决定性地位。第三，从人性哲学的角度来看，洛克的利己的人是开明自利的，而孔子仁爱的人是利他的。在利己与利他的基础上都可以构建出政治正当性观念，只不过孔子所导向的是德治，洛克则走向了宪政与法治。第四，从克服正当性危机的角度来看，孔子选择了复古的"正名"策略，试图恢复周初的政治秩序。洛克则试图建构出一套新的正当性理论，其核心观点就是通过契约所表达的"人民的同意"。第五，从正当性的获取来看，孔子从统治者的角度出发论证问题，洛克则站在被统治者的立场来看问题。孔子的个体是消极的民，而洛克的个体是积极的民。在既定的政府框架之下，孔子所能做的就是诉诸统治者的良心，因此他鼓吹德治与民本。

近代以来，尤其是启蒙以来，目的论世界观解体，而机械论世界观逐步流行。在一个业也"祛魅"了的世界中，人的自由与理性占据了思想的制高点，天命观及其各种变形都失去了说服力。于是，在近代中国，就形成了"天命的没落"的局面。[①] 在这种情况下，孔子视天命为正当性终极依据的做法就面临挑战。其实，这种挑战的根本冲击来自现代性。现代性的基本特性就是自由与理性，而自由与理性是指个体的自由与理性。换言之，个体主义（individualism）才是现代性的最为根本的精神动力。洛克的政治哲学，尤其是政治正当性理论就是建立在个体主义基础之上。而个体主义，则是东方和中国思想中"最缺乏、最需启蒙的观念"[②]。故而，洛克式的经验主义就更加关注个体的意志表达，而孔子的理性主义则更为关注某种整体实在。洛克的个体主义的逻辑结论就是主动积极的个体公民，而孔子的个体则是消极被动的臣民，而且是

---

① 高瑞泉：《天命的没落：中国近代唯意志论思潮研究》，上海人民出版社，2007。
② 陈嘉明：《现代性与后现代性十五讲》，北京大学出版社，2006，第17页。

笼罩在整体的天命之中的尚未凸显主体性的子民。不过,孔子的古典观念又具有向现代转变的因子,那就是他已经突破了单纯的天命观念,从而出现了民意与天命的二元结构。在这种"民意论的天命观"里,民意与人民的同意有相近之处。针对这种二元结构,有两种解决问题的方式。一是强化民意而弱化甚至虚化天命,从而把两者的地位颠倒过来。其中,民意应处于一种基础性的地位。这就需要民由消极被动的臣民转化为积极主动的公民,从而成为正当性评价的唯一主体。在这一过程中,吸取古典自由主义的落实"人民的同意"的制度设计与理念,尤其是契约观念,从而赋予民意以现代精神。二是彻底清除天命观念,只保留纯粹经验意义的民众的同意。剃去天命这个理性主义的尾巴是比较彻底的方式,不过这样的话,或许就不再是儒家意义上的正当性了。

张载佚著《孟子说》辑考

林乐昌[*]

摘　要　张载著作在流传中多有亡佚，《孟子说》便是其中一种。张载佚著《孟子说》辑本，依据朱熹所编《论孟精义》、《四书或问》和《四书章句集注》三书为基础，并参以其他相关著述多种，从中采辑张载解说《孟子》语计 130 余条，合为一编，以见其梗概。由该辑本可知，张载通过对《孟子》的解说，发挥自己的哲学思想，不仅涉及了心性论、性命论、礼乐论、治道论和治术论等多方面课题，而且不乏切要至论。此外，《孟子说》辑本的学术价值还包括如下数端。首先，辑本为印证张载哲学的孟子渊源提供了比较系统的思想资料。其二，辑本为把握张载哲学思想的演变轨迹提供了不同时期相互比较的史料。其三，辑本为张载的代表作《正蒙》及其他著作提供了改误补阙的校勘依据。

关键词　张载　辑佚　《孟子说》辑本　朱熹　《论孟精义》

一　前言

自 20 世纪 80 年代初以来，断续有学者从史籍中辑出张载佚文和佚诗[①]，然对张载

---

[*]　林乐昌，山东威海人，陕西师范大学哲学系教授，中国哲学博士生导师，主要从事宋明理学研究。

[①]　程宜山《关于张载著作的佚文》是这方面的最早尝试，参见《中国哲学史研究》1981 年第 4 期；《全宋文》卷 1299、1305 辑得佚文 20 篇，参见曾枣庄等主编《全宋文》第 30 册，巴蜀书社，1992；李裕民在《张载诗文的新发现》中，辑得佚文 14 篇、佚诗 61 首，其所辑佚文与《全宋文》略有重复，参见《晋阳学刊》1994 年第 3 期；林乐昌在《张载答范育书三通及关学学风之特质》中，辑得佚文 1 篇，参见《中国哲学史》2002 年第 1 期。

佚著的辑录则迄今未见。张载著作在流传过程中多有亡佚，《孟子说》便是其中的一种。为了复原张载佚著《孟子说》，笔者按照辑佚著的一般原则，依据朱熹所编《论孟精义》、《四书或问》和《四书章句集注》①，此三书又以《论孟精义》一书的《孟子精义》部分为基础，并参以《近思录》、《朱子语类》，以及朱熹门人和其他学者的相关著述多种，从中采辑张载解说《孟子》语计 130 余条，合为一编，以见其梗概。

南宋以来的史志和官私书目，多著录有张载《孟子说》一书。晁公武所撰《郡斋读书志》卷十著录《横渠孟子解》十四卷，王应麟所撰《玉海》卷四十一著录《横渠孟子解》十四卷，马端临所撰《文献通考·经籍考》卷十一著录《横渠孟子解》二十四卷。然朱熹、吕祖谦合编的《近思录》引用时称《孟子说》而不称《孟子解》，是否张载分别撰有《孟子说》和《孟子解》两书？"解"或"说"是古籍注本的两种文体形式，它们起于秦汉而大行于宋，其共同点是说解经籍的蕴意奥旨②，故二者有时亦可通用。事实上，在张载此著流行过程中学者们更习惯于以《孟子说》称之。而且，对于《六经》及《论》、《孟》等儒经，张载无不撰有解说发挥之作，例如史志、书目著录的《易说》、《春秋说》、《诗说》、《礼记说》、《论语说》，等等。可见，称《孟子说》似更妥帖。有论著在言及张载著作时，将《孟子说》和《横渠孟子解》作为两书并录③，显然是失察误断了，二者实系异名同书。

朱熹编撰《孟子精义》（简称《精义》）之初，并未及见张载《孟子说》。乾道八年壬辰（1172），时年 43 岁的朱熹汇辑二程、张载、范祖禹等十一家之说刊印了《语孟精义》（亦称《论孟精义》）一书。其后，吕祖谦致书朱熹云："只如《语孟精义》，当时出之亦太遽，后来如周伯忱《论语》、横渠《孟子》等书，皆以印版既定，不可复增，此前事之鉴也。"（《东莱集·别集》卷八《与朱侍讲》）此处《论语》、《孟子》，系《论语说》、《孟子说》之省称，这种用法在朱、吕等学者的文集中时有所见。

---

① 限于题旨，本文只涉及此三种书中的《孟子》部分，姑且称为"朱熹《孟子》三书"，简称"三书"。

② 冯浩菲：《中国古籍整理体式研究》，北京图书馆出版社，1997，第 198、201 页；程千帆、徐有福：《校雠广义·校勘编》，齐鲁书社，1998，第 268 页。

③ 侯外庐、邱汉生、张岂之主编《宋明理学史》下册，人民出版社，1984，第 91 页。

信中提到的周伯忱，乃程颐弟子，名孚先，伯忱是其字。淳熙二年乙未（1175），吕祖谦往武夷访朱熹，二人"同观关、洛书，辑《近思录》。"（《东莱集》附录卷一《年谱》）与朱熹三书不同，《近思录》对四家言论皆注所引书名，其中也包括张载《孟子说》。淳熙七年庚子（1180），朱熹增订《论孟精义》，改名为《要义》，增补所依据者应包括吕祖谦提供的新资料，故新编《精义》补入了周孚先的相关资料，由原十一家扩充为十二家，并将张载《孟子说》作为引用文献之一。《精义》初名《要义》，后改名《精义》，再改名《集义》，今通行本据朱熹原序仍称《精义》。书名的改动，往往意味着版本的变更。据此可知，《精义》在锓版流传中其版本应不止一种，今本《精义》应是采用了张载《孟子说》的改本。幸赖流传至今的《精义》诸书，才使张载的《孟子说》得以部分保存下来。

在今存宋人著述中，引用张载《孟子说》且予以注明者，除《近思录》外，尚有黄履翁编撰的《古今源流至论别集》。（文渊阁《四库全书》子部类书类十卷）履翁字吉甫，福建宁德人，登绍定五年壬辰（1230）进士。这表明，在朱熹使用张载《孟子说》之后的半个多世纪，此书仍流行于世。披览元人著述，并无再言及张载《孟子说》者，故可知《孟子说》可能亡佚于元。①

由《孟子说》辑本可以看到，张载通过对《孟子》的逐章解说发挥自己的哲学思想，不仅涉及了心性论、性命论、礼乐论、治道论和治术论等多方面课题，而且不乏切要至论。尤其是辑本中有关心性的议论，值得格外留意，例如，他认为"性之本原，莫非至善"（辑本第51条）；提出"性，原也；心，派也"（辑本第69条），等等，均不见于今集，弥足珍贵。朱熹在《孟子或问》中衡定诸家论说《孟子》之得失时说，张子"博学详说，精思力行，而自得之功多矣。故凡其说皆深约严重，意味渊永，自成一家之言，……其大体非诸人所能及也。"② 应当说，朱熹的评语是相当中肯的。

---

① 然在明人著述中仍可发现不见于《精义》的张载解说《孟子》语，这似乎表明今本《精义》并非足本，明人所用版本可能不同于今本。另，清人朱彝尊所撰《精义考》卷233著录张载《孟子说》时，不注"佚"或"未见"而注"存"（中华书局，1998，第1181页），据此似不能排除该书曾被清代个别藏书家收存的可能性。限于篇幅，《孟子说》的版本及其佚存的复杂性俟日后深考。

② 朱熹：《四书或问》，上海古籍出版社、安徽教育出版社，2001，第108页。

据初步考察，张载《孟子说》辑本的学术价值除以上提及者外，主要有如下数端。首先，辑本可以为印证张载哲学的孟子渊源提供比较系统的思想资料。《宋史·张载传》称张学"以孔孟为法"，《宋元学案·横渠学案》称张学"以孔孟为极"，而王夫之在《张子正蒙注》序论中则称张学以《论》、《孟》为"要归"，都揭示了张载与孔孟之间的密切关系。此外，无论南宋陈亮"世以孟子比横渠"① 的评语，还是张载本人"养勇所期肩孟子"② 的自道，都更强调了张载与孟子之间确有学问渊源。但通过《孟子说》辑本，则使我们有可能完整、确切地了解张载与孟子之间的思想渊源关系是如何展现出来的。其二，辑本可以为把握张载哲学思想的演变轨迹提供前后不同时期相互比较的史料。从《孟子说》辑本可以发现，其中大约有40余条后来被编入《正蒙》的《神化》、《诚明》、《大心》、《中正》、《至当》、《作者》诸篇，可见《正蒙》的构成与张载前期著作之间的密切关系。据初步推断，《孟子说》有可能是张载40岁以后撰写（或由弟子记录）的著作之一，我们似可将此时界定为张载学术发展的中期。《正蒙》作为早期道学家著作，其系统之完整，其义理之精微，在宋代罕有其匹。张载撰构于晚年的这部著作，是他对自己一生思想和著作的总结，包括《孟子说》在内的所有早、中期著作，都可以视作张载为创作《正蒙》所作的准备。故《正蒙》的撰著，既是张载再思考和再创作的过程，也是张载对包括《孟子说》在内的旧著的整理和选用。通过《孟子说》与《正蒙》的比较，将有助于我们确切地把握张载哲学思想的脉动。其三，辑本可以为张载的代表作《正蒙》及其他著作提供改误补阙的校勘依据。用辑本与《正蒙》对勘，所见异文甚多；而辑本的补遗作用则更加难能可贵，例如，《正蒙·作者篇》曰："'立贤无方'，此汤所以公天下而不疑，周公所以于其身望道而必吾见也。"（《张载集》，第38页）此章下有编者注曰："疑周公上有'坐以待旦'四字。"然据辑本第34条可知，"周公"上所脱四字并非"坐以待旦"，而是"思兼三王"，故应据辑本补塞《正蒙》的脱字。此外，辑本亦可为张载其他著述改误补遗，例如，《语录》中"禹、稷、颜回易地皆然"一句（《张载集》，第318页），据辑本当改作"'禹、稷、颜回同道'，易地皆然"。（辑本第41条）

---

① 陈亮：《伊洛正源序》，《陈亮集》（增订本），中华书局，1987，第252页。
② 钱锺书：《宋诗纪事补正》卷21《集义斋》，辽宁人民出版社，2000，第1505页。

　　张载《孟子说》辑本的资料来源，系以朱熹《孟子》三书为主，尤其以《精义》为基础。作为朱熹《四书》研究的最高成就，《集注》的价值自不待言。然而对于张载《孟子说》的辑录和研究而言，《精义》和《或问》的作用则更为显著。《精义》辑录了二程、张载等十二位学者的言论，是北宋道学家研治孟子学的资料汇编，不少散佚之书赖是以传。在辑录张载《孟子说》的过程中，《精义》的作用最为直接，故颇便集中采录。而《或问》则折衷《精义》所录十二家之说，论次其取舍之所由，并据以评论诸家之得失。可见，《精义》与《或问》之间，有着重要的对应关系。《或问》除保存了已不见于《精义》的若干《孟子说》佚文外，还能够对《精义》所收《孟子说》各条或作说明，或加印证。

　　以下对张载佚著《孟子说》辑本的资料来源及其版本、辑本的构成和体例略作说明。

　　其一，关于辑本的资料来源及其版本。作为辑本的基础性资料，所用《孟子精义》（简称《精义》）以清康熙年间御儿吕氏宝诰堂重刻白鹿洞《朱子遗书》本为底本，并以清初福建安溪李氏刻本（《四库未收书辑刊》肆辑7册，北京出版社，2000）、清光绪年间陕西三原《西京清麓丛书》本、文渊阁《四库全书》本加以校核。所用《孟子或问》（简称《或问》），用上海古籍出版社、安徽教育出版社联合出版的点校本（2001）；《孟子集注》（简称《集注》），则用中华书局的《四书章句集注》点校本（1983）。

　　除以上三书外，辑本所用其他五种史籍资料及其版本是：（一）朱、吕合编《近思录》（江永集注），国学基本丛书本，1933；（二）黎靖德编《朱子语类》（简称《语类》），中华书局点校本，1986；（三）黄履翁编撰《古今源流至论别集》，文渊阁《四库全书》本（子部类书类）；（四）蔡模编撰《孟子集疏》（简称《集疏》），文渊阁《四库全书》本（经部四书类）；（五）胡广等编撰《四书大全·孟子集注大全》（简称《大全》），文渊阁《四库全书》本（经部四书类）。

　　其二，关于辑本的构成。辑本共辑出张载解说《孟子》语133条，从《精义》中辑出93条，从《或问》中辑出19条，从《集注》中辑出2条，从《近思录》中辑出6条（《张载集·近思录拾遗》收入4条，失收2条），从《朱子语类》中辑出1条，从《源流至论别集》中辑出1条，从《集疏》中辑出7条，从《大全》中辑出4条。辑本中属佚文者约61条，占辑本总数近半（46%）。

其三，关于辑本的编排体例。

（一）辑本的分卷、章名，仿照朱熹《精义》的编次、格式。不同的是，张载说各条前均加序号；各章名后圆括号内的卷章序号，依照通行编号方法（如杨伯峻《孟子译注》的编号方法）处理。

（二）从《近思录》及《朱子语类》、《古今源流至论别集》等三种史籍所辑各条，依其文义插入辑本相应卷、章之下；三书和《集疏》、《大全》等五种史籍，与《孟子》原书的卷次、篇序对应一致，故所辑各条均依《孟子》原书的卷次和章序编入辑本。辑本各条后圆括号内所注出处，书名凡有简称者均用简称，卷次与《孟子》原书对应者不另注卷数，而且不另注编著者姓名，排印本则注页码。

（三）《精义》所收张载说各条前原有"横渠曰"或"又曰"字样，其他史籍所收张载说各条前原有"张子曰"等字样，为省文一律删去。

（四）辑本所列张载说各条，一一与《张载集》所收《正蒙》、《理窟》、《语录》等著作对勘，并在按语中说明，以方便辨识佚文。

（五）笔者虽对辑本作了校勘，但为省文，除需特别说明者一般不出校记，校记将另觅机会刊布。

对于中国历史上著名哲学家的研究，除使用其常见著作外，收集辑录其佚文、佚著，也应当是一项不容忽视的基础性工作。在完成张载佚著《孟子说》的辑考之后，笔者还将有计划地对张载其他佚著如《诗说》、《礼记说》、《论语说》等加以采辑整理。

二　张载佚著《孟子说》辑本

卷一，梁惠王章句上

孟子见梁惠王章（1·1）

1."尔为尔，我为我，各定其分。"（据《或问》第417页辑录。）

孟子见梁惠王王立于沼上章（1·2）

2."不贤者民将去之，故不保其乐也。"（据《精义》辑录。）

3."圣贤言极婉顺，未尝咈人情。"（据《或问》第417页辑录。）

齐宣王问曰齐桓晋文之事章（1·7）

4.“为天下者，当如父母之视其爱子爱孙也，如此而后为王者之道，故曰保民而王。”（据《集疏》辑录。）

卷二，梁惠王章句下

孟子见齐宣王曰所谓故国者章（2·7）

5.“‘国君进贤’，如徇从人情，不得已而进之，则贪妄者日益进于上，廉耻之人反屈于疏贱矣。”（据《精义》辑录。）

齐人伐燕胜之章（2·10）

6.“此事间不容发。一日之间，天命未绝，则是君臣。当日命绝，则为独夫。然命之绝否，何以知之？人情而已。诸侯不期而会者八百，武王安得而止之哉？”（据《集注》第222页辑录。按：又见《经学理窟·诗书》，有异文，然大义略近，《张载集》，第257页。以下凡引《张载集》，仅注书名、篇名和页码。）

7.“不以声色为政，不以革命有中国，默顺帝则而天下归焉，其惟文王乎？”（据《朱子语类》卷51，第1229页辑录。）

8.“‘取之而燕民悦则取之’，‘取之而燕民不悦则勿取’，属文王武王而言者，后人指成功而言之之辞也。文王未尝有心取天下，惟以纣不改为恨，稍改则率天下而事之矣。至武王时不道则已甚矣。”（据《集疏》辑录。）

滕文公问曰滕小国也章（2·13）

9.“使民效死，则政教可为。”（据《精义》辑录。）

滕文公问曰齐人将筑薛章（2·14）

10.“所为善，故可继续而行；变诈一时，君子不为，人无取法也。”（据《精义》辑录。）

卷三，公孙丑章句上

公孙丑问曰夫子加齐之卿相章（3·2）

11.“知德之难言，知之至也。孟子谓‘我于辞命则不能。’”（据《精义》辑录。按：又见《正蒙·至当篇》，第37页。）

12.“‘浩然之气难言’。《易》谓‘不言而信，存乎德性’，又以尚辞为圣人之道，非知德者达乎是哉？"（同上。）

13. "诐、淫、邪、遁之辞，古语孰近？诐辞苟难，近于并耕为我；淫辞放侈，近于兼爱齐物；邪辞离正，近于隘与不恭；遁辞无守，近于揣摩说难。四者可以尽天下之狂言。"（据《精义》辑录。按：又见《张子语录中》，第 323 页。）

14. "四辞以溢、侈、偏、妄四字推之。"（据《精义》辑录。按：又见《张子语录上》，第 310 页。）

15. "宰我、子贡善推尊圣人说辞。冉、颜善知圣人德性而言之。仲尼有德且有言。孟子言我于辞命为能，有所尊也。"（据《精义》辑录。）

16. "凡致思到说不得处，始复审思明辨，乃为善学也。若告子则到说不得处遂已，更不复求。"（据《近思录》卷 3 辑录。按：又见《近思录拾遗》，第 377 页。）

17. "刚则守而不回，柔则入而不立。"（据《古今源流至论别集》卷 2 辑录。）

孟子曰尊贤使能长（3·5）

18. "或赋其市地之廛，而不征其货；或治之以市官之法，而不赋其廛。盖逐末者多则廛以抑之，少则不必廛也。"（据《集注》第 236 页辑录。）

孟子曰子路人告之以有过章（3·8）

19. "君子为天下，达善达不善，无物我之私，循理者共悦之，不循理者共改之而已。共改之者，过虽在人如在己，不忘自讼焉；共悦之者，善虽在己，盖取诸人而为，必以与人焉。善以天下，不善以天下，是之谓达善达不善。"（据《精义》辑录。按：又见《正蒙·中正篇》，第 29 页。）

卷四，公孙丑章句下

孟子去齐居休章（4·14）

20. "古之人亦有'仕而不受禄'者，仕者未尝遽受其禄以观可否，在上者亦不欲便臣使之。"（据《精义》辑录。按：又见《张子语录上》，第 310 页。）

卷五，滕文公章句上

滕文公问为国章（5·3）

21. "'野九一而助'，郊之外助也。'国中什一使自赋'，郊门之内通谓之国中，田不井授，故使十而自赋其一也。"（按：此段又见《正蒙·有司篇》，第 47 页；以下又见《河南程氏遗书》卷十《洛阳议论》，《二程集》，中华书局 1984 年版，第 110～111 页，有异文。）先生与二程先生论井法。二程谓："地形不必谓宽平可以画方，只要用算法折计地亩授民。"先生谓："必先经界，经界不正，则法终不定。地有坳垤处不管，只观四标竿中间地，虽不平饶，与民无害。就一夫之间，所争亦不多。又侧峻处，田亦不甚美。又经界必须正南北，假使地形有宽、狭、尖、斜，经界则不避山河之曲，其地则就得井处为井，不能就成处，或五七，或三四，或一夫，其实田数则在。又或就不成一夫处，亦可计百亩之数而授之，无不可行者。如此，则经界随山随河，皆不害于画之也。苟如此画定，虽便使暴君污吏，亦数百年坏不得。经界之坏，亦非专在秦时，其来亦远矣。"伊川云："至如鲁，二吾犹不足，如何得十一也？"先生言："百亩而彻，言彻取之彻则无义，是透彻之彻。透彻而耕，则功力均，且相驱率，无一家得惰者。及已收获，则计亩数衰分之。以衰分之数，取十一之数，亦可。"或谓："井议不可轻示人，恐致笑及有议论。"先生谓："有笑有议论，则方有益也。"或曰："若有人闻其说，取之以为己功，则如何？"先生云："如有能者，则己'愿受一廛而为氓'，亦幸也。"明道言："井田今取民田使贫富均，则愿者众，不愿者寡。"伊川言："亦未可言民情怨怒，止论可不可尔。须使上下都无此怨怒，方可行。"伊川言："议法既大备，却在所以行之之道。"先生言："岂敢！某止欲成书，庶有取之者。"伊川言："不行于当时，行于后世，一也。"先生曰："'徒善不足以为政，徒法不能以自行'，须是有行之之道。又虽有仁心仁闻，而政不行者，不由先王之道也，须是法先王。"伊川言："孟子于此善为言。只竭目力，焉能尽方员平直？须是要规矩。"二程又问："官户占田过制者如何？"先生云："如又曾有田极多，只消与五十亩采地尽多。"又问："其他如何？""今之公卿，旧有田多者，与之采地多。概与之，则无以别有田者。"（据《精义》辑录。）

墨者夷之章（5·5）

22．"夷子谓'爱无差等'，则二本也。'彼有取尔也'，谓'赤子匍匐将入井，非赤子之罪也'，所取者在此。"（据《精义》辑录。按：又见《张子语录上》，有异文，然大义略近，第 311 页。）

卷七，离娄章句上

孟子曰人不足与适也章（7·20）

23. "'人不足与适也，政不足与间也，惟大人为能格君心之非。'非惟君心，至于朋游学者之际，彼虽议论异同，未欲深较，惟整理其心，使归之正，岂小补哉！"（据《近思录》卷十一辑录。按：又见《语录抄七则》，第335页。）

24. "君心未免乎非，则虽百贤众，政亦莫能正。"（据《集疏》辑录。）

卷八，离娄章句下

孟子曰非礼之礼章（8·6）

25. "'非礼之礼，非义之义'，但非时中者皆是也。大率时措之宜者，即中也。时中非义得谓非时中，而行礼义为'非礼之礼，非义之义'。又不可一概如此，如孔子丧出母，子思不丧出母，不可以子思为非也。又如制礼者'小功不税'，使曾子制礼，又不知如何，以此不可易言。时中之义甚大，须精义入神，始得观其会通行其典礼，此方是真义理也。行其典礼而不达会通，则有非时中者矣。"（据《精义》辑录。按：又见《经学礼窟·礼乐》，大义略近，然有遗脱，第264页。）

26. "今学者须是执礼，盖礼亦是自会通制之者。然言不足以尽天下之事，守礼亦未为失，但大人见之，则为非礼非义，不时中也。君子要多识前言往行，以畜其德者，以其看得前言往行熟，则自能比物丑类，亦能见得时中。"（据《精义》辑录。按：又见《张子语录下》，第328页。）

孟子曰人有不为也章（8·8）

27. "有所不为而后可以有为，不为不仁则可以为仁，不为不义则可以为义。"（据《精义》辑录。）

孟子曰博学而详说之章（8·15）

28. "先守至约，然后博学以明夫至约之道。"（据《或问》第458页辑录。）

孟子曰以善服人者章（8·16）

29. "'以善服人者'，要得以善胜人也。'以善养人'者，凡教之养之者，'养人'也。"（据《精义》辑录。）

徐子曰仲尼亟称于水章（8·18）

30. "止于至善，为有本原。"（据《或问》第460页辑录。）

孟子曰人之所以异于禽兽者章（8·19）

31. "明庶物，察人伦，然后能精义致用，性其仁而行。"（据《精义》辑录。按：

又见《正蒙·作者篇》，第 38 页。）

32. "'别生分类'，孟子所谓明庶物、察人伦者与！"（同上。）

33. "明庶物，察人伦。庶物，庶事也。明庶物，须要旁用；人伦，道之大原也。明察之言不甚异。明庶物，察人伦，皆穷理也。既知明理，但知顺理而行，而未尝有意以为仁义。仁义之名，但人名其行耳。如天春夏秋冬，何尝有此名？亦人名之尔。"（据《精义》辑录。按：又见《张子语录下》，第 329 页。）

孟子曰禹恶旨酒章（8·20）

34. "'立贤无方'，此汤所以公天下而不疑。'思兼三王'，周公所以于其身望道而必吾见也。"（据《精义》辑录。按：又见《正蒙·作者篇》，第 38 页。）

35. "汤放桀有惭德而不敢赦，执中之难如是。天下有道而已，在己在人不见其间也，'立贤无方'也如是。"（据《精义》辑录。按：又见《正蒙·作者篇》，第 38 页。）

36. "'望道而未之见'，望太平也。"（据《精义》辑录。按：又见《张子语录中》，第 322 页。）

孟子曰王者之迹熄而诗亡章（8·21）

37. "其义则窃取以明褒贬。"（据《精义》辑录。）

孟子曰君子之泽章（8·22）

38. "'君子之泽，五世而斩'，盖谓孟子去孔子犹在五世之内，虽不亲为弟子，其余泽在人我得私取以为善。"（据《集疏》辑录。）

孟子曰天下之言性也章（8·26）

39. "'天下何思何虑'，'行其所无事'，斯可矣。"（据《精义》辑录。按：又见《正蒙·至当篇》，第 37 页。）

孟子曰君子所以异于人者章（8·28）

40. "'此亦妄人也'，是以义断，在圣人如天地涵容，但哀矜而已。"（据《精义》辑录。）

禹稷当平世章（8·29）

41. "'禹、稷、颜回同道'，易地皆然。颜子固可以为禹、稷之事。颜子不伐善，不施劳，是禹、稷之事也，颜子勿用者也。颜子当禹、稷之世，禹、稷当颜子之世，处与不处，此则更观人临时志何如也。虽同其人，出处有不同。然当平世，贤者自显，天子岂有弃颜子而不用？同室乡邻之别，有责无责之异耳。孔、颜出处自异，当乱世，德性未成，则人亦尚未信。苟出，则妄动也。孔子其时，德望天下，已信之矣。"（据《精义》辑录。按：又见《张子语录中》，第318页。）

卷九，万章章句上

万章问曰诗云娶妻如之何章（9·2）

42．"象忧喜，舜亦忧喜，所过者化也，与人为善也，隐恶者也，所觉者先也。"（据《精义》辑录。按：又见《正蒙·作者篇》，第38页。）

43．"'好问'，'好察迩言'，'隐恶扬善'，'与人为善'，'象忧亦忧，象喜亦喜'，皆行其所无事也，过化也，不藏怒不宿怨也。"（同上。）

44．"道无权正之别，权与正一。"（据《或问》第468页辑录。）

卷十，万章章句下

孟子曰伯夷目不视恶色章（10·1）

45．"无所杂者清之极，无所异者和之极。勉而清，非圣人之清；勉而和，非圣人之和。所谓圣者，不勉不思焉者也。勉，盖未能安也。思，盖未能有也。"（据《精义》辑录。按：又见《正蒙·中正篇》，第28页。）

46．"清为异物，和为徇物。"（据《精义》辑录。按：又见《正蒙·至当篇》，第35页。）

47．"'圣之时'，当其可之谓时，取时中也。可以行，可以止，此出处之时也。至于语言动作，皆有时也。"　（据《精义》辑录。按：又见《张子语录上》，第309页。）

48．"知金和而玉节之，则不过；知运而贞一之，则不流。"（据《精义》辑录。按：又见《至当篇》，第35页。"知金和而玉节之"，《正蒙·至当篇》缺"知"字。）

49．"夷、惠智不明于至善，故偏入于清、和，然而卒能成性，故虽圣而不智。孔子智既明于至善，故集大成，如清、和、时、任皆有之，无不曲当也，故圣且智，金声而玉振也。"（据《大全》辑录。）

万章问曰敢问友章（10·3）

50．"献子忘其势，五人者忘人之势。不资其势而利其有，然后能忘人之势。若五人者有献子之家，则反为献子之所贱矣。"（据《精义》辑录。按：又见《正蒙·作者篇》，第39页。）

卷十一，告子章句上

告子曰性犹湍水也章（11·2）

51. "性之本原，莫非至善。"（据《或问》第475页辑录。）

52. "习而为恶，亦性也。饮食男女，皆性也。"（同上。）

告子曰生之谓性章（11·3）

53. "以生谓性，既不通昼夜之道，且人与物等，故告子之妄不可不抵。"（据《精义》辑录。按：又见《正蒙·诚明篇》，第22页。"不可不抵"，《正蒙·诚明篇》作"不可不诋"。）

54. "性者万物之一源，非有我之得私也。惟大人为能尽其道，是故立必俱立，知必周知，爱必兼爱，成不独成。彼自蔽塞而不知顺吾理者，则亦未如之何矣。"（据《精义》辑录。按：又见《正蒙·诚明篇》，第21页。）

55. "形而后有气质之性，善反之则天地之性存焉。故气质之性，君子有弗性者焉。"（据《精义》辑录。按：又见《正蒙·诚明篇》，第23页。）

56. "人之刚柔、缓急、有才有不才，气之偏也。天本参和不偏，养其气而反其本使之不偏，则尽性而天矣。"（据《精义》辑录。按：又见《正蒙·诚明篇》，第23页。）

57. "告子言'生之谓性'，然天地之性人为贵，可一概论之乎？"（据《精义》辑录。）

公都子曰告子曰章（11·6）

58. "孟子之言性、情、才皆一也，亦观其文势如何，情未必为恶。哀乐喜怒发而皆中节谓之和，不中节则谓恶。"（据《精义》辑录。按：又见《张子语录中》，第323~324页。）

孟子曰无或乎王之不智也章（11·9）

59. "敦笃虚静者仁之本，不轻妄则是敦厚也，无所系阁昏塞则是虚静也，此难以顿悟。苟知之，须久于道实体之，方知其味。'夫仁，亦在乎熟之而已。'"（据《近思录》卷4辑录。按：又见《近思录拾遗》，第377页。）

孟子曰羿之教人射章（11·20）

60. "今之言性者，漫无执守，所以临事不精。学者先须立人之性，学所以学为人。"（据《或问》第 476 页辑录。按：又见《张子语录中》，第 324 页。有异文，然大义略近。）

卷十二，告子章句下

任人有问屋庐子章（12·1）

61. "徒克己而无礼，亦何所赖？又须反礼然后至。"（据《或问》第 488 辑录。）

曹交问曰人皆可以为尧舜章（12·2）

62. "徐行折枝之类，孟子姑举其易者言之，推此则事无巨细，莫不自天德至纤至悉至实处出也。"（据《集疏》辑录。）

淳于髡曰先名实者章（12·6）

63. "伯夷、伊尹、柳下惠皆称圣人，出于仁之一端，莫非仁也。三子者各以是成性，故得称仁。"（据《大全》辑录。）

卷十三，尽心章句上

孟子曰尽其心者章（13·1）

64. "大其心则能体天下之物，物有未体，则心为有外。世人之心，止于闻见之狭。圣人尽性，不以闻见梏其心，其视天下无一物非我，孟子谓尽心则知性知天以此。天大无外，故有外之心，不足以合天心。"（据《精义》辑录。按：又见《正蒙·大心篇》，第 24 页。）

65. "天之明莫大于日，故有目接之，不知其几万里之高也；天之声莫大乎雷霆，故有耳属焉，不知其几万里之远也；天之不御莫大乎太虚，故心知廓之，而莫究其极也。人病以耳目闻见累其心而不务尽其心，故能尽其心者，必知心所从来而后能。"（据《精义》辑录。按：又见《正蒙·大心篇》，第 25 页。）

66. "知性、知天，则阴阳、鬼神之变皆吾之分内耳。"（据《精义》辑录。）

67. "存心养性以事天，尽人道则可以事天。"（据《精义》辑录，又见《张子语录上》，第 311 页。）

68．"多闻不足以尽天下之故，苟以多闻而待天下之变，则道足以酬其所尝知，若劫之不测，则遂穷矣。"（据《近思录》卷2辑录。按：又见《近思录拾遗》，第376页。）

69．"性，原也；心，派也。"（据《或问》第491辑录。）

70．"性大于心。"（同上；按：又见《张子语录上》，第311页。）

71．"舍此见闻，别自立见，始谓之心。"（同上。）

孟子曰莫非命也章（13·2）

72．"性于人无不善，系其善反不善反而已，过天地之化者，不善反者也。命于人无不正，系其顺与不顺而已，行险以徼幸，不顺命者也。"（据《精义》辑录。按：又见《正蒙·诚明篇》，第22页。）

73．"'莫非命也，顺受其正。'顺性命之理，则得性命之正。灭理穷欲，人为之招也。"（据《精义》辑录。按：又见《正蒙·诚明篇》，第24页。）

74．"顺性命之理，则吉凶莫非正也。逆理则凶为自取，吉则侥幸也。"（同上。）

75．"今居岩墙之下压而死者，不可言正命；'尽其道而死者'，则始到其本分，所受之命也。"（据《集疏》辑录。）

孟子曰求则得之章（13·3）

76．"富贵贫贱皆命也。今有人均为勤苦，有富贵者，只是幸会也。求而有不得，则'是求无益于得也'。道义则不可言命，是'求在我者也'。"（据《精义》辑录。按：又见《拾遗·性理拾遗》，第374页。）

77．"求有益，求无益，道德勉之，则无不至，人皆可以为尧舜。于富贵，则有得，有不得。"（据《集疏》辑录。）

孟子曰万物皆备于我矣章（13·4）

78．"'万物皆备于我'，言万物皆素有于我也。'反身而诚'，谓行无不慊于心，则'乐莫大焉。'"（据《精义》辑录。按：又见《正蒙·至当篇》，第33。"皆素有于我"，《正蒙·至当篇》作"皆有素于我"。）

79．"'反身而诚'，言无不慊于心，作德日休，实到实有。"（据《或问》第494页辑录。）

80．"既诚而又强恕。"（同上。）

81．"诚者自谓之诚，亦有诚于恶者。"（同上。）

孟子曰古之贤王章（13·8）

82. "不资其力而利其有，则能忘人之势；若资仰其富贵而欲有所取，则不能矣。"（据《大全》辑录。）

孟子曰霸者之民章（13·13）

83. "性性为能存神，物物为能过化。"（据《精义》辑录。按：又见《正蒙·神化篇》，第18页。）

84. "徇物丧心，人化物而灭天理者乎！存神过化，忘物累而顺性命者乎！"（同上。）

孟子曰人之所不学而能者章（13·15）

85. "大人所存，盖必以天下为度，故孟子教人，虽货色之欲，亲长之私，达诸天下而后已。"（据《精义》辑录。按：又见《正蒙·中正篇》，第32页。）

孟子曰人之有德慧术知者章（13·18）

86. "困之进人也，为德辨，为感速，孟子谓'人有德慧术知者'常'存乎疢疾'以此。自古困于内无如舜，困于外无如孔子。以孔子之圣而下学于困，则其蒙难正志，圣德日跻，必有人所不及知而天独知之者矣，故曰：'莫我知也夫'，'知我者其天乎'！"（据《精义》辑录。按：又见《正蒙·三十篇》，第40页。）

孟子曰有事君人者章（13·19）

87. "'达可行于天下然后行之'，言必功覆生民然后出，如伊吕之徒。"（据《精义》辑录。）

88. "不得已，当为而为之，虽杀人皆义也。有心为之，虽善皆意也。'正己而物正'，大人也。正己而正物，犹未免有有意之累也。有意为善，利之也，假之也；无意为善，性之也，由之也。有意在善，且为未尽，况有意于未善耶？"（据《精义》辑录。按：又见《正蒙·中正篇》，第28页。）

孟子曰孔子登东山而小鲁章（13·24）

89. "'登东山而小鲁，登泰山而小天下'者，德愈高者，事愈周易也。"（据《精义》辑录。）

90. "'难为言'，言无以加也。"（据《精义》辑录。）

91. "当自立说以明性，不可以遗言附会解之。若孟子言'不成章不达'，及'所性'、'四体不言而喻'，此非孔子曾言而孟子言之，此是心解也。"（据《精义》辑录。

按：又见《经学理窟·义理》，第275页；及《张子语录中》，第323页。）

孟子曰柳下惠章（13·28）

92. "介，操守也。"（据《精义》辑录。）

孟子曰尧舜性之也章（13·30）

93. "尧、舜固无优劣，及至汤、武则有别。孟子言性之、反之，自古圣人如此言，惟孟子分出，遂知尧、舜是生知，汤、武学而能之。"（据《大全》辑录。）

孟子曰形色天性也章（13·38）

94. "言不能全性于内，则有形色随之迁于外。"（据《精义》辑录。）

孟子曰君子之所以教者五章（13·40）

95. "'有如时雨化之者'，当其可乘其间而施之，不待彼有求有为然后教之也。"（据《精义》辑录。）

96. "'时雨化之'，春诵夏弦。"（据《精义》辑录。）

97. "当其可之谓时。成德因其人之有是心，当成之。如好货好勇，因其为说以教之。'私淑艾'，大人正己而物正。"（据《精义》辑录。）

98. "'成德者'，如孟子语宋牼之言是也。本有是善，意因而成之。'答问者'，必问而后答也。"（据《精义》辑录。）

99. "'时雨化'者，不待问而告之，当其可告而告之也。如天之雨，岂待望而后雨？但时可雨而雨。'私淑艾者'，自修使人观己以化，如颜子大率私淑艾也。以能问于不能，以多问于寡，有若无，实若虚，但修此以教人。颜子常以己德未成而不用，隐而未见，行而未成故也。至于圣人神道设教，正己而物正，皆是私淑艾，作于此化于彼，如祭祀之类。"（据《精义》辑录。）

100. "若宋牼罢齐楚之兵，因而成之。若好色好货，因而达之。"（据《精义》辑录。）

孟子曰天下有道章（13·42）

101. "'天下有道'，道随身出；'天下无道'，身随道屈。"（据《精义》辑录；按：又见《正蒙·有德篇》，第45页。）

102. "虽天下之有道，而不求身之必显。"（据《或问》第501辑录。）

卷十四，尽心章句下

孟子曰春秋无义战章（14·2）

103. "'天子讨而不伐，诸侯伐而不讨'，故虽汤武之举，不谓之讨而谓之伐。陈恒弑君，孔子请讨之，此必周制。邻国有弑逆，诸侯当不请而讨。孟子又谓'征者上伐下，敌国不相征，'然汤十一征非赐鈇钺，则征伐之名至周始定耳。"（据《精义》辑录。按：又见《正蒙·有司篇》，第47页。）

孟子曰尽信书章（14·3）

104. "'武成取二三策'，言有取则是有不取也。孟子只是知武王，故不信漂杵之说。知德斯知言，故言使不动。"（据《精义》辑录。按：又见《张子语录下》，第331~332页。）

孟子曰口之于味也章（14·24）

105. "孟子以'智之于贤者'为命，如晏婴智矣，而独不知于仲尼，非天命耶？"（据《精义》辑录。按：又见《正蒙·作者篇》，第39页。）

106. "'智之于贤者'，知人之谓智，贤者当能知人，有于此而不受知于贤者，智不施于贤者也。晏婴之贤亦不知仲尼，于仲尼犹吹毛，直欲陷害孔子，如归女乐之事。"（据《精义》辑录。按：又见《张子语录下》，第327页。）

107. "'智之于贤者'，彼此均贤也。我不知彼，是我所患；彼不知我，是命也。钧圣人也，舜、禹受命受禄，苟不受命受禄，舜、禹亦无患焉。"（据《精义》辑录。按：又见《张子语录下》，第333页。）

108. "养则付命于天，道则责成于己。"（据《精义》辑录。）

109. "不以薄而不修，不以浅而不勉。"（据《或问》第505页辑录。）

浩生不害问曰章（14·25）

110. "大则不骄，化则不吝。"（据《精义》辑录。按：又见《正蒙·神化篇》，第17页。）

111. "求仁必求于未恻隐之前，明善必明于未可欲之际。"（据《精义》辑录。）

112. "乐正子、颜渊知欲仁矣。乐正子不致其学，所以为善人信人，志仁无恶而已。颜子好善不倦，合仁与知，具体圣人，独未至于圣人之止耳。"（据《精义》辑录。按：又见《中正篇》，第26~27页。）

113. "善人云者，志于仁而未致其学，能无恶而已。'君子名之必可言也'如是。"（据《精义》辑录。按：又见《正蒙·中正篇》，第29页。）

114. "善人欲仁，而未志于学者也。欲仁，故虽不践成法，亦不陷于恶，有诸己也。不入于室由不学，故无自入圣人之室也。"（同上。）

115. "'笃信好学'，笃信不好学，不越为善人信人而已。"（据《精义》辑录。按：又见《正蒙·中正篇》，第30页。）

116. "'可欲之谓善'，志仁无恶也。诚善于心之谓信，充内形外之谓美，塞乎天地之间之谓大，大能成性之谓圣，天地同流、阴阳不测之谓神。"（据《精义》辑录。按：又见《正蒙·中正篇》，第27。）

117. "颜子、乐正子皆到可欲之地，但一人向学紧，一人向学慢。"（据《精义》辑录。按：又见《张子语录下》，第333页。）

118. "气有阴阳，推行有渐为化，合一不测为神。其在人也，知义利用，则神化之事备矣。德盛者穷神则智不足道，知化则义不足云。天之化也运诸气，人之化也顺天时；非气非时，则化之名何有，化之实何施？《中庸》曰'至诚为能化'，孟子曰'大而化之'，皆以其德合阴阳，与天地同流而无不通也。所谓气也者，非待其蒸郁凝聚，接于目而后知，苟健、顺、动、止、浩然、湛然之得言，皆可名之象耳。然则象若非气，指何为象？时若非象，指何为时？世人取释氏销碍入空，学者舍恶趋善以为化，此直可为始学遣累者，薄乎云耳，岂天地神化所可同语也哉！"（据《精义》辑录。按：又见《正蒙·神化篇》，第16页。）

119. "大可为也，大而化不可为也，在熟而已。《易》谓'穷神知化'，乃德盛仁熟之致，非智力能强也。"（据《精义》辑录。按：又见《正蒙·神化篇》，第17页。）

120. "'大而化之'，能不勉而大也。不已而天，则不测而神矣。大几圣矣，化则位乎天德矣。"（据《精义》辑录。按：又见《正蒙·神化篇》，第17。《正蒙·神化篇》无"大几圣矣"句。）

121. "大而未化，未能有其大，化而后能有其大。"（据《精义》辑录。按：又见《正蒙·中正篇》，第27页。）

122. "大亦圣之任，虽非清和一体之偏，犹未忘于勉而大耳。若圣人则性之，天道无所勉焉。"（据《精义》辑录。按：又见《正蒙·中正篇》，第28页。后句《中正篇》作"若圣人，则性与天道无所勉焉"。）

123. "无我而后大，大成性而后圣，圣位天德不可致思谓神，故神也者圣不可知。"（据《精义》辑录。按：又见《正蒙·神化篇》，第17页。）

124. "圣不可知者，乃天德良能。立心求之，则不可得而知之。"（同上。）

125. "心存无尽性之理，故圣而不可知谓之神。"（据《精义》辑录。按：又见《正蒙·大心篇》，第 26 页。）

126. "圣不可知谓神。庄生谬妄，又谓有神人焉。"（据《精义》辑录。按：又见《正蒙·神化篇》，第 18 页。）

127. "为学大益，在自求变化气质，不尔皆为人之弊，卒无所发明，不得见圣人之奥。所贵于学，正欲陶镕气质，矫正偏驳，不然则非为己之学，亦何以推明圣人之蕴哉？"（据《近思录》卷 2 辑录。按：此条前句又见《经学理窟·义理》，第 274 页；《张子语录中》，第 321 页；"所贵于学"一句，《理窟》、《语录》未见。）

128. "善、信二句，离则不可。"（据《或问》第 506 页辑录。）

孟子曰人皆有所不忍章（14·31）

129. "不穿踰，义也，谓非其有而取之曰盗，亦义也。恻隐，仁也，如天亦仁也。故扩而充之，不可胜用。"（据《精义》辑录。按：又见《正蒙·有德篇》，第 46 页。）

万章问曰孔子在陈章（14·37）

130. "乡原徇欲而畏人，其心穿踰之心也。苟徇欲而不畏，人乃明盗耳。遁辞乃乡原之辞也，无执守故其辞妄。"（据《精义》辑录。按：又见《张子语录下》，第 322～323 页。）

131. "'踽踽'，犹区区也。'凉凉'，犹棲棲也。"（据《精义》辑录。）

132. "孟子言反经特于乡原之后者，以乡原大者不先立，心中初无主，惟是左右看，顺人情不欲违，一生如此。"（据《近思录》卷 12 辑录。按：又见《近思录拾遗》，第 378 页。"心中初无主"，《张载集》作"心中初无作"，曹植①撰《学记类编刊补》卷 4 作"心中初无怍"，见小川书堂藏《南冥先生文集》重刊本，收入《南冥集四种》，韩国南冥学研究院出版部 2000 年版。）

133. "正经能久，则尽透彻。"（据《或问》页 511 辑录。）

---

① 曹植，字楗仲，号南冥，生于李氏朝鲜燕山君七年（1501）、中国明孝宗弘治十四年，卒于宣祖五年（1572）、明穆宗隆庆六年，是韩国李朝时期著名的性理学家，也是与李滉（号退溪）"并生一世，倡明道学"的大儒。

事实与建构："朱张会讲"叙述方式的演变

肖永明*

摘　要　乾道三年的"朱张会讲"是朱熹、张栻对当时二人共同关心的学术问题所进行的一次讨论。对朱熹、张栻二人来说，这是一次完全平等的学术交流与对话。在同时代的学者看来，朱张两人的学术成就与学术地位也难分轩轾，因而总是将两人相提并论。但是朱子门人后学们基于其道统观念，在对"朱张会讲"的叙述中，突出朱熹的主流、正统地位，强调朱熹的主导作用，而将张栻描述为最后改变自己看法而完全认同朱熹之说。对"朱张会讲"的叙述是朱熹正统地位建构过程中的一个环节，但是随着朱子学地位的不断上升，这一叙述逐渐为更多士人所接受，并于元明清代在不断地重复中变成被大多数士人学者所认可的"事实"，为朱熹在当时的地位与影响提供佐证。对"朱张会讲"叙述方式的演变过程加以考察，思考历史事实与话语建构之间的关系，可以加深对思想观念形成过程的理解与把握。

关键词　朱熹　张栻　"朱张会讲"　叙述方式

一　问题的提出

南宋乾道三年(1167)八月，朱熹携范伯崇、林择之等弟子从福建崇安启程，九月初八抵达长沙。在长沙停留的近两个月中，朱熹与张栻就"中庸""太极"等问题进行了热烈的探讨与交流。十一月，张栻与朱熹溯湘江而上，同游南岳，随后朱熹返回

---

*　肖永明，湖南武冈人，湖南大学岳麓书院院长，教授，博士生导师，主要研究方向为中国思想史、学术史。

福建。这次交流与对话，就是反复为后世所传颂的"朱张会讲"。

本来，"朱张会讲"对朱熹、张栻两位学者而言，是一次完全平等的学术交流与对话。当时，朱熹37岁，张栻34岁，两人学术体系都处于正在建构、发展，有待成熟、完善的过程之中，他们还并不是后人眼中地位崇高的学术大师。

从朱熹、张栻的诗文中也可以看到，他们两人对这次会讲的认识和定位很明确，就是相互切磋、商榷，共同探讨、对话。事实上，当时朱熹和张栻的学术地位和影响也并无明显差别，同时代很多学者提及这两位学者时，有的先说张栻，后说朱熹，有的先说朱熹，后说张栻，说法并不一致，并没有明显的尊此抑彼的倾向。

但朱子弟子后学为了树立朱子学的权威，强化朱熹在儒家道统中的地位，按照朱熹为主导、朱熹地位更高、在会讲过程中张栻更多地接受了朱熹之学的思路，对朱熹、张栻的"会讲"加以叙述，在叙述中体现出朱熹、张栻学术地位的高低与社会影响的强弱，这实际上就对"朱张会讲"进行了一种塑造和建构。随着朱熹地位的不断提高，尤其当朱子学成了学术主流、官方哲学之后，朱子后学的这种塑造和建构得到越来越多人的认可和传播。甚至湖湘后学为了突出湖湘之学的正统性、正宗性，表明湖湘之学已经超越了湖湘一隅的地域局限而属于主流学术的一部分，也刻意突出朱熹对张栻之学产生影响的一面，彰显朱熹到访岳麓对湖湘学派发展的意义。这样，另外一面，亦即张栻之学乃至整个湖湘学术在朱熹思想学术体系形成、发展过程中的影响和作用就被有意无意地遮蔽。

在"朱张会讲"叙述方式的背后，是一套完整的以朱熹为核心、正统、主流的话语体系，这套话语体系自南宋以来经过众多学者精心建构，广为流传，又在历代的流传中不断强化，迄今几乎成为学界共识。① 但值得注意的是，朱熹在后世据学术界的主流、正统地位并无问题，但这种地位的确立有一个发展、演变的过程。在南宋乾道三年，即将迈向中年的朱熹，其思想理论建构正在进行，学术体系尚未成熟，其正统、主流的地位还没有确立。从历史角度看，朱子弟子后学对"朱张会讲"的叙述未免有失真之处。

---

① 也有一些学者对这套话语体系进行了审视与反思，见〔美〕田浩《朱熹的思维世界》，江苏人民出版社，2009，第80~81页。

　　因此，本文试图勾勒出"朱张会讲"的基本事实，同时对历代学者有关"朱张会讲"的叙述加以考察，以此从一个侧面了解按照以朱熹为正统、主流的"朱张会讲"叙述方式不断建构的过程。

二 "朱张会讲"中的朱熹、张栻

　　张栻、朱熹的学术思想都源自二程，真德秀曾说："二程之学，龟山得之而南，传之豫章罗氏，罗氏传之李氏，李氏传之考亭朱氏，此一派也。上蔡传之武夷胡氏，胡氏传其子五峰，五峰传之南轩张氏，此又一派也。"[①] 这既表明张栻、朱熹的思想同出二程，但也表明经过数代传承之后，他们已处在了不同的思想谱系中，朱熹为闽学的传人，而张栻则是湖湘学的传人。作为各自学派的代表人物，他们的学术观点已出现颇多差异。而这种学派上、思想上的差异乃是互相交流吸收、质疑辩论的基础，朱张会讲的必要性即体现在这里。

　　会讲之前，朱熹、张栻已有过面谈，且多次往来通信，讨论、交流学术问题。朱熹说："惟时得钦夫书问往来，讲究此道，近方觉有脱然处。潜味之久，益觉日前所闻于西林而未之契者，皆不我欺矣。幸甚幸甚，恨未得质之。"[②] 又说："钦夫尝收安问，警益甚多。大抵衡山之学，只就日用处操存辨察，本末一致，尤易见功。某近乃觉如此。非面未易纠也。"[③] 而张栻也在给朱熹的信中说："数年来尤思一会见讲论，不知何日得遂也。"[④] 在与陆九龄谈及朱熹时又说："书问往来，终岂若会面之得尽其底里哉！"[⑤] 在信件往复过程中，虽然二人都颇有收获，但是也感到，许多复杂的理论问题在书信中无法酣畅淋漓地表达、讨论，而双方的困惑、分歧，更是需要当面商榷、探讨，由此二人产生了当面讨论、对话交流的强烈愿望。从张栻信中可以看到，他觉得很有必要"会见

---

① （宋）真德秀：《真文忠公读书记》卷三十一，文渊阁四库全书本，706 册，上海古籍出版社，1987，第 106 页。

② （宋）朱熹：《答罗参议》，《朱文公续集》卷五，《朱子全书》，上海古籍出版社、安徽教育出版社，2002，第 4748 页。

③ （宋）朱熹：《答罗参议》，《朱文公续集》卷五，《朱子全书》，第 4747 页。

④ （宋）张栻：《答朱元晦秘书》，《南轩集》卷二十三，杨世文、杨蓉贵点校《张栻全集》，长春出版社，1999，第 875 页。

⑤ （宋）张栻：《答陆子寿》，《南轩集》卷二十六，杨世文、杨蓉贵点校《张栻全集》，第 920 页。

讲论"，这种想法已经在心中盘桓数年之久。而朱熹在《中和旧说序》中也说："余蚤从延平李先生学受《中庸》之书，求喜怒哀乐未发之旨未达，而先生没。余窃自悼其不敏，若穷人之无归。闻张钦夫得衡山胡氏学，则往从而问焉。"① 他到湖南，是希望和湖湘学者当面探讨，了解湖湘学者在"中庸"问题上的看法。所以尽管"湖南之行，劝止者多"②，朱熹还是坚持前往。总之，从缘起来看，会讲是朱熹与张栻几年来共同的愿望，目的在于面对面地、更为深入地探讨共同关心的学术问题，解决理论建构中的困惑。从某种意义上说，会讲只是他们长时期书信讨论的延续和发展。朱熹不远千里，从福建来到长沙，既不是挑战者，也不是求教者，朱、张二人是平等的学友关系。

关于"朱张会讲"的具体内容和过程，已无法详细考证，从存留不多的文献中，我们依旧可以看出他们主要讨论了以下几个问题。首先，是中庸之义。朱熹在《中和旧说序》中谈到过，王懋竑《朱子年谱》中也有记载："是时，范念德侍行，尝言二先生论《中庸》之义，三日夜而不能合。"③ 从中可看出，朱熹、张栻所讨论的是中庸已发未发的问题，而且两人都秉持着自己的思想观点，以致讨论十分激烈。其次，是关于太极的问题④。朱、张分别之时，张栻有诗云："遗经得绅绎，心事两绸缪。超然会太极，眼底全无牛。"⑤ 朱熹亦有诗云："昔我抱冰炭，从君识乾坤。始知太极蕴，要眇难名论。谓有宁有迹？谓无复何存。惟应酬酢处，特达见本根。万化自此流，千圣同兹源。"⑥ 再次，是知行问题。朱熹后来说："旧在湖南理会乾坤。乾是先知，坤是践履；上是知至，下是终之。故不思今只理会个知，未审到何年何月方理会终之也。是时觉得无安居处，常恁地忙。"⑦

---

① （宋）朱熹：《中和旧说序》，《朱文公文集》卷七十五，《朱子全书》，第 3634 页。
② （宋）朱熹：《答许顺之》，《朱文公文集》卷三十九，《朱子全书》，第 1745 页。
③ （清）王懋竑撰、何忠礼点校《朱子年谱》卷一，中华书局，1998，第 32 页。
④ 朱张关于太极的讨论依旧与中和已发未发密切相关，参见（清）王懋竑《年谱考异》卷一，何忠礼点校《朱子年谱》，中华书局，1998，第 306～307 页。
⑤ （宋）张栻：《诗送元晦尊兄》，《南轩集》卷一，杨世文、杨蓉贵点校：《张栻全集》，长春出版社，1999，第 533 页。
⑥ （宋）朱熹：《二诗奉酬敬夫赠言并以为别》，《朱文公文集》卷五，《朱子全书》，上海古籍出版社、安徽教育出版社，2002，第 387 页。
⑦ （宋）朱熹：《自论为学工夫》，《朱子语类》卷一百四，《朱子全书》，上海古籍出版社、安徽教育出版社，2002，第 3435 页。

朱熹、张栻在以上问题的热烈讨论，使得他们取得很多共识，彼此都感到有收获。朱熹有不少文字谈到这次会讲：

> "熹此月八日抵长沙，今半月矣。荷敬夫爱予甚笃，相与讲明其所未闻，日有问学之益，至幸至幸。敬夫学问愈高，所见卓然，议论出人意表。近读其语说，不觉胸中洒然，诚可叹服。"①

> "去冬走湖湘，讲论之益不少……敬夫所见，超诣卓然，非所可及。"②

> "熹自去秋之中去长沙，……钦夫见处，卓然不可及，从游之久，反复开益为多。"③

> "胜游朝挽袂，妙语夜连床。别去多遗恨，归来识大方。惟应微密处，犹欲细商量。"④

朱熹认为张栻"见处卓然"，"议论出人意表"，经过此次会讲，自己的收益很大，内心十分钦佩。

后来张栻英年早逝，朱熹在祭文中说："我昔求道，未获其友。蔽莫予开，吝莫予剖。盖自从公，而观于大业之规模，察彼群言之纷纠，于是相与切磋以究之，而又相厉以死守也。"⑤ 又说："嗟唯我之与兄，吻志同而心契。或面讲而未穷，又书传而不置。盖有我之所是，而兄以为非；亦有兄之所然，而我之所议。又有始所共乡，而终悟其偏；亦有早所同唿，而晚得其味。盖缴纷往返者几十余年，末乃同归而一致。"⑥

---

① （宋）朱熹：《与曹晋叔书》，《朱文公文集》卷第二十四，《朱子全书》，上海古籍出版社、安徽教育出版社，2002，第 1089 页。

② （宋）朱熹：《答程允夫》，《朱文公文集》卷第四十一，《朱子全书》，上海古籍出版社、安徽教育出版社，2002，第 1871 页。

③ （宋）朱熹：《答石子重》，《朱文公文集》卷四十二，《朱子全书》，上海古籍出版社、安徽教育出版社，2002，第 1922 页。

④ （宋）朱熹：《有怀南轩老兄呈伯崇择之二友二首》，《朱文公文集》卷五，《朱子全书》，上海古籍出版社、安徽教育出版社，2002，第 408 页。

⑤ （宋）朱熹：《祭张敬夫殿撰文》，《朱文公文集》卷八十七，《朱子全书》，上海古籍出版社、安徽教育出版社，2002，第 4074 页。

⑥ （宋）朱熹：《又祭张敬夫殿撰文》，《朱文公文集》卷八十七，《朱子全书》，上海古籍出版社、安徽教育出版社，2002，第 4075～4076 页。

虽然朱熹在祭文中不免有谦虚之意，但是可以看出朱熹是把张栻当作自己"志同而心契""相与切磋"的学术知己与友人的。

张栻亦将朱熹当成思想上的良友，在谈及朱熹时充满赞赏："元晦卓然特立，真金石之发也。"① 又说："元晦数通书讲论，比旧尤好。《语孟精义》有益学者。"② 谈到会讲，张栻说："剧谈无俗调，得句有新功。"③ 对于讲会之益是充分肯定的。

从朱、张二人的诗文中可以看出，他们互相欣赏，志同道合。二人皆对会讲中切磋与进益深感满意，大方向上达成了共识。但是，在某些学术问题上依然存在分歧。这一点，也正说明张栻、朱熹都秉持着严肃认真的态度，坚守着各自的立场，不存在谁依附谁的关系。他们在思想上的交流是建立在平等的基础之上的，"朱张会讲"是两位学友在共同的理论探索过程中平等的交流与对话。

三　同时代学者眼中的朱熹、张栻

在与二人同时代的学者们看来，朱熹、张栻只有学问方向上的差异，不存在地位上的高低。陈亮就曾对朱熹、张栻、吕祖谦三人在当时学术上的地位有一个整体的评价，他说："乾道间，东莱吕伯恭新安朱元晦及荆州（张栻），鼎立为一世学者宗师，亮亦获承教于诸公。"④ 在他看来，三人均为"一世学者宗师"，并无高下之别。这一点也为辛弃疾、叶适所认同，辛弃疾说："厥今上承伊、洛，远沂洙、泗，金曰朱、张、东莱屹鼎立于一世，学者有宗，圣传不坠。"⑤ 叶适则说："（吕祖谦）与张栻、朱

---

① （宋）张栻：《答陆子寿》，《南轩集》卷二十七，杨世文、杨蓉贵点校《张栻全集》，长春出版社，1999，第920页。

② （宋）张栻：《寄吕伯恭》，《南轩集》卷二十五，杨世文、杨蓉贵点校《张栻全集》，长春出版社，1999，第892页。

③ （宋）张栻：《上封有怀元晦》，《南轩集》卷四，杨世文、杨蓉贵点校《张栻全集》，长春出版社，1999，第584页。

④ （宋）陈亮：《与张定叟侍郎》，《陈亮集》卷二十一，中华书局，1974，第322页。

⑤ （宋）辛弃疾：《东莱先生祭文》，《东莱吕太史文集》附录卷第二，《吕祖谦全集》，浙江古籍出版社，2008，第763页。

熹同时，学者宗之。"① 而且对于叶适来说，朱张也只是属于他所认可的儒者圈。② 周必大也说："近得敬夫并元晦与子澄书，亦是如此，窃深叹仰。"③ 不过这只能显示出张栻、朱熹对他本人而言并无分别，因此对二人同表敬佩。陈亮后来又说："于时道德性命之学亦渐开矣，又四五年，广汉张栻敬夫东莱吕祖谦伯恭相与上下其论，而皆有列于朝，新安朱熹元晦讲之武夷，而强立不反，其说遂以行而不可遏止。"④ 陈亮在这里指出，同为"道德性命之学"，张栻、吕祖谦的主张已有被朝廷所接受的倾向，而朱熹的学说之所以能行而不止，则是因其"强立不反"。这种表述实际已经暗示了时人对朱、张二人学说的看法，进而我们也就可以窥探出二人在当时学术上的地位。另外，陆九渊也是并提朱张二人，他说："元晦似伊川，钦夫似明道，伊川蔽固深，明道却通疏。"⑤ 陆氏在此虽然表达了对张栻的认可，但这可能出于张栻与他本人的风格更为接近的考虑，而且他对朱熹又很有偏见。然而不能否定的是，在他看来，二人的地位并无悬殊。不难看出，在与朱张同时代的人看来，无论是就地位还是学问而言，其二人并无高低之分。

对二人的评价不仅为同时代的学者所认可，而且为稍后时代的学者所认可。与陈亮、辛弃疾、叶适认为朱熹、张栻、吕祖谦是当时天下学者师表相同，楼钥也认为："乾道、淳熙间，儒风日盛。晦庵朱公在闽，南轩张公在楚，而东莱吕公讲道婺女。是时以学问著述为人师表者相望，惟三先生天下共尊仰之。"⑥ 与之类似，赵善下则指出三人同处于"鼎峙相望"的地位，他说："圣学之传，惟曾与轲……千载而下，独我伊、洛……其徒丧沦，寂寥靡传。南轩㑊悯，哀然为倡。东莱晦庵，鼎峙相望。惟三

① （宋）叶适：《皇朝文鉴》，《习学记言序目》卷四十七，中华书局，1977，第 695 页。

② （宋）叶适曾就他所认可的儒者群体说道："每念绍兴末，陆九渊、陈傅良、陈亮，淳熙终，若汪圣锡、芮国瑞、王龟龄、张钦夫、朱元晦、郑景望、薛士隆、吕伯恭及刘宾之、复之兄弟十余公，位虽屈，其道伸矣；身虽没，其言立矣。"《著作正字二刘公墓志铭》，《水心文集》卷十六，《叶适集》，中华书局，1961，第 306 页。

③ （宋）周必大：《吕伯恭》，《文忠集》卷一百八十六，文渊阁四库全书，1149 册，上海古籍出版社，1987，第 88 页。

④ （宋）陈亮：《钱叔因墓志铭》，《陈亮集》卷二十八，中华书局，1974，第 420 页。

⑤ （宋）陆九渊：《语录上》，《陆九渊集》卷三十四，中华书局，1980，第 413 页。

⑥ （宋）楼钥：《东莱吕太史祠堂记》，《楼钥集》（第三册）卷五十二，浙江古籍出版社，2010，第 970 页。

先生，相与磋切。扶偏黜异，表里洞彻。"① 更进一步说，三人能够同为时人所认可，就在于其学问能"（各）自为一家"，正如周密所说："伊洛之学行于世，至乾道、淳熙间盛矣。其能发明先贤旨意，溯流徂源，论著讲解卓然自为一家者，惟广汉张氏敬夫，东莱吕氏伯恭，新安朱氏元晦而已。"② 关于如何"自为一家"，即其各自的特色如何，这一点韩淲曾有过论述，他说："张敬夫卓然有高明处，虽未十分成就，而拳拳尊德乐道之意，绝出诸贤之上。吕伯恭拳拳家国，有温柔敦厚之教。朱元晦强辩自立处，亦有胆略。盖张之识见，吕之议论，朱之编集，各具所长。"③ 正是因为三人在学术造诣上各有其特殊之处，故而能为时人所认可。

当时学者还建构了一个较为宽泛的儒家之道的传承谱系，将朱熹、张栻、吕祖谦一起纳入其中。李心传说："中立传郡人罗仲素，仲素传郡人李愿中，愿中传新安朱元晦。康侯传其子仁仲，仁仲传广汉张敬夫。乾道、淳熙间，二人相往来，复以道学为己任，学者号曰晦庵先生、南轩先生。东莱吕伯恭，其同志也。"④ 这种道的传承，丁端祖也有论述："本朝濂溪二程，倡义理之学，续孔孟之传，而天下学者，始知所适从……又得晦庵朱氏、南轩张氏、东莱吕氏复阐六经之旨，续濂溪二程之传，而大道以明，人心以正，然三儒同功一体，天下均所宗师。"⑤ "自濂溪明道伊川义理之学为诸儒倡，……其后又得南轩张氏晦庵朱氏东莱吕氏续濂溪明道伊川几绝之绪而振起之，六经之道晦而复明。"⑥ 方大琮的说法也很相似："元公在当时号善谈名理，……赖二程子阐明之而益大，朱、张、吕扶翊之而益尊。"⑦ 在他们看来，朱熹、张栻、吕祖谦阐明六经之旨，接续周程之道的统绪，都是孔孟、周程之道的传人。

① （宋）赵善下：《祠堂奉安州郡祭文》，《东莱吕太史文集》附录拾遗，《吕祖谦全集》，浙江古籍出版社，2008，第823页。

② （宋）周密：《道学》，《齐东野语》卷十一，中华书局，1983，第202页。

③ （宋）韩淲：《涧泉日记》卷中，孙菊园、郑世刚点校《涧泉日记·西塘集耆旧续闻》，上海古籍出版社，1993，第24页。

④ （宋）李心传：《道学兴废》，《建炎以来朝野杂记》甲集卷六，中华书局，2000，第138页。

⑤ （宋）丁端祖：《东莱先生吕成公覆谥议》，李心传：《道命录》卷八，中华书局，1985，第102页。

⑥ （宋）丁端祖：《陆象山先生覆谥》，《陆九渊集》卷三十三，中华书局，1980，第387页。

⑦ （宋）方大琮：《与周连教梅叟》，曾枣庄、刘琳主编《全宋文》卷七三八五，321册，上海辞书出版社、安徽教育出版社，2006，第403页。

　　与这一论述稍有差异，也有学者仅将朱、张二人看作二程道学的传承者，如家铉翁就说："朱张二先生倡道东南，共扶千载之坠绪，志同而道合，相得而弥章者也。"①这一论述，强调朱张在道统传承之中的作用，却没有提及吕祖谦。尽管如此，以上种种叙述有一个共同的倾向，就是把朱熹、张栻、吕祖谦三人或朱熹、张栻二人作为周程之道的传承者与弘扬者。

　　当一种固定的谱系还未成型，权力还未浸入话语中时，人们表述思想的方式、叙述历史的语言也会相对自由和个性化。虽然南宋士人提及朱熹、张栻、吕祖谦时，多以"朱张"或"朱张吕"并称，但是其中也不乏"张朱""张朱吕"的提法。如刘宰说："天下学者，自张朱吕三先生之亡，怅怅然然无所归。"② 吕中说："岳麓、白鹿书院又得张、朱二先生振之。回视州县之学，不过世俗之文进取之策，其相去岂直千百驿而已哉？"③ 魏了翁也说："张朱吕诸先生之亡，学者无所依归，诚哉是言。"④ 又说："二程先生者出始发明本学于道丧千载之余……近世胡张朱吕氏继之，而圣贤之心昭昭然揭日月于天下。"⑤ 真德秀甚至明确指出"惟时湖湘渊源最正"，在叙述圣人之道的传承时屡次先言张而后言朱："濂溪先生周元公、明道先生程纯公、伊川先生程正公、武夷先生胡文定公、五峰先生胡公、南轩先生张宣公、晦庵先生朱文公，圣学不明，千有余载，数先生相继而出，遂续孔孟不传之统，可谓盛矣！惟时湖湘渊源最正，盖濂溪之生，实自春陵，而文定父子，又以所闻于伊洛者，设教于衡岳之下，张朱二先生接迹于此，讲明论著，斯道益以光。"⑥

---

① （宋）家铉翁：《敬室记》，《则堂集》卷二，文渊阁四库本，1189 册，上海古籍出版社，1987，第 291 页。

② （宋）刘宰：《通鹤山魏侍郎辽翁》，《漫塘文集》卷十，文渊阁四库本，1170 册，上海古籍出版社，1987，第 409 页。

③ （宋）吕中：《仁宗皇帝》，《类编皇朝大事记讲义》卷十，《类编皇朝大事记讲义·类编皇朝中兴大事记讲义》，上海人民出版社，2013，第 212 页。

④ （宋）魏了翁：《答刘司令宰》，《鹤山文集》卷三十五，文渊阁四库全书本，1172 册，上海古籍出版社，1987，第 412 页。

⑤ （宋）魏了翁：《孙氏拙斋论孟序》，《鹤山文集》卷五十二，文渊阁四库全书本，1172 册，上海古籍出版社，1987，第 590 页。

⑥ （宋）真德秀：《先贤祠》，《西山先生真文忠公文集》卷第四十九，商务印书馆，1937，第 909 页。

在这里，他们的论述都将张栻排在朱熹的前面，称"张朱"。但结合当时学者的整体情况看，"朱张"或"张朱"的提法都很多。南宋时期的众多的学者、士人眼中，朱熹、张栻，或者再加上吕祖谦，都是孔孟之道、周程之学的接续者、继承人。"朱张"或"张朱"的提法并无区分高下的用意。也就是说，朱、张同为当时的学人所并重，并不存在主次高下之分。

四 朱门弟子后学对朱子的尊崇与对"会讲"叙述方式的建构

南宋后期，众多朱子后学尊崇朱熹，突出朱熹在儒家之道传承中的正统地位。如黄干就不遗余力地塑造朱熹的道统接续者形象。他说："吾道不明且数千年，程张始阐其端，晦庵先生为之大振厥绪。"① "窃闻道之正统，待人而后传。自周以来，任道之责，得统之正者，不过数人……由孔子而后，周程张子继其绝，至先生而始著……先生出而自周以来圣贤相传之道，一旦豁然如大明中天，昭晰呈露。"② 在他看来，自周以来，圣贤之道一脉相承，孔子以后，周程张子继其传，而在当世，又只有朱子继天立极而得道统之传。陈埴也说："晦翁出于诸老先生之后，有集大成之义，故程子有未尽处至晦翁而始成。"③ 作为朱学三传的熊禾亦说："道丧千载，直至濂溪、明道、伊川、横渠、晦庵五先生而后此道始大明于世。"④ 有的朱子后学甚至将这种道统意识编入启蒙读物。如《性理字训》说："五帝三王，继天立极，道传大统，时臻盛治，……惟周与程，统接孟子，继以朱子，疏源濬委，斯道大明，如日方中。匪盲匪瞆，宁不率从？"⑤ 在他们看来，千年以来圣贤之道不传，到宋代才大明于世，而朱子

---

① （宋）黄干：《复林自知》，《勉斋集》卷第十七，文渊阁四库全书本，1168 册，上海古籍出版社，1987，第 187 页。

② （宋）黄干：《朱先生行状》，《勉斋集》卷三十六，文渊阁四库全书本，1168 册，上海古籍出版社，1987，第 428 页。

③ （宋）陈埴：《近思杂问附》，《木钟集》卷十，文渊阁四库全书本，703 册，上海古籍出版社，1987，第 703 页。

④ （宋）熊禾：《三山郡泮五贤祠志》，《勿轩集》卷二，文渊阁四库全书本，1188 册，上海古籍出版社，1987，第 781 页。

⑤ （宋）程端蒙、程若庸：《治道第六》，《性理字训》，徐梓、王雪梅编《蒙学辑要》，山西教育出版社，1992，第 135 页。

是集大成者。这些说法，大大突出了朱子在道统传承中的核心地位。

需要注意的是，道统谱系构建的一个重要的目的，就是在多元并进的学术派别中确立正统和主流，从而排斥其他的学派。朱子后学构建的道统谱系，排他性也是很明显的。在这一道统谱系中，其他与朱熹同时代的儒家学者已经被排斥在外，只有朱熹才是唯一的正统，其他儒家学者都只是支流余裔。在这种意识的支配下，原本同时代学者们关于朱张并立或朱张吕鼎立的说法被修正，朱张乾道三年的岳麓会讲也有了另外的叙述。

朱熹高弟陈淳谈到"朱张会讲"时说：

"至如乾道庚寅中，南轩以道学名德守是邦，而东莱为郡文学，是时南轩之学已远造矣，思昔犹专门固滞，及晦翁痛与反覆辨论，始翻然为之一变，无复异趣。"①

"如湖湘之学亦自濂洛而来，只初间论性无善恶，有专门之固，及文公为之反覆辨论，南轩幡然从之。徙义之果，克己之严，虽其早世，不及大成，而所归亦已就平实，有功于吾道之羽翼。"②

在陈淳的叙述中，张栻本来"专门固滞"，在会讲中，朱熹"痛与反覆辨论"，终于使得张栻"幡然从之"，"翻然为之一变，无复异趣"。按照这一叙述，朱熹在会讲中是传道者，是正统和主流的代表。他对张栻施加影响，使张栻弃其"专门固滞"之病，归于正学。而张栻则是被动接受正统思想影响，最后一改旧说，完全接受了朱熹的观点。因此，虽然张栻英年早逝，"不及大成"，但仍然可以作为"吾道之羽翼"。当然，只是"羽翼"而并非吾道之正传，这和朱熹道统传承者的地位是有着根本差别的。

显然，这一叙述与真德秀关于"会讲"的叙述"文定父子又以所闻于伊洛者设教于衡岳之下，张朱二先生接迹于此讲明论著，斯道益以光"有了根本的差异。③ 它大

---

① （宋）陈淳：《严陵学徒张吕合五贤祠说》，《北溪大全集》卷十二，文渊阁四库全书本，1168 册，上海古籍出版社，1987，第 595 页。

② （宋）陈淳：《答西蜀史杜诸友序文》，《北溪大全集》卷三十三，文渊阁四库全书本，1168 册，上海古籍出版社，1987，第 762 页。

③ （宋）真德秀：《先贤祠》，《西山先生真文忠公文集》卷第四十九，商务印书馆，1937，第 909 页。

大抬高了朱熹在会讲中的地位，把一场学友之间平等的交流、对话变成了代表学术主流和正宗的朱子对处于非主流、非正宗地位的张栻的说服和收编，把会讲的过程中朱张立场不同却地位平等的各抒己见、激烈论辩，变成了正宗与非正宗、主流与非主流之间的战胜和抵抗。在这种叙述中，张栻放弃了自己思想的立场，完全认同朱熹之说，受其思想的支配。对"朱张会讲"的这种叙述方式，体现了朱子后学的道统观念，成为朱熹正统地位建构过程中的一个环节。

事实上，不光是朱熹和张栻的关系被重新建构，与朱熹同时代的其他学者也被朱子后学基于其道统观念重新加以叙述。如朱熹和吕祖谦之间的平等关系，变成了吕祖谦了解朱熹之学后，"尽弃其学而学焉"①。而与朱熹学术旨趣不同、理论建构路径有异的陆九渊则被叙述为朱熹很想"挽而归之正"，但陆九渊固执己见、偏于一隅。"如陆学从来只有尊德性底意思，而无道问学底工夫……文公向日最欲挽而归之正，而偏执牢不可破，非如南轩之资，纯粹坦易，一变便可至道也。"② 很显然，陈淳基于道统观念而极力抬高朱熹的这些叙述，完全是出于朱熹正统地位塑造的需要，其核心观念就是，唯有朱熹"渊源纯粹精极，真可以当程氏之嫡嗣而无愧者，当今之世舍先生其谁哉！"③

朱门弟子后学对朱子的尊崇与对"会讲"叙述方式的建构大大抬高了朱熹的地位，也使得原本与朱熹一同活跃于南宋学术界的其他著名学者黯然失色。在朱子门人后学的不断努力之下，朱子学逐渐被官方接受，朱熹作为孔孟周程的嫡传，在道统谱系中具有了更加牢固的地位。尽管此时的朱子学尚未成为国家意识形态，但随着朱子学地位的逐渐上升，朱子后学这种关于朱子地位的叙述得到了越来越广泛的传播，获得了越来越多的认可。也正是在这种情况下，张栻、吕祖谦等则被排除在道统之外，成为支脉、旁系。朱子门人后学在叙述"朱张会讲"时，也是基于后世对朱张地位的认识，按照朱子为主、张栻为辅，朱子为道统正宗和学术主流、张栻为支脉和旁系的

---

① （宋）陈淳：《答西蜀史杜诸友序文》，《北溪大全集》卷三十三，文渊阁四库全书本，1168 册，上海古籍出版社，1987，第 762 页。

② （宋）陈淳：《与姚安道》，《北溪大全集》卷三十，文渊阁四库全书本，1168 册，上海古籍出版社，1987，第 743 页。

③ （宋）陈淳：《初见晦庵先生书》，《北溪大全集》卷五，文渊阁四库全书本，1168 册，上海古籍出版社，1987，第 535 页。

理解来建构的。在他们看来，说张栻"幡然从之"，"翻然为之一变，无复异趣"是对张栻的充分肯定，正是张栻的"徙义之果"，最终归于朱熹才保证了他"有功于吾道之羽翼"。

五　元代以后学者对"朱张会讲"的叙述

元皇庆二年（1313），朱熹的《四书章句集注》被确立为科举考试的官方指定书目。与此同时，朱熹的道统地位也不断得到巩固，众多儒家学者都把朱熹作为道统传人。在这种情况下，元代学者在叙述南宋学术史时，就进一步突出了朱熹作为理学的集大成者的地位，而将张栻、吕祖谦等仅仅作为朱熹思想理论体系建构的取资对象。程端礼说："自朱子集诸儒之成，讲学之方悉有定论。"① 胡助说："至宋濂洛诸大儒起，唱鸣道学以续其传。南渡朱张吕三先生继起私淑，其徒相与讲贯，斯道复明，而朱子晚年，又集诸儒之大成。然后圣人之道昭揭日星，诸子百家之言折中归一。"② 陈栎亦说："乾淳大儒，朱子第一人，次则南轩，又次则东莱。……则朱子集诸儒之大成，南轩固不杂，东莱远不及矣！"③ 梁寅则认为："东莱吕氏、南轩张氏亦皆有志于道，而天不假年，独朱子年弥高而德弥劭，是以挺然为一代之宗师。"④ 可见，到此时，在不少学者心中已经形成了这样一种观念：朱熹为南宋乾道、淳熙年间大儒中第一人，张栻等而次之，吕祖谦再等而次之；张栻纯粹不杂，但不如朱熹，吕祖谦则远不及朱熹；张栻、吕祖谦虽然有志于道，但天不假年，学术成就有限，只有朱子年高德劭，堪称一代宗师。这种观念已经渗透到许多士人的观念之中，成为他们历史叙事的潜意识。这时，朱熹和张栻已经分属于不同的两个等次，因此从文献上看，人们提及朱熹、张栻的时候，大多是称"朱张"，而鲜有人称"张朱"。

当然，当时也有一些学者对"朱张会讲"进行了不同的叙述。吴澄对朱张会讲在

① （元）程端礼：《送刘宗道归夷门序》，《畏斋集》卷四，文渊阁四库全书本，1199 册，上海古籍出版社，1987，第 669 页。
② （元）胡助：《纯白先生自传》，《纯白斋类稿》卷十八，中华书局，1985，第 164 页。
③ （元）陈栎：《答问》，《定宇集》卷七，文渊阁四库全书本，1205 册，上海古籍出版社，1987，第 240 页。
④ （宋）梁寅：《道学》，《策要》卷六，嘉庆宛委别藏本。

岳麓书院发展史上的意义给予了高度评价，说："当张子无恙时，朱子自闽来潭，留止两月，相与讲论，阐明千古之秘，聚游岳麓，同跻岳顶而后去。自此之后，岳麓之为书院，非前之岳麓矣，地以人而重也。"① 但是他对"朱张会讲"的过程中二人角色有另外一番叙述："朱子初焉说太极与南轩不同，后过长沙谒南轩，南轩极言其说之未是。初亦未甚契，既而尽从南轩之说。有诗谢南轩曰：我昔抱冰炭，从君识乾坤。始知太极蕴，要妙难名论。及南轩死，有文祭之曰：始参差以毕序，卒烂漫而同流。是晦庵太极之说尽得之于南轩，其言若合符节。"② 按照这一叙述，则朱熹太极之说乃"尽从南轩之说""尽得之于南轩"，这就与朱子门人后学所说的朱熹说服张栻，张栻"幡然从之"的叙述截然相反了。由此可以看出，尽管元代朱熹的地位不断上升，以朱熹为核心的道统意识渗透到士人的观念之中，但仍有学者试图摆脱用后来的观念去建构历史场景的倾向，希望将朱张会讲置于南宋乾道初年的历史环境中去考察。

到明代，朱熹的集大成地位进一步强化，张栻、吕祖谦与朱熹之间的差距也越拉越大。杨廉认为朱熹的集大成在于能将"象山之尊德性，南轩之辨义利，东莱之矫气质固有以兼之，……谓之集周程张邵之大成，殆非过也，盖吾朱子自孔子以来一人而已。"③ 章懋甚至以反诘的语气强调张栻、吕祖谦的学术地位和贡献不能与朱熹相提并论："南渡之后有朱张吕三先生焉，……则张吕又安可班于朱子耶！由是观之，其得斯道之传者，醇乎醇者，惟周程朱子而已。"④ 李东阳也认为，张栻之学要逊朱熹一筹："晦翁之学，因有大于彼（张栻），然亦资而有之……由南轩以企晦翁，又等而上之，以希所谓古之人者，……吾于吾士大夫望之矣。"⑤

对朱张关系的这一定位，也决定了明清学者对"朱张会讲"的叙述方式。黄衷在

① （元）吴澄：《岳麓书院重修记》，《吴文正集》卷三十七，文渊阁四库全书本，1197 册，上海古籍出版社，1987，第 392 页。

② （元）吴澄：《答田副使第三书》，《吴文正集》卷三，文渊阁四库全书本，1197 册，上海古籍出版社，1987，都 53～54 页。

③ （明）杨廉：《白鹿洞宗儒祠记》，《杨文恪公文集》卷二十九，续修四库全书本，1332 册，上海古籍出版社，1995，第 605 页。

④ （明）章懋：《复贺黄门克恭钦》，《枫山集》（外四种）卷二，上海古籍出版社，1991，第 36 页。

⑤ （明）李东阳：《重建岳麓书院记》，《重修岳麓书院图志》卷八，（明）吴道行、（清）赵宁修纂《岳麓书院志》，岳麓书社，2011，第 102 页。

《岳麓书院祠祀记》中谈到"朱张会讲"时说："朱张不远千里讲道湘西，论中庸之义，尝越三昼夜而不合，然卒定于朱子。"① 在他看来，朱张会讲定论于朱熹。黄宗羲也认为张栻得到朱熹的帮助之后，方能"裁之归于平正"②。清代的杭世骏则说："张南轩、吕东莱，取资于朱子者也，黄勉斋、陈北溪、陈克斋受学于朱子，真西山、熊勿轩、吴朝宗私淑于朱子者也。"③ 他强调的是张栻、吕祖谦"取资"于朱熹，并且把朱子置于当时众多学者学术活动所围绕的核心。

可以看出，明清学者关于朱张关系和朱张会讲的叙述，实际上只是宋元时期朱子门人后学相关话语的延续和进一步确立。张栻只是以朱熹为中心的道统叙述的一个配角，一种烘托。"朱张会讲"中，朱熹占据了绝对的主导地位，张栻是被说服、矫正的对象。

值得注意的是，即使在尊崇朱熹的氛围非常浓厚、朱熹在道统中的地位远超南宋诸儒之上的时候，个别学者对朱张关系的定位仍然有与众不同之处，把朱张一同视为道统正传："朱张二子得孔孟道学之正传，求孔孟之道当自二子始。苟循其言而践其实，谨于心术之微，达于彝伦日用之常，俾无不尽其道焉，则士习正矣。及出为世用，推之以开物成务、致君泽民，将无不可。"④ 这一说法将朱、张相提并论，在当时情况下无疑是对张栻地位的充分肯定。

还有学者对"朱张会讲"有不同于"卒定于朱子"的说法，认为二人商讨论辩，虽两心相契，但关于"未发"看法有差异："以此观之，则二先生昭聚讲论而深相契者大略可见，而未发之旨盖终有未合也。"⑤ 也就是说，朱张会讲并非朱子对张栻观点的覆盖和张栻对朱熹观点的全盘接受，而是交流论辩过程中的求同存异，有同有异。在当时，能够对朱张会讲进行如此清醒理性的叙述，实属不易。

---

① （明）黄衷：《岳麓书院祠祀记》，《重修岳麓书院图志》卷八，（明）吴道行、（清）赵宁修纂《岳麓书院志》，岳麓书社，2011，第103页。

② （明）黄宗羲：《南轩学案》，《宋元学案》，《黄宗羲全集》，《黄宗羲全集》，浙江古籍出版社，1986，第953页。

③ （清）杭世骏：《礼部尚书张公伯行传》，《道古堂文集》卷三十二，蔡锦芳、唐宸点校《杭世骏集》，浙江古籍出版社，2014，第472页。

④ （明）彭时：《大学士彭时修学记》，（明）杨林：《长沙府志》卷四，明嘉靖刻本。

⑤ （明）戴铣：《朱子实纪年谱》卷一，《朱子全书》，上海古籍出版社、安徽教育出版社，2002，第34页。

六　余论

"事实"在被"叙述"时，不可避免地会着上叙述者的颜色，这也就意味着这种"叙述"或多或少会遮蔽掉被叙述者的颜色。在某种程度上可以说，对"事实"进行叙述的过程，就是一个对"事实"进行重新建构的过程，建构的方式既受到建构者个人的立场、观念的深刻影响，也与时代学术思潮密切相关。这一点，从历代学者对"朱张会讲"中朱熹、张栻地位前后变化的叙述中便可以得到印证。从最初学者们普遍地认为二人在当时处于一种平等的地位，甚至在有的学者看来，张栻的地位还要高于朱熹，到后世众多学者认为朱熹的地位高于张栻，并且在会讲过程中占据主导地位，这一变化过程，可以使人清楚地看到一种思想观念的建构过程。

需要明确指出的是，朱熹是宋代理学的集大成者，在中国学术思想文化史上有着极其重要的地位，这一点是毋庸置疑的。甚至可以毫不夸张地说，如果不是因为朱熹后来在中国思想文化史上有如此崇高的地位，"朱张会讲"所绽放的魅力以及所具有的意义或许不会这么巨大。但是我们不能因此否定在乾道三年的"朱张会讲"过程中朱熹与张栻之间平等交流、相互影响、双方观点各有保留的事实，不能因此将朱熹最终在中国思想文化史上所呈现的形象植入对发生在其早期的"朱张会讲"的叙述之中。本文所关注的是，学术史、思想史上的"朱张会讲"究竟事实如何，这一事实又是如何在历代学者不断的叙述中被建构的。我们希望通过这种考察，思考历史事实与话语建构之间的关系，加深对思想观念形成过程的理解与把握。

论程朱理学之异同 *

沈顺福*

摘　要　过去的学术界通常将程朱理学不分。程朱理学究竟有哪些同与异？二者的共同处在于将理视为某种超越于经验的、绝对的存在。它是某类事物的所以然者或自性。在程朱看来，宇宙是一个整体性存在。宇宙整体的生存之道便是天理或公道。这个公道或天理便是仁。这是它们的一致处。不同处在于，二程之理只有公理、天理。它不仅是宇宙之理，也是万物之理，即万物分有了同一个天理。朱熹则认为宇宙不仅有天理、公道，而且每类事物包括无生意的种类都有自己的理。世上不仅有公理，而且有不同的别理。这是二程理学所没有的观点。

关键词　二程　朱熹　理一分殊

学术界通常都知道并承认二程哲学与朱熹哲学之间的继承关系，甚至将二者合称为程朱理学。那么，朱熹除了继承和光大二程哲学之外，有没有自己的独到的哲学见解呢？或者说，朱熹之理与二程之理是否存在着某些差异？如果答案是否定性的，那么，对于评价朱熹的哲学史地位来说，这将是毁灭性的。这也是多数人不愿意看到的局面。于是人们理所当然地给出了肯定的答案。遗憾的是，就现有材料来看，学术界很少有人探讨程朱理学的差异之类的问题。寥寥几篇文章，大多说些不痛不痒的话，未见真理。这种状况也对评价朱熹极为不利。本文将着手这个问题，即，和二程相比，

＊　此文是国家社科基金一般项目"比较视野下的儒家哲学基本问题研究"（15BZX052）的阶段成果之一。

＊　沈顺福，安徽安庆人，山东大学易学与中国古代哲学研究中心暨儒学高等研究院教授，博士生导师，主要研究方向为儒家哲学与伦理学。

朱熹之理究竟新在何处？要回答这个问题，我们首先必须弄清楚宋明理学体系中理的基本内涵。

一 理：事物的"所以然"者

学术界通常承认，朱熹之理与二程（尤其是小程）之理具有许多相同处。其中最重要的一致处在于二者皆将理看作事物的"所以然"者。伊川曰："不必如此说。物我一理，才明彼即晓此，合内外之道也。语其大，至天地之高厚，语其小，至一物之所以然，学者皆当理会……求之性情，固是切于身，然一草一木皆有理，须是察。"①万物都有理。这个理便是事物的"所以然"者。"所以然"者便是理："穷物理者，穷其所以然也。天之高、地之厚、鬼神之幽显，必有所以然者"。②"所以然"者便是理，如"凡物有本末，不可分本末为两段事。洒扫应对是其然，必有所以然。"③ 洒扫之事必有所循之理。这个理便是"所以然"者。

"所以然"既然是理，又被称作事物、事情的存在之"道"："治蛊必求其所以然，则知救之之道。又虑其将然则知备之之方。夫善救则前弊可革矣，善备则后利可久矣。此古圣人所以新天下垂后世之道。"④ "所以然"者是道。道即事物生存或人类行为的基本原理与践行方法的依据。知晓"所以然"便知理、知道。比如"夫有始则必有终，既终则必有始，天之道也。圣人知终始之道，故能原始而究其所以然，要终而备其将然，先甲后甲而为之虑，所以能治蛊而致元亨也。"⑤ 天道便是其"所以然"者。理是事物、事情的"所以然"者。

朱熹也将理解释为"所以然者"："凡事固有所当然而不容已者，然又当求其所以然者，何故？其所以然者，理也。"⑥ 理即"所以然"者。朱熹指出："所以然之故，即是更上面一层。如君之所以仁，盖君是个主脑，人民土地皆属它管，它自是用仁爱。

---

① 《二程集》，中华书局，2004，第193页。
② 《二程集》，第1272页。
③ 《二程集》，第148页。
④ 《二程集》，第1212页。
⑤ 《二程集》，第790页。
⑥ 《朱子语类》，中华书局，1986，第414页。

试不仁爱看，便行不得。非是说为君了，不得已用仁爱，自是理合如此。试以一家论之：为家长者便用爱一家之人，惜一家之物，自是理合如此，若天使之然。"① "所以然"即事物之所以是此事物而非彼事物的根据。这个根据、"所以然"者存在于事物的深处，好比果实的核。事物不仅从现实的层面上有所不同，此物非彼物，而且二物的"所以然"也有所不同。这种"所以然"者便是理。

朱熹曰："且如大黄附子，亦是枯槁。然大黄不可为附子，附子不可为大黄……是他合下有此理，故云天下无性外之物。"然后朱熹走到大街上，指着路边的台阶说："阶砖便有砖之理。"坐下后接着说："竹椅便有竹椅之理。枯槁之物，谓之无生意，则可；谓之无生理，则不可。如朽木无所用。止可付之爨灶，是无生意矣。然烧什么木，则是什么气，亦各不同，这是理元如此……才有物，便有理。天不曾生个笔，人把兔毫来做笔。才有笔，便有理。"② 万物都有自己的理。理是某物成为某物的依据。竹椅之成为竹椅、台阶之成为台阶，自然有其自身之理。大黄是大黄，附子是附子。大黄不可以为附子。为什么呢？原因便在于大黄之理不同于附子之理。大黄性苦而致寒，附子则性辛、甘而致大热。二者性本不同，作用也迥异。一物有一物之理。此理便是此物为此物而非彼物的依据。

事物、事情的"所以然"者，我们借用佛教的术语，称之为自性（identity）。自性指确保某物成为某物的终极性依据。理便是事物的最根本的、终极性的、决定性依据，是自性。理是终极性本原，即本。二程明确指出："理必有对，生生之本也。有上则有下，有此则有彼，有质则有文。一不独立，二必为文。非知道者，孰能识之？"③ 理乃生生之本。理是本。本即本原、起点。本原之理又叫作道心："心生道也，有是心，斯具是形以生。恻隐之心，人之生道也，虽桀、跖不能无是以生，但戕贼之以灭天耳。始则不知爱物，俄而至于忍，安之以至于杀，充之以至于好杀，岂人理也哉？"④ 道心生万物。道心、理从基础上、源头上决定了万物的生长。故，理是本原、开端，其展开便是生生不已。生生不已即易、道。二程解释道："'生生之谓易'，是天之所以为道也。天只是以生为道，继此生理者，即是善也。善便有一个元底意思。

---

① 《朱子语类》，中华书局，1986，第383页。

② 《朱子语类》，第61页。

③ 《二程集》，第1171页。

④ 《二程集》，第274页。

'元者善之长'，万物皆有春意，便是'继之者善也'。'成之者性也'，成却待它万物自成其（一作甚）性须得。"① 道即理的生长过程，天道便是生生。或者说，道是天理的生存或存在方式。

朱熹完全继承了二程的理本说，以为"有是理便有是气，但理是本，而今且从理上说气。"② 理是事物的根本。如果没有了这个根本，"便不翻了天地?"③ 朱熹将这个本原性之理称作"太极"："所谓太极，则是'所以然而不可易者'。"④ "所以然而不可易者"指理。理是太极。朱熹曰："太极只是天地万物之理。在天地言，则天地中有太极；在万物言，则万物中各有太极。未有天地之先，毕竟是先有此理。动而生阳，亦只是理；静而生阴，亦只是理。"⑤ 太极即万物之理，又叫作形而上之道："太极者，道也。"⑥ 对人来说，"性犹太极也"⑦，性即为人之理，亦称为太极。太极即理。"太极只是一个'理'字。"⑧ 太极既是理。理即太极。

太极或理是绝对存在。它表现在时间的永恒性、空间的普遍性、认知的无限性等特性中。从时间上来说，天理常久。二程曰："此极言常理。日月，阴阳之精气耳，唯其顺天之道，往来盈缩，故能久照而不已。得天，顺天理也。四时，阴阳之气耳，往来变化，生成万物，亦以得天，故常久不已。圣人以常久之道，行之有常，而天下化之以成美俗也。观其所恒，谓观日月之久照、四时之久成、圣人之道所以能常久之理。观此，则天地万物之情理可见矣。天地常久之道，天下常久之理，非知道者孰能识之?"⑨ 理是常久之理，是永恒的。从空间来看，天理普遍存在于万物中。二程曰："使万物无一失者，斯天理中而已。"⑩ 天理遍布于万物中。比如人，"人之所以为人

---

① 《二程集》，第 29 页。
② 《朱子语类》，第 2 页。
③ 《朱子语类》，第 2 页。
④ 《朱子语类》，第 415 页。
⑤ 《朱子语类》，第 1 页。
⑥ 《周易本义序》，《四书五经》上册，天津市古籍书店，1988。
⑦ 《朱子语类》，第 87 页。
⑧ 《朱子语类》，第 2 页。
⑨ 《二程集》，第 862 页。
⑩ 《二程集》，第 1182 页。

者，以有天理也。天理之不存，则与禽兽何异矣？"① 所有的人都有天理。天理遍在于宇宙万物中。朱熹曰："今之学者自是不知为学之要。只要穷得这道理，便是天理。虽圣人不作，这天理自在天地间。'天高地下，万物散殊；流而不息，合同而化'，天地间只是这个道理流行周遍。不应说道圣人不言，这道理便不在。这道理自是长在天地间，只借圣人来说一遍过。"② 有天地世界，便有天地之理。天理永恒而普遍地存在于世间。因此，从时间和空间的角度来看，天理永恒而普遍地存在。这种永恒而普遍的存在者，哲学上称之为绝对者。天理是绝对者。

绝对存在者，从人类认识的角度来看便是无形的存在。理无形。伊川认为："理无形也，故因象以明理，理既见乎辞，则可以由辞而观象，故曰：'得其理则象数举矣。'"③ 理无形体，因此不能够直接显现或呈现。它必须通过有形的象、符号等显现自己。朱熹说："理未尝离乎气。然理形而上者，气形而下者。自形而上下言。言岂先后！理无形，气便粗，有渣滓。"④ 理是形而上者。形而上者必然是无形而超越的。理无形体："若理，则只是个净洁空阔的世界，无形迹，他却不会造作。"⑤ 理无痕迹、"理无形体"⑥。面对这种形而上的、没有形体的存在者，朱熹弟子有些困惑："性既无形，复言以理，理又不可见。"⑦ 无形而不可见的理或性如何存在？弟子显得很困惑。面对这种困惑，朱熹回答得十分坚定："天下之物，莫不有理，惟于理有未穷，故其知有不尽也。"⑧ 理虽然无形，却是确定存在的。

物物有理。理是事物的自性，具有永恒性、普遍性、绝对性、终极性和无形性等。它因此也是超越的。诚如牟宗三所言："朱子太极所言'所以然'之理是形而上的、超越的、本体论的、推证的、异质异层的'所以然之理'。此'所以然之理'即曰'存在之理'（principle of existence），亦曰'实现之理'（principle of actualization）。"⑨

---

① 《二程集》，第 1272 页。

② 《朱子语类》，第 156 页。

③ 《二程集》，第 1205 页。

④ 《朱子语类》，第 3 页。

⑤ 《朱子语类》，第 3 页。

⑥ 《朱子语类》，第 1 页。

⑦ 《朱子语类》，第 83 页。

⑧ 《大学章句》，《四书五经》（上），天津市古籍书店，1988，第 3 页。

⑨ 牟宗三：《宋明儒学的问题与发展》，华东师范大学出版社，2004，第 78 页。

在这些观点上，二程和朱熹的思想基本一致。这种相同性表明：朱熹继承了二程的相关理学思想，并因此形成了程朱理学。可是，如果仅仅停留在继承或一致性，这势必会削弱朱熹的创造性地位。那么，朱熹对理的理解是否完全相同于二程呢？答案是否定的。朱熹的理与二程的理的内涵有一个较大的差别。

二 二程之理：唯一的天理

首先，二程接受了魏晋时期的天人一体的主张，认为世界万物（包括人类）如同一个生命体，即"万物为一体"："仁者，以天地万物为一体，莫非己也。认得为己，何所不至？若不有诸己，自不与己相干。如手足不仁，气已不贯，皆不属己……欲令如是观仁，可以得仁之体。"[①] 在仁者看来，天地万物是一个整体。这便是仁的内涵之一："仁者，浑然与物同体。义、礼、知、信皆仁也。识得此理，以诚敬存之而已，不须防检，不须穷索。若心懈则有防，心苟不懈，何防之有？理有未得，故须穷索。存久自明，安待穷索？此道与物无对，大不足以名之，天地之用皆我之用。"[②] 万物一体便是仁。万物不仅是一个整体，而且是一个有机的、有生命的整体："若夫至仁，则天地为一身，而天地之间，品物万形为四肢百体。夫人岂有视四肢百体而不爱者哉？圣人，仁之至也，独能体是心而已，曷尝支离多端而求之自外乎？故'能近取譬'者，仲尼所以示子贡以为仁之方也。医书有以手足风顽谓之四体不仁，为其疾痛不以累其心故也。夫手足在我，而疾痛不与知焉，非不仁而何？世之忍心无恩者，其自弃亦若是而已。"[③] 我与天地万物合为一物，形成一个生命体。在这个生命体体系内，万物相互贯通，形成一个有机体。便是"麻木不仁"的仁字内涵的来源。"仁则一，不仁则二。"[④] 仁即万物贯通为一个整体。否则便是不仁。这便是儒家的世界观，即天地万物合为一个生命体。我们把这种世界观称为生存论。

其次，二程接受了佛教的真理观，认为：任何一个事物都有自己的理或自性，即，

① 《二程集》，第 15 页。
② 《二程集》，第 16~17 页。
③ 《二程集》，第 74 页。
④ 《二程集》，第 63 页。

"凡物皆有理"①。具体来说，伊川曰："凡一物上有一理，须是穷致其理。穷理亦多端，或读书，讲明义理，或论古今人物，别其是非，或应接事物而处其当，皆穷理也。"② 一物有一物之理。此理便是"物理"。人也不例外："人之所以为人者，以有天理也。天理之不存，则与禽兽何异矣？"③ 人因为具有此天理而为人，并因此区别于禽兽。万物有理。

既然万物都有理。天地合成的生命体也是一个生物体，它自然也有自己的理。这个理便是天理。它是唯一的。伊川说："理则天下只是一个理，故推至四海而准，须是质诸天地、考诸三王不易之理。故敬则只是敬此者也，仁是仁此者也，信是信此者也。"④ 从古至今、四海内外，都只有一个理。"天下之理一也，涂虽殊而其归则同，虑虽百而其致则一。虽物有万殊，事有万变，统之以一，则无能违也。故贞其意，则穷天下无不感通焉。"⑤ 这便是著名的理一分殊说：理是唯一的，却分布于不同的事物中，或者说，万事万物分享了同一个理。明道曰："《中庸》始言一理，中散为万事，末复合为一理。"⑥ 万事源于一理，显为万事，最终合为一理。世间万事万物统一于某种共同之理。"万物皆只是一个天理，己何与焉？"⑦ 万物一体，便只有一个理，"所以然者，万物一理故也。"⑧ 这个唯一的理便是天理。天理唯一。

同时，这个唯一的天理却贯通于万物之中，被万物分享，因而散落为万物各自之理。这便是分殊。分殊之物也有理："天下物皆可以理照，有物必有则，一物须有一理。"⑨ 不同事物都有理。那么这些不同的事物所具备的理是否一致呢？二程明确指出："天地日月，其理一致。月受日光而不为之亏，月之光乃日之光也。地气不上腾，天气不下降，至于地中，生育万物者，乃天之气也。"⑩ 天地日月，各自为物，却最终

---

① 《二程集》，第 107 页。
② 《二程集》，第 188 页。
③ 《二程集》，第 1272 页。
④ 《二程集》，第 38 页。
⑤ 《二程集》，第 858 页。
⑥ 《二程集》，第 140 页。
⑦ 《二程集》，第 30 页。
⑧ 《二程集》，第 1191 页。
⑨ 《二程集》，第 193 页。
⑩ 《二程集》，第 1226 页。

只有一个理。它便是天理。程子曰："《西铭》理一而分殊，墨氏则爱合而无分。分殊之蔽，私胜而失仁；无分之罪，兼爱而无义。分立而推理一以止私胜之流，仁之方也。"① 分殊的失误在于"私胜"，即以为各物都有自己的理。正确的看法应该是倡导一理，以防止个别之理取代万物之理（"分立而推理一以止私胜之流"）。万物分享一个理。

既然万物分享同一个理，那么，"格物须物物格之，还只格一物而万理皆知？"② 格一个物，其他的理岂不全知？伊川回答曰："怎生便会该通？若只格一物便通众理，虽颜子亦不敢如此道。须是今日格一件，明日又格一件，积习既多，然后脱然自有贯通处。"③ "众理"看似指多种理，笔者以为，它应该指众物之理。众物之理还是一个理。宇宙万物，各式各样，却只有一个理。只不过一般人不可能以一知全。伊川强调指出："动物有知，植物无知，其性自异，但赋形于天地，其理则一。"④ 理是唯一的。"盖上下、本末、内外，都是一理也，方是道。庄子曰'游方之内'、'游方之外'者，方何尝有内外？如此，则是道有隔断，内面是一处，外面又别是一处，岂有此理？学禅者曰：'草木鸟兽之生，亦皆是幻。'子以为生息于春夏，及至秋冬便却变坏，便以为幻，故亦以人生为幻，何不付与他。物生死成坏，自有此理，何者为幻？"⑤ 生生不息的万物遵循了相同的天理。

这个生生不息之理，在宋明新儒家看来，便是仁。二程指出："仁、义、礼、智、信五者，性也。仁者，全体；四者，四支。仁，体也。义，宜也。礼，别也。智，知也。信，实也。"⑥ 仁是全体。仁即天地万物之体。万物一体，枝节自然贯通。故，体便是贯通，或者说，万物统一于仁。万物以仁为终极性本源。这个终极性本源便是理，或曰天理。仁即天理："仁者天下之正理，失正理则无序而不和。"⑦ 仁是天地万物共有之理，因此是公理、公道，即"理者，天下之公也。"⑧ 理即公道。仁便是公道。伊

---

① 《二程集》，第 1202～1203 页。
② 《二程集》，第 188 页。
③ 《二程集》，第 188 页。
④ 《二程集》，第 315 页。
⑤ 《二程集》，第 3～4 页。
⑥ 《二程集》，第 14 页。
⑦ 《二程集》，第 1173 页。
⑧ 《二程集》，第 1193 页。

川曰："仁之道，要之只消道一公字。公只是仁之理，不可将公便唤做仁。公而以人体之，故为仁。只为公，则物我兼照，故仁，所以能恕，所以能爱，恕则仁之施，爱则仁之用也。"① 仁是天理、公道，是世界万物生存的依据。生生不息的万物岂不遵循于生生之理？故，仁、理是万物的公理。这便是天理。

在二程看来，所谓事物之理，并不是指经验性的事物规则等，而是具有形而上的内涵②。"或问：理义何以异？子曰：在物为理，处物为义。"③ 形而上的理和形而下的义的区别便在于：义是处理事情过程中所应该遵循的原则。义是实践的、经验的，具有操作性。理则在物，即蕴含于物中，只能够通过思辨性分析才能够知晓它的存在。因此，"在物为理"的理存在于思辨中。换句话说，理是超越性存在。这种超越性通常表现为时间中的永恒性、空间中的普遍性、认知中的无限性等绝对性中。

在二程看来，天下万物合为一个生物体。这个生物体具有一个绝对的、超验的、终极性的理。它便是唯一的天理。这个唯一的天理又叫作仁。它是宇宙万物的共享的理，因此是公理、公道。世上只有一个公理。万物仅仅分享了这个唯一的公理。这便是二程的理学生存论。二程的世界观是一种生存论，即将宇宙万物视为一个生命体。理便是这个生命体的生存之道。对这个生命体的生存之道或终极性根据的探讨构成了现代意义上的本体论。鉴于其探讨的对象集中于生物体身上，我们便将这种本体论称作生存论，以区别于那种探讨一切存在（无论生死）的本体论。

三　朱熹之理：别物有理

和二程偏重于唯一的天理相比，朱熹似乎更喜欢谈论单个的"物"理。

在朱熹看来，理是某类事物、事情的"所以然"者、存在的依据。朱熹指出："理是有条瓣逐一路子。以各有条，谓之理；人所共由，谓之道。"④ 理是事物的条理。同类事物便有相同的理，比如道便是人类共同遵循的理。同类事物具有相同的理。朱

---

①　《二程集》，第 153 页。

②　参见刘玉建《易学哲学视域下的程颐天理本体范畴的观念进学》，《周易研究》2015 年第 4 期。

③　《二程集》，第 1175 页。

④　《朱子语类》，第 99 页。

熹曰："理固是一贯。谓之一理，则又不必疑其多。自一理散为万事，则灿然有条而不可乱，逐事自有一理，逐物自有一名，各有攸当，但当观当理与不当理耳。既当理后，又何必就上更生疑！"① 各类事物都有了各自的条理，因而井然有序、各自担当。朱熹曰："有是理，方有这物事。如草木有个种子，方生出草木。如人有此心去做这事，方始成这事。若无此心，如何会成这事。"② 理是事物的依据。同类事物便共同遵循同一个道理，比如人之理："这理是天下公共之理，人人都一般，初无物我之分。不可道我是一般道理，人又是一般道理。将来相比，如赤子入井，皆有怵惕。知得人有此心，便知自家亦有此心，更不消比并自知。"③ 我和别人一样具备一致的理。理是同类存在物之理，属于通名。

理是某类事物的普遍性根据。不同类的事物便有不同的理。"问：'天与命，性与理，四者之别：天则就其自然者言之，命则就其流行而赋于物者言之，性则就其全体而万物所得以为生者言之，理则就其事事物物各有其则者言之。到得合而言之，则天即理也，命即性也，性即理也，是如此否？'曰：'然。'"④ 理是事事物物各自的原理或根据，即，"天地万物莫不有理。手有手之理，足有足之理，手足若不举行，安能尽其理！格物者，欲究极其物之理，使无不尽，然后我之知无所不至。物理即道理，天下初无二理。"⑤ 不同种类的事物便有不同种类的理，比如"上而无极、太极，下而至于一草、一木、一昆虫之微，亦各有理。一书不读，则阙了一书道理；一事不穷，则阙了一事道理；一物不格，则阙了一物道理。须着逐一件与他理会过。"⑥ 无论大事小物，都有自己的理。哪怕是最卑贱的事物也都有理："盖天下之事，皆谓之物，而物之所在，莫不有理。且如草木禽兽，虽是至微至贱，亦皆有理。"⑦ 天下事事物物都有各自的理。

比如人，"人物之生，同得天地之理以为性，同得天地之气以为形；其不同者，独

---

① 《朱子语类》，第 108 ~ 109 页。

② 《朱子语类》，第 236 页。

③ 《朱子语类》，第 399 页。

④ 《朱子语类》，第 82 页。

⑤ 《朱子语类》，第 294 页。

⑥ 《朱子语类》，第 295 页。

⑦ 《朱子语类》，第 295 页。

人于其间得形气之正，而能有以全其性，为少异耳。"① 人性或理便是人类的自性。人类因此而区别于他物。具体地说，"在人则为理，所以为仁义礼智信者是也。"② 人类所有之理便是仁义礼智等。它是人类共有之理。虽然人类有圣愚之别，但是他们却共有同类之理："性分是以理言之，命分是兼气言之。命分有多寡厚薄之不同，若性分则又都一般。此理，圣愚贤否皆同。"③ 圣愚都属于人类，因而具有一致的理。圣愚的区别在于禀气差异，而不是理的不同："昏浊者是气昏浊了，故自蔽塞，如在蔀屋之下。然在人则蔽塞有可通之理。"④ 圣愚同理，不同的仅仅是所禀之气。"同者理也，不同者气也。"⑤ 同类事物享有同理，却因禀气差异有所不同。理是某类事物的自性，比如人、牛、马等。

不仅生命体有理，而且无生命的"枯槁"之物也有理。"问：'曾见答余方叔书，以为枯槁有理。不知枯槁瓦砾，如何有理？'曰：'且如大黄附子，亦是枯槁。然大黄不可为附子，附子不可为大黄。'"⑥ 没有生命力的东西也有理。"问：'枯槁之物亦有性，是如何？'曰：'是他合下有此理，故云天下无性外之物。'因行街，云：'阶砖便有砖之理。'因坐，云：'竹椅便有竹椅之理。枯槁之物，谓之无生意则可；谓之无生理，则不可。如朽木无所用。止可付之爨灶，是无生意矣。然烧甚么木，则是甚么气，亦各不同，这是理元如此。'"⑦ 砖、椅子等无生命的存在物都有自己的理。任何事物，只要是事物，便有理："才有物，便有理。天不曾生个笔，人把兔毫来做笔。才有笔，便有理。"⑧ 只要是物体，无论生死都有理，"如舟只可行之于水，车只可行之于陆。"⑨ 理是某类事物共有的依据，"如这片板，只是一个道理，这一路子恁地去，那一路子恁地去。如一所屋，只是一个道理，有厅，有堂。如草木，只是一个道理，有桃，有李。如这众人，只是一个道理，有张三，有李四；李四不可为张三，张三不可

① 《孟子集注》，《四书五经》（上），天津市古籍书店，1988，第62页。
② 《朱子语类》，第9页。
③ 《朱子语类》，第77页。
④ 《朱子语类》，第58页。
⑤ 《朱子语类》，第9页。
⑥ 《朱子语类》，第61页。
⑦ 《朱子语类》，第61页。
⑧ 《朱子语类》，第61页。
⑨ 《朱子语类》，第61页。

为李四。如阴阳，西铭言理一分殊，亦是如此。"① 房子之所以为房子便在于房子之理。全无生意的器具也有理。

不仅事物有理，而且事情也有理，即，人类的行为也有自身的原理："父子有父子之理，君臣有君臣之理。"② 父子交际、君臣相处都有各自的原理。故，"然而举天下之事，莫不有理。且臣之事君，便有忠之理；子之事父，便有孝之理；目之视，便有明之理；耳之听，便有聪之理；貌之动，便有恭之理；言之发，便有忠之理。只是常常恁地省察，则理不难知也。"③ 理是人们行为的道理。进一步来说，理是人们行为规范的原理或依据。"这道理，若见得到，只是合当如此。如竹椅相似：须着有四只脚，平平正正，方可坐；若少一只脚，决定是坐不得。若不识得时，只约摸恁地说，两只脚也得，三只脚也得；到坐时，只是坐不得。如穿牛鼻，络马首，这也是天理合当如此。"④ 不仅椅子有自己的理，而且人类的行为也有一定的"所以然"者或道理。成功者的秘诀便是循理："一事上皆有一个理。当处事时，便思量体认得分明。久而思得熟，只见理而不见事了。如读圣人言语，读时研穷子细，认得这言语中有一个道理在里面分明。久而思得熟，只见理而不见圣人言语。"⑤ 比如仁义忠孝之事，其中便有其理。当这些理遇到了现实情境时，自然呈现为经验的日常行为或规范，比如忠孝："格物穷理，有一物便有一理。穷得到后，遇事触物皆撞着这道理：事君便遇忠，事亲便遇孝，居处便恭，执事便敬，与人便忠，以至参前倚衡，无往而不见这个道理。"⑥ 道理是行为规范的根据或原理。

朱熹明确指出："又问：'笔上如何分仁义？'曰：'小小底，不消恁地分仁义。'"⑦ 枯槁之笔并无仁义。这意味着：二程奉为遍及一切的天理在此被打了"折扣"，无生意的枯槁的笔等也有自己的理，且这个理与仁义之理无关。朱熹甚至提出"邪理"说："道理有正则有邪，有是则有非。鬼神之事亦然。世间有不正之鬼神，谓

---

① 《朱子语类》，第 102 页。
② 《朱子语类》，第 83 页。
③ 《朱子语类》，第 232 页。
④ 《朱子语类》，第 156 页。
⑤ 《朱子语类》，第 412 页。
⑥ 《朱子语类》，第 289 页。
⑦ 《朱子语类》，第 61 页。

其无此理则不可。"① 道理有正理，还有邪理、怪理，"如冬寒夏热，春荣秋枯，此理之正也。忽冬月开一朵花，岂可谓无此理，但非正耳，故谓之怪。"② 怪事也有理。"才见说鬼事，便以为怪。世间自有个道理如此，不可谓无，特非造化之正耳。此为得阴阳不正之气，不须惊惑。所以夫子不语怪，以其明有此事，特不语耳。"③ 鬼怪之事也有理。坏事也有理。

　　于是，朱熹理学与二程理学便产生了分歧。二程的理学是一种生存论，它将宇宙万物视为一个生命体，理便是这个生命体的生存之道。世上只有一个宇宙，故而世上只有一个天理。世上的万物都遵循这同一个天理。朱熹则与之不同。他关注的对象不仅包括有生命的物体，而且包括无生命的物件。世上的一切存在者（包括无生意的器具和怪事等）都是他关注的对象。在朱熹看来，不仅"山木人心，其理一也"，④ 万物一理，而且更重要的是，不同种类的物体具备不同种类的理，别物异理。二者结合起来，形成了朱熹的理学。这样，理不仅规定了生物体的终极性原理，而且界定了非生物体的终极性原理。其世界观的对象便由二程的生存转向朱熹的存在。本体论便由二程的生存论转向朱熹的存在论。

四　一理与众理

　　朱熹的理学又可以被概括为"理一分殊"说。朱熹曰："伊川说得好，曰：'理一分殊。'合天地万物而言，只是一个理；及在人，则又各自有一个理。"⑤ 天地万物一个理，同时，不同种类的事物又具有不同的理。这便是朱熹的"理一分殊"说。

　　作为理学家，朱熹接受了二程的宇宙论，以为万物一体："盖天地万物本吾一体，吾之心正，则天地之心亦正矣，吾之气顺，则天地之气亦顺矣。"⑥ 我与世界万物同为一个物体。在朱熹看来，万物一体乃是一种经验现实："无私，是仁之前事；与天地万

---

　　① 《朱子语类》，第 55 页。

　　② 《朱子语类》，第 38 页。

　　③ 《朱子语类》，第 38～39 页。

　　④ 《孟子集注》，《四书五经》（上），第 88 页。

　　⑤ 《朱子语类》，中华书局，1986，第 2 页。

　　⑥ 《中庸集注》，《四书五经》（上），天津市古籍书店，1988，第 1 页。

物为一体，是仁之后事。惟无私，然后仁；惟仁，然后与天地万物为一体。"① 仁是体，合一为用。这便是二程的"仁者万物一体"。既然万物一体，那么，这世上便存在着一个宇宙的所以然者。它是作为一个整体的、有生命世界的主宰者，即"天地之心"："心固是主宰底意，然所谓主宰者，即是理也，不是心外别有个理，理外别有个心。"② "天地之心"便是理。这个"天地之心"便是天理。朱熹曰："天下只有一个道理，学只要理会得这一个道理。这里才通，则凡天理、人欲、义利、公私、善恶之辨，莫不皆通。"③ 这个唯一的理便是天理。天理便是天下正道："天下只有一个正当道理。循理而行，便是天。若稍违戾于理，便是得罪于天，更无所祷告而得免其罪也。"④

朱熹又用本源论来解释世界："盖至诚无息者，道之体也，万殊之所以一本也。"⑤ 作为体的道又可以被叫作本。世界万物同一个本源。这便是"大本"："大本者，所性之全体也……其于所性之全体，无一毫人欲之伪以杂之，而天下之道千变万化皆由此出，所谓立之也。"⑥ 万物源自它。这个本源，朱熹又称之为"太极"："万物之生，同一太极者也。而谓其各具，则亦有可疑者。然一物之中，天理完具，不相假借，不相陵夺，此统之所以有宗、会之所以有元也。是则安得不曰各具一太极哉！"⑦ 万物本源于同一个太极。朱熹曰："有太极，则一动一静而两仪分；有阴阳，则一变一合而五行具。然五行者，质具于地，而气行于天者也。以质而语其生之序，则曰水、火、木、金、土，而水、木，阳也，火、金，阴也。以气而语其行之序，则曰木、火、土、金、水，而木、火，阳也，金、水，阴也……五行具，则造化发育之具无不备矣。"⑧ 朱熹赞同周敦颐的太极说，以为万物之生存遵循了如下逻辑，即，太极→阴阳→五行→物体。太极、理、性为万物之终极本原。这种终极性存在，至少从逻辑上来说，先于气、先于万物。朱熹曰："太极只是天地万物之理。在天地言，则天地中有太极；在万物

---

① 《朱子语类》，第 117 页。
② 《朱子语类》，第 4 页。
③ 《朱子语类》，第 131 页。
④ 《朱子语类》，第 621 页。
⑤ 《论语集注》，《四书五经》（上），第 15 页。
⑥ 《中庸集注》，《四书五经》（上），第 16 页。
⑦ 《太极图说解》，《朱子全书》第十三册，第 77～78 页。
⑧ 《太极图说解》，《朱子全书》第十三册，第 73 页。

言，则万物中各有太极。未有天地之先，毕竟是先有此理。动而生阳，亦只是理；静而生阴，亦只是理。"① 宇宙本源于太极、理。

作为本源的太极是一。朱熹曰："太极便是一，到得生两仪时，这太极便在两仪中；生四象时，这太极便在四象中；生八卦时，这太极便在八卦中。"② 太极是一。或者说，万物本源于一个太极。朱熹道："自男女而观之，则男女各一其性，而男女一太极也；自万物而观之，则万物各一其性，而万物一太极也。盖合而言之，万物统体一太极也；分而言之，一物各具一太极也。"③ 一物有一物的太极。这便是分殊。同时，万物还有一个共同的太极："万物之生，同一太极者也。而谓其各具，则亦有可疑者。然一物之中，天理完具，不相假借，不相陵夺，此统之所以有宗，会之所以有元也。是则安得不曰各具一太极哉！"④ 万物享有同一个太极。

和程门理学强调理一相比，朱熹更强调"分殊"，即各种不同类的事物不仅分享了同一个理，而且分享了自己的理。这便是朱熹所理解的理一分殊。在朱熹看来，理既是一，又是多。朱熹以为："圣人未尝言理一，多只言分殊。盖能于分殊中事事物物，头头项项，理会得其当然，然后方知理本一贯。不知万殊各有一理，而徒言理一，不知理一在何处。圣人千言万语教人，学者终身从事，只是理会这个。要得事事物物，头头件件，各知其所当然，而得其所当然，只此便是理一矣……能如此着实用功，即如此着实到那田地，而理一之理，自森然其中，一一皆实，不虚头说矣。"⑤ 万物共有唯一的天理，且万物又分有自己本类之理。朱熹更强调指出："近而一身之中，远而八荒之外，微而一草一木之众，莫不各具此理。如此四人在坐，各有这个道理，某不用假借于公，公不用求于某，仲思与廷秀亦不用自相假借。然虽各自有一个理，又却同出于一个理尔。如排数器水相似；这盂也是这样水，那盂也是这样水，各各满足，不待求假于外。然打破放里，却也只是个水。此所以可推而无不通也。所以谓格得多后自能贯通者，只为是一理。释氏云：'一月普现一切水，一切水月一月摄。'这是那释

---

① 《朱子语类》，第 1 页。
② 《朱子语类》，第 671 页。
③ 《太极图说解》，《朱子全书》第十三册，第 74 页。
④ 《太极图说解》，《朱子全书》第十三册，第 77 ~ 78 页。
⑤ 《朱子语类》，第 677 ~ 678 页。

氏也窥见得这些道理。濂溪通书只是说这一事。"① 贯通万物之理，具体于万物之中。万物又各自有理，因而理是多。朱熹借用佛学的月印万川现象来解释自己的理一分殊论："本只是一太极，而万物各有禀受，又自各全具一太极尔。如月在天，只一而已；及散在江湖，则随处而见，不可谓月已分也。"② 理是天月，具体的事物便是那水月。同一类的水月还有自己的理。故，理是一，又是多："理只是这一个。道理则同，其分不同。君臣有君臣之理，父子有父子之理。"③ 君臣父子各自有理，却同时天理。朱熹甚至将道理做了分别："道便是路，理是那文理……'道'字包得大，理是'道'字里面许多理脉……'道'字宏大，'理'字精密。"④ 道具有共性，理却有差异。道是一，理是多。

万物共有同一个天理、公道。这便是理一。与此同时，各类事物又有自己类的规定性。不同类的事物，无论生死，都有自己种类的理。这便是分殊。分殊说将本体论从生存论转向存在论。

结论："天理"与"物理"

理是程朱理学的核心概念。它们共同将事物的所以然者、自性称作理。因此，理指超经验的、绝对的存在者的自性。这是二者的一致处。

所不同的是，二者的存在者内涵不同。二程的存在者主要指生命体（含自然界的物体）与事情，不包括无生命的存在。朱熹的存在者，不仅指这些生命存在，而且包含无生意的存在，比如房子、椅子等。这种范围的扩大，将中国传统哲学从生存论转向了存在论，即，不仅关注于生命体的存在、将存在理解为生存，而且关注于无生命的存在。生存论转为存在论，从而诞生了思考一切的哲学。

这种视野的差异丰富了理的内涵。二程的理主要指生物体的生存之道。理是天理。朱熹的理则是万物的存在之理，非常接近于柏拉图的理念。二程的理是一理。万物有此理，却是公理、共理、天理。朱熹的理既有统一的天理，也有不同的物理、事理，

---

① 《朱子语类》，第 398 ~ 399 页。

② 《朱子语类》，第 2409 页。

③ 《朱子语类》，第 99 页。

④ 《朱子语类》，第 99 页。

属于别理。

二程也提众理、万理，但是，其意思是万物都有理。更重要的是，二程曰："物我一理，明此则尽彼，尽则通。此合内外之道也。语其大至天地之所以高厚，语其小至于一草一木所以如此者，皆穷理之功也。"① 万物有理。但是这个理是同一个理，即物我一理。这个理便是天理、公道、仁。对仁道的领悟，二程以为："须是今日格一件，明日又格一件，积习既多，然后脱然自有贯通处。"② 需要慢慢体会，最终贯通。这或许便是程门的工夫。每一个事物都有理。这些理却是一样的。

同样的情节，朱熹却提出："今若于一草一木上理会，有甚了期。但其间有'积习多后自当脱然有贯通处'者为切当耳。今以十事言之，若理会得七八件，则那两三件触类可通。若四旁都理会得，则中间所未通者，其道理亦是如此。"③ 朱熹突出了物理的个别性与多样性。朱熹的理，不仅是多，而且相互之间具有差异性。二程之理为共有的、唯一的天理。朱熹的理是不同种类物体的理，具有特殊性。

---

① 《二程集》，第 1272 页。
② 《二程集》，第 188 页。
③ 《朱子语类》，第 407 页。

朱子早年的学术总结与"门户清理"

——以辨张无垢《中庸解》为中心[*]

许家星[*]

摘　要　朱子早年思想发生过由耽恋佛老之学到笃志圣贤之学的转变，辨张无垢《中庸解》是朱子思想完成这一转变的重要标志，在朱子早年的思想演进中具有承前启后的重要意义，然而却很少受到学界应有之关注。受学延平时，延平对朱子的中庸学产生了深刻影响，纠正了朱子思想中的佛学因素。在延平去世后不久，朱子发起了对儒学内部的"杂学"之辨，尤以张无垢《中庸解》为批判中心，于此集中体现了朱子早期对《中庸》性道、戒惧、忠恕、诚、知行诸核心概念的认识，反映出朱子此时的佛学、中庸学水平，展现出辟佛老、重章句的两大学术取向。该个案研究充实丰富了朱子早年学术思想研究，对深刻把握朱子思想的演变及其基本特征具有参考意义。

关键词　朱子　张无垢　《中庸解》　阳儒阴佛　章句之学

引　言

在朱子漫长的为学历程中，从学李延平是个极为重要的阶段，其意义在于它促使朱子断绝了对佛学的留恋，走上了以"四书学"为学术重心的圣学之路，并取得了初步成果。其重要标志是朱子于延平去世后不久即撰成清理儒学内部阳儒阴佛思潮的《杂

---

*　本文是国家社科重大招标项目"中国四书学史"（13&ZD060）、国家社科基金项目"朱子四书学之系列比较研究"（13CZX045）、教育部社科基金项目"江右四书学研究"（10YJC720053）的阶段性成果。

*　作者简介：许家星，江西奉新人，哲学博士，北京师范大学哲学与社会发展学院教授，主要研究方向为宋明理学。

学辨》，该书尤以对张九成《中庸解》的批判为中心。大陆学界关于延平对朱子思想之影响，已有较多论述，但对朱子的《杂学辨》则关注甚少。① 事实上，朱子的辨张无垢《中庸解》实为其早年思想的一次重要总结，在其四十多年的学术生涯中具有承前启后的不可忽视的意义。故本文以《杂学辨》中辨张无垢《中庸解》为中心，阐释朱子对《中庸》性道、戒惧、忠恕、诚、知行诸核心概念的认识，揭示其此时的中庸学水平，阐发其辟佛老、重章句的学术风格。辨《中庸解》是朱子早年思想的一次深刻总结，参照其晚年对《中庸》之论述，可以清晰地揭示朱子早年中庸学的得失、因袭、修正之处；这同时又是朱子在完成自我修正后对洛学门户的一次大清理，集中展现了朱子的佛教认知，显示了朱子强烈的卫道意识。故探讨该书，可以充实丰富朱子早年学术思想研究，对深刻把握朱子思想的演变及其基本特征具有重要参考意义。此即为本文的写作意图和创新所在。因朱子的辨无垢《中庸解》乃是接着从学延平而展开的，故本文先简略论述延平对朱子中庸学的影响，作为前奏，然后展开对无垢《中庸解》批评的论述。论述以相关概念为主，特别注意三个方面：朱子此时中庸学的水平与晚年的异同比较；朱子此时对佛学的认知态度；朱子的解经方法始终表现出对章句之学的重视。注重以历史演变的眼光看待朱子思想的因袭变化。

一 延平之教："龟山门下相传指诀"

朱熹在从学延平之前就打下了扎实的儒学功底，受到正统有序的理学教育，他曾说自己十六岁就知理学是好东西。因家学和师长的熏陶，他自小就熟读《中庸》。与此同时，朱熹亦接触到禅学，并一度对之迷恋，其早年诗作《牧斋净稿》即是明证。故当他于二十四岁拜师延平后，延平的首要任务就是授以所传"龟山指诀"，将其引导到理学正轨上来，分辨儒佛之异。延平为龟山高弟罗从彦之徒，得道南一脉之传，为学特重《中庸》，称赞该书将儒家成圣之学的工夫路径显示得清楚详尽，毫无遗漏。朱子

---

① 如韩国刘承相《朱子早年思想的历程》、陈来《朱子哲学研究》等著作皆未论及此。但限于笔者学识和条件，未能广泛参考韩国、日本、欧美等学界对此一问题的研究成果，还请方家不吝赐教。

在《延平行状》中说："其语《中庸》曰：圣门之传是书，其所以开悟后学，无遗策矣。"① 延平思想的最大特色在于从未发已发入手，通过静坐涵养的工夫，来体认未发之本体，由此达到切实自得、气象洒落之境界。"大抵令于静中体认大本未发时气象分明，即处事应物，自然中节，此乃龟山门下相传指诀。"② 故其对朱熹之教育，反复谆谆于"涵养""体认"，惜乎朱熹对此"龟山指诀"实不相契，转而喜从逻辑分析、章句考论入手，故二人于《中庸》章句之学讨论甚多。朱熹此前因学禅之故，对本体思想有所了解。李侗为扭转其好佛趋向，授以儒学理一分殊之学，特别揭示分殊的重要，使朱熹获知儒学体用不二、超越内在之精义，此点对其弃佛归儒影响甚大。概言之，此时朱熹的中庸学具有以下特点。

其一，在工夫进路上，特别注重道问学的一面，坚持认为道问学有其独立价值，是为道不可缺少的重要工夫（这一点与今人重逻辑分析之学相似）。朱子中庸学的一大特色就是自始至终注重章句文本之学。延平则认为为道"非言说所及也"，告诫朱熹"于涵养处着力，正是学者之要"，而朱熹则"窃好章句训诂之习"，认为不展开谈说论辩，则于道理看不分明，于工夫偏颇不全。故晚年尚从为学博约并进的角度，当弟子面公开批评延平之学缺乏辨名析理的问学工夫。"然李于是短于辩论邪正。盖皆不可无也，无之，即是少博学详说工夫也。"③ 然而延平对涵养践履的强调，对朱熹形成尊德性与道问学相结合的为学方法产生了积极影响。

其二，在本体论上，朱熹接受延平理一分殊之教，将之与对《中庸》中和的理解结合之。朱熹对延平"分殊"之教，尤有深刻感受，曾反思在见延平前自身为学染有一般学者通病：喜好笼统、高远、宏大之学，"亦务为笼侗宏阔之言，好同而恶异，喜大而耻于小。"④ 而延平则教以"所难者分殊耳"。正是延平的"所难之分殊"改变了他的为学方向，并成为他一生评判学术的标准。

此时朱熹自觉运用理一分殊之学来理解中庸（仁）。在对《中庸》性论的理解中，

① 《延平答问》，《朱子全书》十三册，上海古籍出版社、安徽教育出版社，2002，第351页。本文所据资料，皆据此书。
② 《答何叔京》第二书，《晦庵先生朱文公文集》卷四十，国家图书馆出版社，2006，第1802页。
③ 《朱子语类》卷一百三，第3416页。
④ 《延平答问·宋嘉定姑孰刻本延平答问跋》，第354页。

将理一分殊与未发之说结合起来。他说，"熹窃谓天地生物，本乎一源……但气有清浊，故察有偏正。惟人得其正，故知其本具此理而存之，而见其为仁。物得其偏，虽具此理而不自知，而无以见其为仁……窃谓'理一而分殊'，此一句言理之本然如此，全在性分之内，本体未发时看"（先生抹出批云："须是兼本体已发未发时看，合内外为可"）。① 朱子认为，在理（性）一的意义上，生物皆同，在气禀（分殊）的意义上，人物有别。"理一分殊"表述的是理的本然状态，当从五常之性、本体未发时看待。延平则主张不能仅从未发、性内的割裂观点来看，当兼顾已发、外在，从全体连续的视角展开。朱子此时习于将仁与未发比配，如他认为"肫肫其仁"反映出全体是仁的义理，只有尽性之圣人方能做到。"全体是未发底道理，惟圣人尽性能。"延平则认为此是讲工夫所达的境界，不是谈义理。"乃是体认到此达天德之效处。"② 朱子对鬼神章的解释，亦是从"理一"这个本原兼含已发未发来看，"熹近看《中庸》鬼神一章，窃谓此章正是发明显微无间，只是一理处"。③

延平对中和的解释亦是将理一分殊（体用）与中和未发已发相结合。他认为，从道的角度言，中和分指其体用；就人而言，则指未发已发。意味着道之体用与人之未发已发皆可以中和贯通起来，天人关系在中和那里得到协调统一。朱子称赞延平对此问题论述最详尽，当从体用来理解中和。"盖中和二字，该道之体用。以人言之，则未发已发之谓……旧闻李先生论此最详。"④ 朱子列举了延平几个重要说法。一是延平从《中庸》全书出发，确认未发之中是全书"指要"。可见未发之中的重要。"然所谓喜怒哀乐未发谓之中者，又一篇之指要也。"⑤ 此较朱子《章句》所取龟山的首章为"一篇之体要"说更进一步。二是如何才是未发。延平说，"人固有无所喜怒哀乐之时，然谓之未发则不可，言无主也"。⑥ 喜怒哀乐未发谓之中，人内心都会有无喜怒哀乐情感的时候，但这一无所喜怒哀乐之时并不等于未发之中，判定未发的标准不是外在情绪的宁静或波动，而是内心是否有主宰。未发之中实质是人道德修养状态上升到相当高度才有的精神状态。

① 《延平答问》，第335页。
② 《延平答问》，第330页。
③ 《延平答问》，第337页。
④ 《答林择之》，《晦庵先生朱文公文集》卷四十三，第1979页。
⑤ 《延平答问》，第351页。
⑥ 《答林择之》，《晦庵先生朱文公文集》卷四十三，第1979页。

外在情绪的发出与否只是一种表象，不能把表象当作实质。这一解释符合程门学派的精神，与朱子晚年对中和的理解一致。三是对"中和"具体字义、次序的理解。如延平把"致中和"的"致"解释为动态意义的努力、实现，符合《章句》"推而极之"的理解。在工夫次序上，延平明确提出中和境界必先经由慎独工夫方能实现。"又云致字如致师之致。又如先言慎独，然后及中和。"① 必须提出的是，以上对延平的反思回忆之说，符合朱子自身后来见解，但朱子明言当时并无此等领悟。此时他的看法是，认未发、大本为理一，已发、达用是分殊。延平纠正他将理一分殊与未发之说过于掺和的理解。如"太极动而生阳"朱子视为喜怒哀乐之已发，延平教导他这不是讲喜怒哀乐之发，而是阐发天人一理之同和人物分殊之异。"窃恐动而生阳，即天地之喜怒哀乐发处。"②

其三，延平对朱熹的影响还在于共同探讨二程、苏氏、吕大临、杨时等对《中庸》的解释，指导朱熹收集诸家解说，扩大、加深对中庸的认识。作为道南学派的传人，延平师徒对杨时《中庸解》探讨最多。朱熹后来在给林择之的信中特别回忆龟山的中和说："龟山所谓未发之际，能体所谓中；已发之际，能得所谓和。此语为近之。然未免有病，旧闻李先生论此最详，后来所见不同，遂不复致思。"③ 龟山的观点是未发体验中，已发获得和，以未发体验为工夫根本。朱子与此说不契，《中和旧说序》于此有深切追溯，"余早从延平李先生学，受中庸之书，求喜怒哀乐未发之旨，未达而先生没"。④ 随延平探究中庸喜怒哀乐未发之说尚未领悟而先生已没，正是这种"未达"，促使朱子不断地进行探究。

其四，延平非常注意纠正朱子的佛学倾向。如他批评朱子以"竿木随身"说解释《论语》"公山"章不好，"竿木随身之说，气象不好，圣人定不如是。"⑤ 批评朱子对《中庸》"肫肫其仁"的解释，偏向佛学顿悟说，值得警惕。"大率论文字切在深潜缜密，然后路径不察。释氏所谓一超直入如来地，恐其失处正坐此。不可不辨。"⑥ 批评朱子以孟子"必有事焉"一句解释"理一分殊"，有工夫落空陷入佛学之弊。"孟子之

---

① 《答林择之》，《晦庵先生朱文公文集》卷四十三，第1979页。

② 《延平答问》，第329页。

③ 《答林择之》，《晦庵先生朱文公文集》卷四十三，第1979页。

④ 《晦庵先生朱文公文集》卷七十五，第3634页。

⑤ 《延平答问》，第327页。

⑥ 《延平答问》，第331页。

说，若以微言，恐下工夫处落空，如释氏然。"① 针对朱子愧恨不能去心之弊，告之不可走向另一极端，"绝念不睬，以是为息念"。反复从"气象"上指出言辞有病，如"若常以不居其圣横在肚里，则非所以言圣人矣"，"前后际断，使言语不着处不知不觉地流出来"等等。延平对朱子的禅学底子有清醒认识，并不认为接触过佛学是坏事，反而可能更有利于区分儒佛之异。他在与罗博文的信中说，"渠初从谦开善下工夫，故皆就里面体认，今既论难，见儒者路脉，极能指其差误处。"②

二　儒佛之辨：辨张无垢《中庸解》

延平逝世后，朱子继续对《中庸》展开艰难探索，一个总结性阶段成果是在丙戌（1166）冬撰写的《杂学辨》，该书分别批驳了《苏氏易学解》、《苏黄门老子解》、《吕氏大学解》、张无垢《中庸解》，其中尤以张无垢《中庸解》为中心，其实质是思想战线的一次交锋，通过划清儒与释老的界线，端正士子为学方向。故朱子特意挑选了在士子之中具有广泛影响的"贵显名誉之士"，因为这些人具有很大的迷惑性，士子会因崇拜名人而迷恋名人所崇拜的异端之学。"未论其事之是非，且以其人而信之矣。"选择张九成等名人加以批评体现了朱子的策略和勇气。朱子始终认为张九成佛学印迹很深，危害最大，"张公以佛语释儒书，其迹尤著"。九成与朱子所处时代最相近，对当时士子的影响最直接广泛；在学术渊源上与朱子又具有"血缘关系"，同出于龟山门下，与谢良佐亦有关联；且开启了此后朱子最大对手陆象山之学。对于这样一位"始学于龟山之门而逃儒以归释"的代表人物，朱子当然视为清理门户最合适的首选了。朱子对无垢的著作有个基本判定，即"凡张氏所论著，皆阳儒而阴释"。其效用之危害则是，"务在愚一世之耳目，而使之恬不觉悟，以入乎释氏之门，虽欲复出而不可得"，故朱子毫不犹豫地亮出清理门户的卫道身份，以拯救世道人心，"尝欲为之论辨，以晓当世之惑"。朱子对张九成以禅解儒说的广为甚行极其担心，将其学说之流行喻为洪水猛兽，③ 无垢著作甚多，其佞佛最深者，则为《中庸

---

① 《延平答问》，第 336 页。
② 《李延平集》卷一。
③ "洪适在会稽尽取张子韶经解板行，此祸甚酷，不在洪水夷狄猛兽之下，令人寒心。"（《晦庵先生朱文公文集》卷四十二，《答石子重》之五）。

解》，故朱子挑出全书五十二条予以批驳，"姑掇其尤甚者什一二著于篇"。① 主要围绕性论、戒惧、忠恕、诚论、知行诸核心问题展开论辨，体现了朱子的佛学水平，反映出朱子此时中庸学的不成熟之处，显示出其对章句之学与辟佛老的一贯坚持，可谓早年学术之总结。

1. 性论：赞性、率性、觉性、见性

朱子对张氏性论的批评，针对其赞性、率性、觉性、见性说展开，体现了朱子此时对性的认识。

"赞性""体之为己物"。张氏提出"赞性""体之为己物"说，认为天命之性说并没有对性作出任何实质性的界定，不过是称赞"性"之可贵，因其来源于天，是一普遍公共之状态，并未为人所个别拥有而"收为己物"。在率性之道时方才体性为自身之物，进入于五常之内。修道之教则表现为仁行于父子之类。

> 天命之谓性，第赞性之可贵耳，未见人收之为己物也。率性之谓道，则人体之为己物，而入于仁义礼智中矣……修道之谓教，则仁行于父子……②

朱子对此予以反驳：

> 愚谓：天命之谓性，言性之所以名，乃天之所赋，人之所受，义理之本原，非但赞其可贵而已。性亦何待于人赞其贵耶？董子曰："命者，天之令也，性者，生之质也。"……且既谓之性，则固己自人所受而言之。今曰"未为己物"，则是天之生是人也，未以此与之而置之他所，必是人者自起而收之，而后得以为己物也……仁义礼智，性之所有，与性为体者也。今曰"体为己物，然后入于仁义礼智之中"，则是四者逆设于此而后性来于彼也……仁行于父子……乃是率性之道，而遽以为修道之教，亦失其次序矣。③

朱子认为天命之性正是道出性之所以为性的本质所在，表明性是天赋人受的，是

---

① 《张无垢中庸解》，《晦庵先生朱文公文集》卷七十二，第 3473 页。
② 《张无垢中庸解》，第 3473 页。
③ 《张无垢中庸解》，第 3474 页。

义理之本原，并非称赞性之可贵。并引董仲舒命为天令，性为生质说为证。反驳性"未为己物"说，既谓之"性"，则已经为人所禀赋了，否则无性可言。再则，性亦不存在待人"收为己物"，此说犯有两误。一方面，人之生即同时禀赋天命之性，性与人俱生，否则人不成其为人矣。另一方面，性并非实存有形有方位之物，可收放储存，故以物言性不妥。"体之为己物"说亦不妥。性的内容乃是天赋之仁义礼智，并不需要待人去体验之，然后才入于五常之中。此皆不知为学大本妄加穿凿之病。再则仁行于父子等乃是率性之道而非修道之教，张氏颠倒道、教次序而不知。朱子晚年《章句》则从"理"立论，提出"性即理"说，强调性的普遍公共性则与此时仅从人性上理解性不同。

"率性学者事，修教圣人功"。针对道、教关系，张氏作出两层区分。

一是指圣人与学者的不同层次。率性是学者之事，以戒惧为工夫，修教则是圣人功用。修教之所以是圣人功用，盖它是学者经由戒惧工夫而深入性之本原，达到天命在我境界后才能够发生的，以推行五常之教为主的效用。他说：

> 方率性时，戒慎恐惧，此学者之事也。及其深入性之本原，直造所谓天命在我，然后为君臣父子兄弟夫妇之教，以幸于天下。①

朱子认为率性之谓道是阐释道之为道的根据，"道之所以得名者如此"，其意为遵循性之本然即是道，并非学者之事，亦不涉及戒惧之说。"盖曰各循其性之本然，即所谓道耳，非以此为学者之事，亦未有戒慎恐惧之意也。"而修道为教是通贯上下的，贯穿了制定施为者圣人和修习者贤人。"修道之谓教，通上下而言之，圣人以立极，贤人所以修身，皆在于此。"批评张氏直到深入性本原之说方才推行教的说法不合事理，将会导致遗弃伦理教化的后果，偏离了儒家主旨，陷于释氏之说。"则是圣人未至此地之时，未有人伦之教，……凡此皆烂漫无根之言，乃释氏之绪余，非吾儒之本指也。"

二是指"离位"与否。率性并未离开性之本位，修道之教不可以"离位"来论，"率性之谓道，未离本位。修道之谓教，不可以离不离名之也。"朱子指出，性不可以本位言，否则如物体一般有方位处所，"言性有本位，则性有方所矣"，和圣贤对性的超越说法相违背。再则无垢上章以"率性"为求中工夫，就"求"而言，则有离位之

---

① 《张无垢中庸解》，第 3475 页。

义。若非离位，何来求？

“一得天命之性”。无垢认为，颜子由戒惧工夫，于喜怒哀乐之中悟未发已发之几，一旦获得天命之性善者，即深入其中，而忘掉人欲，丧失我心，达到一种无我无人、无欲无识的境界。“张云：颜子戒慎恐惧，超然悟未发已发之几于喜怒哀乐处，一得天命之性所谓善者，则深入其中，人欲都忘，我心皆丧。”他还进一步提出，颜子拳拳服膺，实际已达到与天理为一、毫无私欲、人我皆忘的境地。“不识不知，我己且无有矣。”所谓圣人，不过知止于喜怒哀乐未发之处，故当于此处求之。朱子予以反驳：

> 愚谓超然悟未发已发之几，《中庸》无此意也。喜怒哀乐，莫非性也。中节则无不善矣，不知更欲如何得之，而又如何深入其中也？若此，则是前乎此者未得此性，而常在性之外也耶？且曰“我心皆丧”，尤害于理。①

他认为，《中庸》此处并无悟意，喜怒哀乐本来即是性，中节即善，不存在得性与深入其善之说。否则，在此未悟之前，未得性而在性外乎？所谓“我心皆丧”说大大有害于理。张氏对颜子之论述，近乎阿谀而无所准则，盖颜子并未达到如此之高的圣人境界。显然，张氏的“得性”说实际并非得到义，乃是领悟义。朱子为了批评无垢，居然将“喜怒哀乐”之情直接等同于性，是非常罕见的（仅此一次）。尽管性由情显，但朱子成熟说法是喜怒哀乐是情，未发才是性，情有中节不中节之分，故不能直接说喜怒哀乐是性。

以性觉性。针对“君子以人治人改而止”，张氏提出人就是性，以人治人就是以我性觉彼性。“人即性也，以我之性，觉彼之性。”② 朱子指出，此非经文本意，乃释氏说。张氏说存在理论上的矛盾，天命谓性，性无彼此之分，为天下公共之理，其理一也。性作为人之为人的本质，为人天生所固有，不存在得失假借之可能，故无法“以”之。“愚谓经文，初无此意，皆释氏之说也。且性岂有彼我乎？又如之何其能以也？”释氏特别重视“觉”，张氏“性觉”说，体现了中国佛学的特点，朱子则站在儒学的立场重视复性说。

见性尽性。张氏将见性与由乎中庸结合论述。“张云：使其由此见性，则自然由乎

---

① 《张无垢中庸解》，第 3476 页。
② 《张无垢中庸解》，第 3478 页。

中庸，而向来无物之言，不常之行，皆扫不见迹矣。"他指出，如果有人能因他人之觉悟而见其本性，则自然能够实现中庸。而此前言行之无物无常，皆扫除无遗了无痕迹矣。朱子予以批驳：

> 愚谓"见性"本释氏语，盖一见则已矣，儒者则曰"知性"，既知之矣，又必有以养而充之，以至于尽，其用力有渐，固非一日二日之功。日用之际一有懈焉，则几微之间，所害多矣……然释氏之徒，有既自谓见性不疑，而其习气嗜欲，无以异于众人者，岂非恃夫扫不见迹之虚谈，而不察乎无物不常之实，弊以至此乎。①

见性本佛学术语，指证悟到佛性本空。儒者则言知性，由知性而进于存养扩充，以至于尽性。此本于孟子"尽其心者，知其性也，知其性则知天矣。"儒佛之别在于：佛以见性为终极目的，见性之后更无余事。儒者则要历经由知性到尽性的长期充养扩充过程，需要在日用之间作持久的实践积累之功，而且工夫须持之以恒，不得有丝毫的懈怠中断；须精粹不杂，不得有丝毫走作向外。孔子所授颜回克己复礼为仁之方，曾子易簀战战兢兢之叹，正表明儒者知性尽性工夫之难。而张氏所言显非此类。佛学者虽有自命不凡，宣称见到性空者，但其人格修养、习气欲望则和常人一般，并未见其实有所得之处。导致这种情况的原因在于佛氏扫迹之说空谈无根，未能审察"无物不常"之真实意义，导致排斥事物落于空虚之病，张氏之说正是如此。

张氏认为若诚呈现出来，则己性，以及人性、物性直至天地之性皆能呈现。"张云：此诚既见，己性亦见，人性亦见，物性亦见，天地之性亦见。"朱子指出，《中庸》本言至诚尽性，而非诚见性见，"见"与"尽"意义大不相同。此不同正是儒佛所别：佛氏以见性为极致，而不知儒者尽性之广大。"经言惟至诚故能尽性，非曰诚见而性见也。见字与尽字意义迥别，大率释氏以见性成佛为极，而不知圣人尽性之大。"②

2. 戒慎恐惧："自戒慎恐惧酝酿成中庸之道"

张氏对戒慎恐惧极为重视，视为全篇枢纽，反复言说。仅就朱子所引 52 条来看，

---

① 《张无垢中庸解》，第 3478 页。
② 《张无垢中庸解》，第 3488 页。

论及戒惧者即有 17 条之多。朱子对此痛加批评。

"未发以前戒慎恐惧"。张氏认为戒惧是未发以前工夫，使内心达到毫无私欲的状态。"未发以前，戒慎恐惧，无一毫私欲。"朱子则认为戒慎恐惧是已发，未发之前是天理浑然，"愚谓：未发以前天理浑然，戒慎恐惧则既发矣。"① 这和他以后的看法恰好颠倒，在中和之悟后他将戒慎恐惧当作未发，慎独当作已发。张氏进一步提出，通过戒慎恐惧工夫来存养喜怒哀乐之情感，以获得中和境界，来安顿天地、养育万物。"由戒慎恐惧以养喜怒哀乐，使为中为和，以位天地育万物。"而朱熹则从"本然、自然"的立场予以反驳：

> 愚谓：喜怒哀乐之未发，乃本然之中，发而中节乃本然之和，非人之所能使也。天地位焉，万物育焉，亦理之自然。今加"以"字而倒其文，非子思之本意矣。此乃一篇之指要，而张氏语之辄有差缪!②

喜怒哀乐之未发，乃是本然具有之中；发而中节，是其本然之和，中和是一本然状态而非人力所能为。天地位、万物育亦是理的自然发用，张氏"以位"之说则变自然效用为须用工夫来达到的目的，违背了子思之意。另外值得注意的是，朱子承袭延平说，认为中和问题乃是"一篇之指要"，晚年乃改变之，采用龟山全章乃一篇体要说。

"戒慎恐惧二句，横贯《中庸》一篇之中"。以戒惧之说来贯穿中庸，实为张氏《中庸解》一大特色。兹举数例。张氏认为"无忧者其惟文王"中"无忧"的原因在于：通过戒惧工夫达到无所不中和的境界，处此境中必然无忧也。因处此中和之中，故文武父子必定皆贤。朱子批评该说牵合勉强，疏阔无理。张氏同样以之解释博学，认为"博学者，戒慎恐惧，非一事也"。朱子认为，戒惧是笃行而非博学。在张氏看来，戒慎恐惧可解释《中庸》所论及的各种问题。如认为"大莫能载小莫能破"的原因在于"以其戒慎恐惧，察于微茫之功"也。朱子提出此说乃是极力形容道体无穷，而非如张氏说。关于"君子未有不如此而蚤有誉于天下者"，张氏提出"如此"是指

---

① 《张无垢中庸解》，第 3475 页。
② 《张无垢中庸解》，第 3477 页。

"予所谓戒慎不睹恐惧不闻也"。朱子认为实指上文"君子之道本诸身"以下。① 张氏又认为"大德必受命"说是为了勉励天下人进德修业，当从戒惧开始用功，而以位禄名寿作为自身之德是否进步之表现。朱子批评张氏从功利角度解释，会造成极坏影响。盖德盛与名位禄寿有必然联系，是必然之理，并非仅仅用以鼓励人进德的姑且之辞，学者亦不须以此为道德是否进步之表现。确实，在常人看来，内在之德与外在之禄位并无必然联系，这从经验角度可以得到证实。且个人之进德并不在乎是否受命。故张氏将其解释为勉励之辞，视为一种进德与否的表征，并无以功利诱人之义。但与文本之义恐有不符。朱子进一步剖析，因张氏以戒惧一说横贯《中庸》全书，故屡屡造成牵合附会之病。张氏解经为了证成己意，完全不顾义理如何，且严重违背了文本自身所具有的正常体势。"张氏戒慎恐惧二句，横贯《中庸》一篇之中，其牵合附会，连章累句，已不容——辨正矣。"②

"自戒慎恐惧酝酿成中庸之道"。张氏如此重视戒惧，用以解释全篇，是因为他认为中庸之道正是从戒惧工夫之中逐渐"酝酿"而成的。"君子自戒慎恐惧酝酿成中庸之道。"朱子批评"酝酿"不对，盖中庸之道乃天理自然，终始存在，并非因酝酿而产生。朱子的批评亦未见得贴切，张氏酝酿与戒慎恐惧并列，指工夫之长久义，并非形容中庸之自然。

3. 辨忠恕："知一己之难克而知天下皆可恕之人"

张氏对忠恕的阐发，遭到朱子最严厉批评，成为朱子最不能容忍的解释，认为其言"最害理"。那么张氏说了什么呢？他说：

> 恕由忠而生，忠所以责己也，知己之难克，然后知天下之未见性者，不可深罪也。

又曰：

> 知一己之难克而知天下皆可恕之人。

---

① 《中庸章句》特意言："所谓此者，指本诸身以下六事而言"。
② 《张无垢中庸解》，第 3491 页。

在对忠恕的界定上，张氏继承程门之说而又有重大偏离，其肯定恕来源于忠符合程门之义，但认为忠是责己、克己，恕是饶人、恕人之说则不合程门说。程子明确肯定"尽己之谓忠，推己之谓恕"。故朱子肯定无垢"恕由忠生"说可取，但对"恕"的理解有很大问题：

> 愚谓恕由忠生，明道、谢子、侯子盖尝言之。然其为说，与此不相似也。若曰"知一己之难克而知天下皆可恕之人"，则是以己之私待人也。恕之为义，本不如此。《正蒙》曰："以责人之心责己，则尽道；以爱己之心爱人则尽仁；以众人望人则易从。"此则物我一致，各务循理而无违矣。圣贤之言自有准则，所谓以人治人者，虽曰"以众人望人"，然而必曰"道不远人"。则所以为众人者亦有道矣。以己不能克其私，而并容它人使之成其恶，则是相率而禽兽也。其为不忠不恕，孰大于是？①

所谓尽己，朱子理解为竭尽全部心力而毫无私意，推己则是在尽己的基础上推扩及人，即己所不欲勿施于人的絜矩之道。张氏提出，一己之私难以克除，唯有见性者方能做到完全克除己私，明乎此，故对凡未能克除己私者、未能见性者皆加以宽恕，此即忠恕义。显然，张氏把忠理解为严以责己、恕为宽以待人。朱子批评张氏是以一己之私来对待天下之人。忠恕的本质是表现为如何对待人己关系，他引用张载《正蒙》说表明态度，张载指出，应当以责备要求他人之心来要求自己，因为人常常待己宽而律人严。以爱护自己之心来爱护别人，因为人具有自爱的本性，对他人之爱则存在推扩的过程。对待他人，张载则提出应当以普通民众的要求眼光来看待他人，即待人以宽之义。只有抱有责人以责己、爱己以爱人、众人以望人之心，才能做到人我之间心意相通、彼此一致，而各得其所、各守其则。

此外，朱子特别指出，尽管是以"众人望人"，但此中仍有准则标准在，不能偏离正道，否则会流于毫无原则的乡愿。如张氏之说，则是因己私难克而容忍他人私心之存在，以至于由此而发展为罪恶之事，其后果是诱导天下人皆流于禽兽境地，完全背离了儒家忠恕之教。就此可见，张氏站在肯定现实生活中人（包括自身）皆有私意存在的立场，得出彼此包容的结论。循此而行，当然是无法达到儒家之道了，也丧失了

---

① 《张无垢中庸解》，第 3479 页。

一个儒者的基本立场。其实，朱子未尝不承认现实生活中人皆有私意存在，但正是如此，就需要大家一起来相互努力，克除私意，以进于圣人之道，而忠恕正是作圣之功所在。朱子对张氏的忠恕批评一生保持未变。① 将张载的忠恕解写入《章句》。

"驰心高妙而于章句未及致详"。朱子进而剖析张氏产生严重误解的原因在于章句文义理解的偏差。张氏对下文"所求乎子以事父未能"的点断理解是："子事父、臣事君、弟事兄、朋友先施之，皆曰求者，盖所以致其察也。察子之事父，吾未能，安敢责父之爱子乎！"张氏认为，此处断为四句，分别在父、君、兄、之后断。如张氏解，则理解为子父、臣君、兄弟、朋友之间的单边关系，即深入考察儿子侍奉父亲所应尽之道，而反思自身亦未能做到。因此，未敢要求父亲对儿子给予爱护之道。朱子指出张氏断句有误，"察"字理解有误。

> 愚谓此四句当为八句，子臣弟友四字是句绝处，求犹责也，所责乎子者如此，然我以之事父，则自有所未能……非如上章所云，以己难克而并容他人也。且又曰"察子之事父吾未能，则安敢责父之爱子乎？"则是君臣父子漠然为路人矣……盖其驰心高妙而于章句未及致详，故因以误为此说。②

此处当分为八句，应在子、臣、弟、友之后点断，这种断句的差别体现了两种不同理解，朱子理解为子父、父子双边关系，即要求儿子对自己应做的，自己对父亲也没有做到，此时的"我"处于上下交错的人际关系中，"求"与"责"是同义（而非张氏的"察"）。当由张子《正蒙》"以责人之心责己则尽道"说来自我劝勉，推扩，而并非如上章张氏所云"因为自身私意难以克除而容忍他人之私"，这样对私意的包容必然导致人心的堕落。张氏提出子未尽事父之道，因而不要求父尽爱子之道的做法将

---

① 在《中庸或问》中，朱子继续批评张氏忠恕说，认为此说后果极其严重，"此非所谓将使天下皆无父子君臣者乎！侯氏之言，于是乎验矣"。《朱子语类》亦以张氏说为反面典型。"今人只为不理会忠，而徒为恕，其弊只是姑息。张子韶《中庸》有云：'圣人因己之难克，而知天下皆可恕之人。'即此论也。今人只为不能尽己，故谓人亦只消如此，所以泛然亦不责人，遂至于彼此皆自恕而已。"璘。可学录云：张子韶解《中庸》云："以己之难克，而知天下皆可恕之人。'因我不会做，皆使天下之人不做，如此则相为懈怠而已。此言最害理！"（《朱子语类》卷四十二，第 1485 页）

② 《张无垢中庸解》，第 3480 页。

导致君臣父子关系的疏远,这是与儒家教化完全背道而行的。张氏之所以有此错误的思想,源于其深受佛学用心于空虚高明之所的影响,对文本章句未加详细审查。

"当于忠恕卜之"。张氏还提出,应当从是否做到忠恕来审察戒慎恐惧的效果,即戒惧为工夫,忠恕为效用;忠恕之效用又当自父母身上审察之。盖忠恕最切近者为事父母。"张云:欲知戒慎恐惧之效,当于忠恕卜之。欲知忠恕之效,当于父母卜之。"①朱子批评张氏之说牵强无理,视至尊的父母为卜算之物,其说已陷入"二本"而不知。张氏显然是比喻手法,朱子过于从字面理解。

4. 诚:无息为诚、知诚行诚、注诚于身、诚之为贵

"认专为诚"与"无息为诚"。关于诚的理解,张氏指出学者多将"诚"误认为"专",至诚者不息,若专则息矣。语言断绝,应对酬酢皆离开本位也。"世之论诚者多错认专为诚,夫至诚无息,专非诚也。以专为诚则是语言寝处,应对酬酢,皆离本位矣。"朱子予以反驳:

> 专固不足以尽诚,然遂以无息为诚,则亦误矣。盖惟至诚为无息,非因其无息而命之以诚也。②

"专"固然不足以表达"诚"之内涵,但如张氏以"无息"为诚,亦是错误。至诚之效用是不息,而非因无息方有诚之名义也。"离本位"亦非圣人说,乃是佛老之见。此意朱子始终未变,故《章句》言"诚故不息"。

"行诚不若知诚明,知诚不若行诚大"。张氏将《中庸》二十章的"所以行之者一"的"一"理解为"诚",即行知仁勇三达德的是诚。朱子《章句》亦解为"诚"。但张氏接着对"诚"作出了有差别的解读,他说:

> 行知仁勇者,诚也,而所以知此诚者,非他物也,亦即诚也。所以行此诚者,非他物也,亦即诚也。此圣人极诚之所在而指之也。又云:诚字虽同,而行知仁勇之诚,不若知诚之诚为甚明,知诚之诚,不若行诚之诚为甚大也。③

---

① 《张无垢中庸解》,第 3481 页。
② 《张无垢中庸解》,第 3485 页。
③ 《张无垢中庸解》,第 3483 页。

不仅行三达德者为诚，而知此诚、行此诚者，亦是诚。此乃是圣人将诚推阐至极致而指示之。虽然是同一个"诚"，其内涵却有差异。行之诚不如知之诚高明透彻，知之诚又不如行之诚广大周遍。朱子指出，张氏在文本解读上存在错误：

> 经文"所以行之者一也"，与"及其知之一也"、"及其成功一也"，两句立语命意不同，张氏似误作一例读之，故其为说如此。文义犹不暇通，而遽欲语其精微，此其所以失之也……然推其本原，则生生化化，见见闻闻之绪余也。①

朱子认为，"行之者一"与后面"知之一""成功一"所论话题主旨不同，前者论知仁勇与诚的关系，后者则专论知仁勇与知行的关系，而张氏搅做一团，视为一例。在错误的文义解读基础上，想要阐发文本的精微之义，显然是不可能的。而且将同一个诚，强行分裂为三，并分别优劣，源于其未能穷究天理，循准则，逞私意，过于往高处阐发所造成的后果。其思想根源则在于老佛"生生化化、见见闻闻"之说。

张氏继续讨论"行诚"，指出"世之行诚者，类皆不知变通，至于诵《孝经》以御贼，读《仁王》以消灾"。② 朱子据"诚"在儒家思想中的体现予以反驳：

> 圣贤惟言存诚、思诚，未尝言行诚……谓之行诚，则是已与诚为二，而自我以行彼……至于诵《孝经》以御贼，盖不知明理而有迂愚之蔽，以是为行诚而不知变通。③

儒家思想中只有存诚、思诚，而无行诚说。通过思诚、存诚工夫，使诚内在于己，则其所行所发皆出于诚、合乎诚。而行诚说则把诚视为一个外在于己的事物，造成自我与诚的分裂，完全背离了诚之意义，后果极其严重。至于诵《孝经》御贼之说，其误在于事理不明而有迂腐愚蠢之弊，与诚无关。诵《仁王经》者，乃异端之见。且张氏说似乎又有"以专为诚"的弊病。

"注之于身则身诚""养诚于平日"。张氏关于诚的效用确有许多近乎佛老的过高之说。如他指出，注诚于身则诚，于亲则悦，于友则信，于君民则治。朱子指出，若

---

① 《张无垢中庸解》，第 3483 页。
② 《张无垢中庸解》，第 3485 页。
③ 《张无垢中庸解》，第 3486 页。

能明善则自然诚身，此是理之自然。由身诚至于亲、友、君、民皆然，此是德盛自然所至。若言"注之而然"，则认为诚身与亲、友、君、民存在距离，尚须注入之过程，已陷入最大之不诚。"身诚则亲自悦……今曰注之而然，是设之于此，射之于彼而冀其必然也。"① 再如"诚之所在，击触转移"说，"不诚无物"解为"吾诚一往，则耳目口鼻皆坏矣"说确实怪异。② 朱子提出，诚不可以"吾"言，盖诚为本体，"无人我之别"，为普遍之理，无处不在，无物不有，"无彼此之殊"，故不必言往。耳目口鼻，亦无一旦遽坏之理。张氏还提出养诚说，"凡事豫则立"指"欲学者养诚于平日"③，朱子认为此处文意是"立诚"而非养诚，如已达到了诚，就不存在预先存养了。

诚明、明诚。张氏认为，诚明谓之性，是指资质上等之人修道自得而合乎圣人教化；明诚谓之教，则是由遵从圣人教化以达到上智境界者。若有上智自得而不合乎圣人教化者，则为异端。"张云：由上智之自得而合乎圣人之教者，性也。由遵圣人之教而造乎上智之地者，教也。上智自得而不合于圣人之教，则为异端矣。"此说遭到朱子严厉斥责：

> 张氏于诚明之说，盖未尝深考，而为此说以合其素论，观其自处傲然，已在诚明之域矣……夫岂不自知其已失身于此，而故为是言者，是乃所谓改头换面，阴予而阳跻之，将以自盖其迹而幸人之不疑已，其为不诚莫大于是。④

朱子认为张氏对诚明理解的偏颇，适反映出其傲然自处于诚明之境，而实际陷于异端之学。故为此说的目的，是想通过"改头换面、阴予阳跻"的方式来达到掩盖其佛老之迹，避免别人怀疑的目的，此恰是其最大不诚之处。其实，张氏此说意在强调"合圣人之教"的重要性，以划清与佛老的界限，朱子的理解似乎有点"草木皆兵"、忌讳过度。

诚与诚之。张氏在"君子诚之为贵"的解释中提出，"诚未足贵，诚而又诚之，斯足贵也"。朱子认为此解未能正确理解诚的含义，"且既诚矣，以为未足贵，则前之所谓诚者，无乃为弃物与？……且诚者天之道，岂亦未足贵，必待诚之者人之道乃足

---

① 《张无垢中庸解》，第3486页。
② 《张无垢中庸解》，第3489页。
③ 《张无垢中庸解》，第3485页。
④ 《张无垢中庸解》，第3487页。

贵耶?"① 天下之理皆出于诚，诚为最贵。若诚不足贵，诚之为贵，则诚又有何意义?而且此说颠倒了诚与诚之的本体与工夫、天道与人道关系。②

"变化天地皆在于我"。至诚无息章张氏提出天地之自章、自编、自成，其动力皆在于至诚不息之圣人，天地亦因此至诚不息而产生造化之妙用。"天地亦大矣，而使之章、使之变、使之成，皆在于我。又曰：天地又自此而造化之妙矣。"朱子从文义与事理两面作出批驳：

> 张氏乃以为圣人至诚，于此能使天地章明变化于彼。不惟文义不通，而亦本无此理。其曰"天地自此而造化"，语尤险怪。盖圣人之于天地，不过因其自然之理以裁成辅相之而已。若圣人反能造化天地，则是子孙反能孕育父祖，无是理也。凡此好大不根之言，皆其心术之蔽，又原于释氏心法起灭天地之意，《正蒙》斥之详矣。③

张氏首要之误在于对本章文义理解有差，所谓不见、不动、无为皆是言至诚之理的效用，此理与天地之道相合。张氏则以为此言圣人至诚之效用，使天地彰明变化，不仅文义不通，且不合事理。而"天地自此造化"说更加危险奇怪，颠倒了圣人与天地上下关系，圣人之行不过是因任天地自然之理裁成辅相而已。若如张氏说，则圣人反而造化天地，推测张氏说之蔽源于佛学"心法起灭天地"之说，此已被《正蒙》所斥责了。④

5. 知论："移诠品是非之心于戒慎恐惧"

"知所以好学者谁"。在"三近"的理解中，张氏通过字义解释提出新解：

> 近之为言以不远也，不远即在此而已，第知所以好学者谁，所以力行者谁，所以知耻者谁，则为知仁勇矣。见于言语文字者，皆近之而已。惟人体之，识所

---

① 《张无垢中庸解》，第 3489 页。
② 张氏说是不是佛氏悟不足贵，悟后保任更为可贵之义。
③ 《张无垢中庸解》，第 3490 页。
④ 张载言，"释氏不知天命，而以心法起灭天地，以小缘大，以末缘本，其不能穷而谓之幻妄，真所谓疑冰者欤?"《张载集·大心篇》，中华书局，1978，第 26 页。

以体者，为当几而明，即事而解，则知仁勇岂他物哉。

张氏认为"近"是"不远"之义，"不远"又是"在此"之义，如能切实知道所以好学、力行、知耻者是谁，那么就做到了知仁勇。纸面文字所言总总，都不过是"近之"而已。只有以身体证者，认识到当机而明、即事而解者，方能领悟知仁勇即在其中。朱子亦由文义解释出发予以反驳：

> 张氏以为不远者是矣，而又曰"即在此而已"，何其言之相戾也……夫好学力行，知耻在我而已。又必求其所以如此者为谁而后为至，则是身外复有一身，心外复有一心，纷纷乎果何时而已耶？……详求圣人之意，决不如是，特释氏之说耳。此章之指，惟吕博士之言，渊悫有味，庶几得之。①

指出张氏对"近"的"不远"与"在此"两种解释是相互矛盾的，子思"三近"说为指示学者入德之门，"近"当是不远之义。张氏为了将其解引入佛学荒唐之说中，故做出此种阐发，其所言知好学力行知耻者为谁，导致身外有身、心外有心的情况。"三知"主体为我无疑，不存在向外再探究一个主体的问题。故张氏之说非圣人意，乃佛氏无疑。的确，张氏强调三近的自我主体意识，包含着佛教假我和真我的理论，当机、解悟之说，显然亦为佛氏套路。朱子指出，此处之解只有吕大临说最为深厚朴实，滋味深长。《章句》亦采用其说，显出朱子此时对程门中庸学已颇为熟悉。

"如其知仁勇，则亦不期于修身"。张氏指出，如果做到了知仁勇，则对九经无所期待用力而九经自然得到实行，一一合乎其道。"如其知仁勇，则亦不期于修身……又曰：九经以次而行，皆中其会矣。"朱子指出此说会造成不良后果：

> 如张氏之云，则九经皆剩语矣。圣人之道所以异于异端者，以其本末内外一以贯之，而无精粗之辨也……而张氏忽之如此。盖每事欲高于圣贤一等，而不知凭虚失实。

若如张氏解，则九经皆为多余之说，圣人反复细致论述九经，正是圣人之道精粗本末、内外一贯的体现，亦正是儒佛差异所在。张氏一心仰慕佛学高远虚灵之说，欲

---

① 《张无垢中庸解》，第 3484 页。

高出圣贤而忽视了实地事为之功。

"移诠品是非之心于戒慎恐惧"。张氏指出，常人只是知道用知识去品评判断是非，而不知用之于戒惧恐惧工夫。若能移此就彼，方为大知。此说显然意在突出道德实践之知的优先性。"人皆用知于诠品是非，而不知用知于戒慎恐惧，使移诠品是非之心于戒慎恐惧，知孰大焉。"① 朱子由此读出佛学的印迹：

> 故诠品是非，乃穷理之事，亦学者之急务也。张氏绝之……然斯言也，岂释氏所称直取无上菩提，一切是非莫管之遗意耶？呜呼，斯言也，其儒释所以分之始与！

朱熹以穷理说批评张氏的移是非之心说，认为对事理是非的判断是天下正理，是一切知之开端，是人之本质和必须之当务，是行事合乎天理的必要前提。张氏完全忽视这一面，任其私知而不循天理，走向佛氏不问是非，仅求心证之途。讲求是非之知正可以作为判定儒释之分的第一标尺。有趣的是，朱子所引"直取无上菩提"与上文延平告诫朱子的"一超直入"说正好相应。可见朱子今非昔比。

"推知人之心以事亲"。张氏认为，戒惧致察乃知天之工夫，就知天之心推出知人，由知人推出事亲。朱子指出，此不仅仅是知天，而同时是事天工夫。因思亲故不可不知人，张氏推知人以事亲说大为悖理。

"知而未能行"。张氏提出知而未行的原因在于"未能运用诚"。朱子提出，知而未行的原因在于未能实有诸己，没有做到诚而不是未能运用诚。其次，此知而未行之知并非真知，而是半上半下之知，真知则必能行也。又次，诚不存在运用的问题，诚者无为而动，不行而成，是自然而然地形成某种结果。可见朱子此时已熟悉了真知说，以之解释知行问题。

"闻见未彻以悟为则"。在明善的讨论中，朱子多次采用佛学术语批判张氏。张氏提出对格物的看法："格物致知之学，内而一念，外而万事，无不穷其终始，穷而又穷，以至于极尽之地，人欲都尽，一旦廓然，则性善昭昭无可疑矣。"格物致知乃是从内外两面用功，包括内在意念与外在事物，皆要探究其终始，反复用功，达到人欲皆无的极致之地，此时心底廓然，唯有人性之善昭昭显露。由格物证悟到性善，使性善呈露彰显。朱子指出，格物当以二程之说为准，张氏之说乃是佛氏"看话头"的做法，

---

① 《张无垢中庸解》，第 3476 页。

背离了圣贤本旨，其弊病与吕本中《大学解》一致。"格物之学，二先生以来诸君子论之备矣。张氏之云乃释氏看话之法，非圣贤之遗旨也。吕舍人《大学解》所论格物正与此同。"① 吕氏认为致知在格物的知，乃"良知也，与尧舜同者也。理既穷，则知自至，与尧舜同者忽然自见，默而识之"。朱子指出，"致知格物"乃"大学之端，始学之事"。当通过逐一探究事物之理，通过长期积累之功，达到贯通效果。若如吕氏说，则陷入佛氏"一闻千悟，一超直入"之虚妄之谈，而非圣门明善诚身实践之学。吕氏提出，"草木器用之理，吾心存焉，忽然识之，此为物格。"朱子批评吕氏此说有误，未能区别学者用功先后缓急之序，区别体验之方，其忽然识之之说，乃"释氏闻声悟道、见色明心之说"，对实际事物之理忽视不顾。吕氏又言"闻见未彻，正当以悟为则。所谓致知格物，正此事也。"朱子指出，"以悟为则，乃释氏之法，而吾儒所无有。"吕氏所言去文字，务体究，各任事物之说亦遭到朱子批评，朱子认为，儒者正当读书原得失，应事察是非，如吕氏说，则导致理事为二，摒除事物而后穷理之弊病。对事物之处理当察其是非而非任之不管。在"圣人有所不知不能"的讨论中，张氏认为这是源于"中庸无止法"的缘故。如圣人"自谓知能"，则中庸变成有所止了。朱子反向回应，《大学》之道在于知所止，如果不知止，则有过高和卑陷之弊，无法达到中庸。

"武王之举为危道。"此外，朱子还就张氏关于圣人的理解提出批评。如在"无忧者文王乎"的解释中他提出"武王之举为危道"说，朱子批评之，认为武王作为圣人，其革命之举虽不同于文王，但属于权变，仍然合乎儒学之中道，并非侥幸之举，而是顺天应人之事，故安而不危。这涉及文王与武王的评价，关键是如何看待汤武革命。虽然，就孔子韶乐尽善尽美、武乐尽美而未尽善之感慨，反映了对文、武态度有别。孟子亦有尧舜性之，汤武身之之别，朱子亦不否认文武之别，但坚决主张武王革命的正当性、合法性，是"顺天应人"之举。张氏还认为周代之法弊端甚多，孔子又不在尊位，不好随便加以评论，只好勉强服从周代法度，"曲意以从周之法度也"。朱子指出，张氏心归释氏而对儒学曲加解释，由来已久，故其窥探圣人者如此。"张氏归心乎释氏而曲意于儒者，故其所以窥圣人者如此。"

6. 章句工夫："因章句看不成句，却坏了道理"

朱子在从学延平时即体现出好章句之学的特点，其对文本义理之探究给延平很深

---

① 《张无垢中庸解》，第 3486 页。

的印象。这也是朱子经典诠释与其他理学家的一个殊异所在。对文义辨析、章句之学的重视，亦淋漓尽致地体现在朱子对张九成《中庸解》的批评中。关乎忠恕理解的"所求子"一段的章句理解，朱子一生未能释怀，晚年还以此为典型批评以章句之学为陋的看法，提出"因章句看不成句，却坏了道理"的强势表述，突出了章句在义理理解中的优先性。这给我们一种强烈的暗示，章句之学于朱子而言，不是一般的文字解释，而是为学为道的工夫，是必要工夫，是首要、根本工夫。他说：

　　　　张子韶说《中庸》"所求乎子以事父，未能也"，到"事父"下点做一句……而今人多说章句之学为陋，某看见人多因章句看不成句，却坏了道理。贺孙。①

就短短的五十二条《中庸解》来看，朱子多次指出张氏对文本的断句、字义理解有误，导致义理产生重大偏差。其中尤以"察"字的解释为有意味。除上引"所求乎子以事父"以"求"为"察"外，在"言顾行"的理解中，亦指出张氏将"顾"理解为"察"过于牵合，张氏所犯毛病在于就某一字义任意推衍，而不顾其是否合适可取。典型者如"戒慎恐惧"，忠恕、知仁勇、发育峻极等，张氏亦是将其贯穿全篇，任意使用。

　　　　顾者，察也。愚按上章以求为察，固已无谓。此又以顾为察，尤为牵合。大抵张氏之为是说，得一字可推而前者，则极意推之，不问其至于何处，与其可行不可行也。篇内所谓戒慎恐惧，下章所谓忠恕，所谓知仁勇，所谓发育峻极，皆此类也。②

对费而隐章主旨的把握，"察"字亦很关键，朱子批评张氏把"上下察"的"察"理解为动词"审察"（大多数人如此解，朱子早年亦如此解），此处引《诗》意在"发明道体之无所不在"，而非强调审察，乃是"着察"义，此意程子、上蔡已言之，如此才符合子思之义。张氏认为喜怒哀乐未发之前已通过戒惧工夫开始致察，"察"无所不在。通过此"察"来养中和，在未发已发之间起为中和，使中和彰显之。朱子批评"起而为中和"说大悖理而不可理喻。但对"察于天地"之"察"，对张氏的察见说没

---

① 《朱子语类》卷五十六，第 1814 页。按：国内已有学者注意到朱子章句之学的重要，如方旭东《章句之学不可忽——朱子〈论语集注〉"可与共学"章的章句问题》，《厦门大学学报》2014 年第 4 期。
② 《张无垢中庸解》，第 3486 页。

有批评，认为是致察义，朱子后来则理解为"显著"。

朱子认为，章句之学的疏略是导致张氏该书（学术）产生稀奇古怪、匪夷所思特点的重要原因。朱子对张氏的评价是，"张氏之书，变怪惊眩盖不少矣。犹以为无有，不知更欲如何，乃为变怪惊眩之哉。"① 如张氏把"此天地之所以为大"解释为由此可见夫子实未尝死，天地乃夫子之乾坤。朱子认为"不死之云，变怪骇人而实无余味"。②

三　理学内部阳儒阴佛思潮的"门户清理"

朱子在融汇前辈思想以建构理学学术大厦的同时，始终不忘"门户清理"的工作。尤其注意清理洛学内部阳儒阴佛思潮，认为洛学内部已经构成了一个"禅学化"集团，有其发展脉络和各阶段代表人物，危害极其之大。故该书看似针对张氏一人而发，其实具有普遍意义。

朱子以无垢为主线，清理出理学内部具有传承关系的"禅化"集团，其三个代表分别是谢良佐、张九成、陆九渊，且越往下其禅学程度越深，表现越明显，危害也就越大。朱子指出上蔡入佛的表现主要在以知觉言仁，认为见心即仁，把心与仁直接等同起来，违背孔门之义，是由儒入佛的一大转向。其思想尽管隐秘，其源头乃分明是禅了。上蔡禅学程度尚轻，尚在儒学门户之内，不敢与儒学决裂。到了张九成，则又更进一步了。张氏亦主张以觉言仁，并变本加厉了。与谢氏不同，张九成有确切的佛学师承，拜师大慧宗杲，并深得其器重，因其气质豪雄粗疏，故与宗杲非常投缘。张氏大胆采用禅学，与儒家之说公然相冲突亦不顾，争夺门户，惑乱人心。张氏作为士人好佛的名士，树立了坏榜样，还把当时另一名士汪应辰引入佛门。集宋代士大夫佛学真正大成的则是陆九渊，其对儒学的背离又远在前人之上。朱子在与陆氏兄弟（子寿、子静）见面前，便风闻二兄弟学宗张氏③，内心颇为不安。越到晚年，尤其是与陆氏学术对立日益明显之后，就越加笃定金溪之学就是禅学，是真正的禅学，并根据自身学佛经验现身说法，指出张栻、吕祖谦因未学佛的缘故，未能看出陆氏之学的要

① 《张无垢中庸解》，第3490页。
② 《张无垢中庸解》，第3491页。
③ "陆子寿闻其名甚久，恨未识之。子澄云其议论颇宗无垢。不知今竟如何也?"（《晦庵先生朱文公文集》卷三十三，《答吕伯恭》，第1445页）

害，其实只要看看相关佛经如《楞严》等，陆氏佛学的本质就一目了然了。陆氏之天分、口才，影响皆较前者远甚，且与朱子同时，故成为朱子一生挥之不去的心病。

（盖卿录云"孔门只说为仁，上蔡却说知仁。只要见得此心，便以为仁。上蔡一转"云云。）上蔡一变而为张子韶。上蔡所不敢冲突者，张子韶出来，尽冲突了。近年陆子静又冲突出张子韶之上。方子。①

又说张无垢参杲老，汪玉山被他引去，后来亦好佛。②

今金溪学问真正是禅，……试将《楞严》、《圆觉》之类一观，亦可粗见大意。③

朱子选择张九成作为突破口，试图端正"禅者之经"的学术倾向，用心良苦。张九成人品高洁伟岸，学有渊源，曾问学于杨龟山，是二程学派的传人，为南宋初期思想界的重要人物。④ 而且，张氏"以禅解经"的著作当时很受欢迎。朱子非常警惕"内部人士""禅者解经"的佛化倾向，它表明佛学思想对儒家侵蚀极深，危害极大。故朱子直接将张氏说视为"洪水猛兽"，以突出其对学者心灵的巨大负面作用。朱子视张氏为"禅者解经"的代表，这种"禅者"不是信佛僧人，而是佛化的儒家学者。"后世之解经者有三：一儒者之经，一文人之经，东坡、陈少南辈是也，一禅者之经，张子韶辈是也。"⑤ 朱子对张氏"可怪"之说一向秉持拒斥、消除态度。对其著作在浙江之刊行数次极表忧虑，盖其著作是"坏人心之甚者"，深惧其贻害无穷。并由此反思自身当加强对儒学的研讨，以救其祸害。

---

① 《朱子语类》卷二十，第 707 页。"问：张无垢说仁者，觉也。"贺孙。（《朱子语类》卷二十，第 690 页。）又曰："上蔡多说知觉，自上蔡一变而为张子韶。"学蒙。（《朱子语类》卷一百二十三，第 3867 页。）

② 《朱子语类》卷一百二十六，第 3959 页。

③ 《朱子语类》卷一百二十四，第 3882 页。

④ 朱子认为张氏虽名出龟山门下，实则与龟山不同。相反，却将其与上蔡视为一路，值得玩味。"至于张子韶、喻子才之徒，虽云亲见龟山，然其言论风旨，规摹气象，自与龟山大不相似。胡文定公盖尝深辟之。"（《晦庵先生朱文公文集》卷四十一，《答程允夫》）如朱子亦称"张子韶人物甚伟"（《朱子语类》卷一百二十七）。全祖望亦认为："龟山弟子以风节光显者，无如横浦，而驳学亦以横浦为最。"（《宋元学案·序录》）

⑤ 《朱子语类》卷十一，第 351～352 页。

近闻越州洪适，欲刊张子韶经解，为之忧叹不能去怀。①

闻洪适在会稽，尽取张子韶经解板行，此祸甚酷，不在洪水夷狄猛兽之下。令人寒心，人微学浅，又未有以遏之。②

比见婺中所刻无垢《日新》之书，尤诞幻无根，甚可怪也。已事未明，无力可救，但窃恐惧而已。③

朱子发明"无垢句法"一词来概括张氏以禅解儒，凭空杜撰、"脱空狂妄"、肆意想象、无济于事的解经风格。④"无垢句法"作为一专有名词，朱子常用以警示弟子。指出这种错误不仅是文义理解问题，且关乎思想的根本走向，是不可容忍，必须改正的。由此形成一种"辟无垢"的氛围。如批评林择之"同一机者"之说"颇类无垢句法"。⑤ 且朱子弟子中确有张氏的崇拜者，他们甚至不满于朱子对张氏的批评，尤其在早期弟子中。如许顺之即是如此。朱子在给许氏的信中要求他以张氏之学为戒而不是为学。"如子韶之说，直截不是正理……此可以为戒而不可学也。"⑥ 在给石子重的信中评论张氏经解刊行之祸"不在洪水夷狄猛兽之下"，担心许顺之以此为诽谤张氏。"顺之闻之，必反以为谤子韶也。"⑦ 另一弟子虞士朋亦是张氏的推崇者，指出虞士朋解经最大问题就是受张氏影响太深，不知不觉流露"无垢句法"气象。"详其意味，似从张无垢议论中来。""但觉看得张无垢文字太熟，用意太切，立说太高。"⑧ 即便对得意高弟如吴伯丰、陈淳，只要解释稍有过高之处，朱子即以"无垢句法"告之。"宴安之说无之，味其言，似是无垢句法"。⑨"此段大支蔓，语气颇似张无垢，更宜收

---

① 《答许顺之》，《晦庵先生朱文公文集》卷三十九，第 1748 页。

② 《答石子重》，《晦庵先生朱文公文集》卷四十三，第 1924 页。

③ 《答吕伯恭》，《晦庵先生朱文公文集》卷三十三，第 1424 页。

④ "今人有一等杜撰学问，皆是脱空狂妄，不济一钱事。如'天下归仁'只管自说'天下归仁'……到念虑起处，却又是非礼，此皆是妄论。子韶之学正如此。"履孙。（《朱子语类》卷五十八，第 1857 页）

⑤ 《答林择之》，《晦庵先生朱文公文集》卷四十三，第 1977 页。

⑥ 《答许顺之》，《晦庵先生朱文公文集》卷三十九，第 1737 页。

⑦ 《答石子重》，《晦庵先生朱文公文集》卷四十三，第 1924 页。

⑧ 《答虞士朋》，《晦庵先生朱文公文集》卷四十五，第 2059~2060 页。

⑨ 《答吴伯丰》，《晦庵先生朱文公文集》卷五十二，第 2431 页。

敛。"① 对于初次来学者，朱子则会了解其学术背景，主动询问是否受过张氏影响，可见朱子之重视，这与朱子关注问学者是否从学金溪相似。如窦从周初见朱子时，曾问起之。"问曾看无垢文字否？某说亦曾看。问如何？"从周。德明录别出。②

朱子对无垢以禅解经的现象时刻注意抨击。如指出其解释孟子四端说"犹是禅学意思，只要想象"。对其《论语》评论较多，指出多有与上蔡相同处，如有学者问，"张子韶有一片论乞醯不是不直。上蔡之说亦然"。大雅。③ 又如关于温良恭俭让，"如张氏说，则《乡党》篇可废矣"。④ 指出张氏"忠告而善道"说虽文义不通，却因新奇而甚受欢迎，告诫学者对此等违背事理现象应有清醒认识。"子韶之说不通，与上下文义不相贯。近世学者多取此说，爱其新奇，而不察其不当于理。此甚害事，不可不知也。"谟。⑤

朱子尤为注意对其佛学思想加以剖析，如指出张氏认为佛氏有形而上而无形而下之说非常可笑，割裂了道之体用。"顷见苏子由、张子韶书，皆以佛学有得于形而上者而不可以治世。尝窃笑之。"⑥ 特别是批评张氏"事亲体认"说陷入"二心"说，实为禅学之当机认取，使事亲事兄的意义工具化，仅成为体认仁的手段。

顷年张子韶之论，以为："当事亲，便当体认取那事亲者是何物，方识所谓仁……"某说，若如此，则前面方推这心去事亲，随手又便去背后寻摸取这个仁……是二心矣。禅家便是如此，其为说曰："立地便要你究得，恁地便要你究得。"……某尝举子韶之说以问李先生。曰："……如此，则事亲事兄却是没紧要底事，且姑借此来体认取个仁义耳。"僴。⑦

小　结

据上述可知，朱子对张九成《中庸解》的辨析紧紧围绕文本字义与义理解析展开，

① 《答陈安卿》，《晦庵先生朱文公文集》卷五十七，第 2721 页。
② 《朱子语类》卷七十八，第 2673 页。
③ 《朱子语类》卷二十九，第 1063 页。
④ 《答董叔重》，《晦庵先生朱文公文集》卷五十一，第 2353 页。
⑤ 《朱子语类》卷四十，第 1426 页。
⑥ 《答韩无咎》，《晦庵先生朱文公文集》卷三十七，第 1623 页。
⑦ 《朱子语类》卷三十五，第 1304 页。

尤为注重揭示《中庸解》的佛老因素。朱子以雄辩的事实证明，对文义的把握绝非是可有可无的章句文字之学，而是把握思想义理的首要之关。无论是思想的正面建构还是反面批驳，皆须先从文义入手。它给我们的启示是：在朱子的为学工夫中，章句之学是其首要之门，与西方逻辑分析之学亦有相通之处，故应提高对其意义与价值的重视。对张九成的批判亦集中展现了朱子从学延平后这一时期的《中庸》水平，显示了与其后期成熟思想的延续性和差异性，真实记录了朱子思想发展的阶段特质，堪称朱子这一时期学术思想的总结。朱子在辨析中熟练运用大量佛学术语批判对方，体现了朱子对佛学的认知掌握，显示出对佛学入乎其内而出乎其外的思想自信。可见，辟除理学内部"禅者解经"的清理门户工作，与吸收前辈思想开展自身思想体系的建构，于朱子思想发展而言是一体两面，相辅相成的。

朱子中和说及其现代意义

林纬毅　蔡桂芳 *

摘　要　朱子有中和旧说和新说。旧说可赅义为：一、就天命流行之体不息之迹说未发已发；二、以未发为性、已发为心；三、致察操存天理本真以致中和。新说则是就喜怒哀乐之情说未发已发，而由心之寂然现性之浑然；一切动时的随事省察、即物推明，都必须以静时敬的涵养为主，而提出静养动察的工夫论。

朱子中和说的义理模式自有其可贵的现代文化意义与学术价值。从文化的表现形式言，朱子重视知识，可以看作是从中国文化心灵之中透显知性主体，以开出科学知识的一个现成的观念线索。朱子肯定圣贤教人之下学方法，是以孝悌忠信，庄敬持养为本，然后博观众理，近思密察，因践履之实，以致其知。致知的目的不止于成为知性的专家，而是作为内圣成德之学的基础。朱子认为读书是在书史中求理的所在，在接物待人上做到符合理。"致知"不仅是得到知识，而是做人的道理，这正是读书明理的金科玉律。

关键词　中和说　天命流行之体　已发未发　静涵动察

一　前言

《中庸》首章：

---

* 林纬毅，新加坡人，祖籍广东潮汕，新加坡国立大学哲学博士，现任华侨大学哲学与社会发展学院客座讲授，新加坡道教学院学术顾问暨课程讲师、新加坡亚洲研究学会副会长，主要研究方向为儒、法思想与东南亚民间信仰；蔡桂芳，台湾金门县人，华侨大学哲学与社会发展学院硕士研究生，研究方向为东南亚民间信仰。

天命之谓性，率性之谓道，修道之谓教。道也者，不可须臾离也，可离非道
也。是故君子戒慎乎其所不睹，恐惧乎其所不闻。莫见乎隐，莫显乎微，故君子
慎其独也。喜怒哀乐之未发谓之中，发而皆中节谓之和；中也者，天下之大本也；
和也者，天下之达道也。致中和，天地位焉，万物育焉。①

二十章、二十一章及二十二章：

诚者，天之道也；诚之者，人之道也……自诚明，谓之性；自明诚，谓之教。
诚则明矣，明则诚矣……唯天下至诚，为能尽其性；能尽其性，则能尽人之性；
能尽人之性，则能尽物之性；能尽物之性，则可以赞天地之化育；可以赞天地之
化育，则可以与天地参矣。②

《中庸》首章的"天命之谓性"与下篇的"诚"前后呼应，是中国先秦儒家思想
从宇宙论论说心性的精义。其中已发、未发及中、和、慎独所引发的性、情、心，成
为宋代理学的重要课题。

朱熹（1130～1200 年）思想，在新儒家大师牟宗三教授的厘定下，在宋明理学的
系统中是继承程伊川的思路，完成了心性为二的横摄义理系统。③ 朱子好学、深思，
从 37 岁参研中和的问题，一直对心性与已发、未发进行深思苦参，到了 40 岁时依程
伊川的思路，而有中和新说，并将已前此所说称为中和旧说。

朱子 43 岁时作《中和旧说序》，说明自己从旧说转向新说的经过。序文云：

余蚤从延平李先生学，受中庸之书，求喜怒哀乐未发之旨，未达而先生没。
余窃自悼其不敏，若穷人之无归。闻张钦夫得衡山胡氏之学，则往从而问焉。钦
夫告予以所闻，予亦未之省。退而沉思，殆忘寝食。一日，喟然叹曰：人自婴儿
以至老死，虽其语默动静之不同，然其大体莫非已发，特其未发者为未尝发尔。
自此不复有疑，以为中庸之旨果不外乎此矣。后得胡氏书，有与曾吉父论未发之

---

① 《中庸》第一章，见（宋）朱熹集注《四书集注》之《中庸章句》，岳麓书社，1987，第
25 页。
② 《中庸》第二十章、二十一章及二十二章，同上注，第 44～46 页。
③ 参考牟宗三《心体与性体》第三册，载《牟宗三先生全集》（7），联经出版社，2003。

旨者，其论又适与余意合，用是益自信。虽程子之言有不合者，亦直以为少作失传，而不之信也。然间以语人，则未见有能深领会者。乾道己丑之春，为友人蔡秀通言之。问辨之际，予忽自疑。斯理也，虽吾之所默识，然亦未有不可以告人者。今析之如此，其纷纠而难明也；听之如此，其冥迷而难喻也，意者乾坤易简之理，人心所同然者，殆不如是。而程子之言出其门人高弟之手，亦不应一切谬误，以至于此。然而予之所自信者，其无乃反自误乎？则复取程氏书，虚心平气而读之，未及数行，冻解冰释。然后知情性之本然，圣贤之微旨，其平正明白乃如此。而前日读之不详，妄生穿穴，凡所辛苦而仅得之者，适足以自误而已。至于推类究极，反求诸身，则又见其为害之大，盖不但名言之失而已也。于是又窃自惧，亟以书报钦夫及尝同为此论者。惟钦夫复书深以为然，其余则或信或疑，或至于今累年而未定也。夫忽近求远，厌常喜新，其弊乃至于此，可不戒哉！暇日料检故书，得当时往还书薰一编，辄序其所以，而题之曰中和旧说。盖所以深惩前日之病，亦使有志于学者读之，因予之所戒而知所戒也。独恨不得奉而质诸李氏之门。然以先生之所已言者推之，知其所未言者，其或不达矣。壬辰八月丁酉朔新安朱熹仲晦云。①

朱子中和旧、新二说主要是针对《中庸》首章的已发、未发和性、心问题的阐论。以下就旧、新二说简言以赅其意，论述中多有参考牟宗三教授《心体与性体》之说。

二　概括朱子中和说

（一）旧说赅义

朱子中和旧说内容的要点有：一是就天命流行不息之体说未发已发；二是以未发为性、已发为心；三是致察操存天理本真以致中和。

1. 就天命流行不息之体说未发已发

《与张钦夫书》：

---

① 朱杰人等主编《朱子全书》第24册之《晦庵先生朱文公文集》卷七十五（以下简称《文集》），上海古籍出版社，2010，第3634～3635页。

人自有生，即有知识，事物来交，应接不暇，念念迁革，以至于死，其间初无顷刻停息，举世皆然也。然圣贤之言，则有所谓未发之中，寂然不动者。夫岂以日用流行者为已发，而指夫暂而休息，不与事接之际，为未发时耶？尝以此求之，则泯然无觉之中，邪暗郁塞，似非虚明应物之体，而几微之际，一有觉焉，则又便为已发，而非寂然之谓。盖愈求而愈不可见，于是退而验之于日用之间，则凡感之而通，触之而觉，盖有浑然全体而应物不穷者，是乃天命流行，生生不已之机，虽一日之间，万起万灭，而其寂然之本体，则未尝不寂然也。所谓未发，如是而已，夫岂别有一物，限于一时，拘于一处，而可以谓之中哉？①

朱子在本书中提出的所谓"未发之中"的本体，这未发的本体是"生生之机"，就是天命流行、生生不已的实体。这是从宇宙本体来说的，是来自周颂"维天之命，于穆不已"。"天命"是"生生之机"，"生生"的第一个"生"字是动词，是创生的意思，第二个"生"字是名词，是生命的意思，指宇宙万物。从天命是"于穆不已"的本身说，它实已是宇宙的实体，是"天命流行"的实体。本此而来的"天命流行、生生不已之机"亦当是宇宙的实体，是一创造真机、创生实体，其作用是"生生不已"，有"天命流行之体""生生不已之机"，才有万物的生生不已。《中庸》二十六章所说的"天地之道，可一言而尽也，其为物不贰，则其生物不测"；② 二十五章的"诚者，物之终始，不诚无物"，③ 正是对"天命流行之体"的阐发。

朱子是从这个"天命流行之体"的不息来说明未发已发，正如书中所说的"凡感之而通，触之而觉，盖有浑然全体而应物不穷者，是乃天命流行、生生不已之机……然则天理本真，随处发现，不少停息者，其体用因如是。""天命流行之体"是感、触无间的一体而流。浑然全体、天理本真是寂然之本体；应物不穷，随处发现是发动而不已。《答张敬夫书》云：

盖通天下只是一个天机活物，流行发用、无间容息。据其已发者而指其未发者，则已发者人心，而未发者皆其性也。亦无一物而不备，夫岂别有一物，拘于一时，

---

① 《朱子全书》第 21 册《文集》卷三十，第 1315 页。
② 《中庸》第二十六章，《四书集注》之《中庸章句》，第 48 ~ 49 页。
③ 《中庸》第二十六章，《四书集注》之《中庸章句》，第 48 页。

限于一处，而名之哉？即夫日用之间，浑然全体，如川流之不息，天运之不穷耳。①

这书所表示的意旨与前书大抵相同，此书中所谓"天机活物"正是前书的"天命流行之体"。"天机活物"流行发用，无间容息，以及"日用之间，浑然全体，如川流不息，天运之不穷"。

2. 以未发为性、已发为心

以未发为性、已发为心是朱子中和旧说的另一要点。前引《答张敬夫书》"盖通天下只是一个天机活物，流行发用、无间容息。据其已发者而指其未发者，则已发者人心，而未发者皆其性也"，除了表示"天命流行之体"流行不息无间外，又点明了"已发者人心，而未发者皆其性也"。

又《答何叔京书》云："若果见得分明，则天性人心，未发已发，浑然一致，更无别物。"② 其中"未发已发，浑然一致，更无别物"所表示的诚如上述是未发已发的了无间隔、一体而转。这段文字的语义表示，则天性指未发，而人心指已发。以心为已发而性为未发，是朱子中和旧说的特征。

3. 致察操存天理本真以致中和

前引《与张钦夫书》又云：

> 然则天理本真，随处发见，不少停息者，其体用固如是，而岂物欲之私所能壅遏而楛亡之哉？故虽汩于物欲流荡之中，而其良心萌蘗，亦未尝不因事而发见。学者于是致察而操存之，则庶几乎可以贯乎大本达道之全体而复其初矣。不以致察，使楛之反覆，至于夜气不足以存，而陷于禽兽，则谁之罪哉？③

朱子在本书的前面提出"未发之中"的本体，这未发的本体是"天命流行，生生不已之机"，从宇宙本体论而言是创生的实体，从道德意义说，就是"天理本真"，也是"良心"，是人自觉地做道德实践的根据。

---

① 《朱子全书》第 21 册《文集》卷三十二，第 1393~1394 页。
② 《朱子全书》第 22 册《文集》卷四十，第 1803 页。
③ 《朱子全书》第 21 册《文集》卷三十，第 1315~1316 页。

天理本真、良心，随处发现，不少停息，不为物欲之私所壅遏而梏亡，良心虽在物欲的流荡中也能呈现，所以朱子由此而说的工夫论，必然是要致察此天理本真与操存良心，能操存才能达到发而皆中节的"和"。"致察"是察良心的发现，"操存"是存此良心而不令放失。能致察而操存此良心，则良心、天理本真呈现，由此扩而充之，则可贯于大本达道之全。而朱子一生全力苦苦参验，也即以此为目的。

《答何叔京书》云：

> 体验操存，虽不敢废，然竟无脱然自得处。但比之旧日，则亦有间矣。所患绝无朋友之助，终日兀然。猛省提掇，仅免愦愦而已。一少懈，则复惘然。此正天理人欲消长之几，不敢不着力。不审别来高明所进复如何？问来所疑，已冰释否？若果见得分明，则天性人心，未发已发，浑然一致，更无别物。由是而克己居敬，以终其业，则日用之间亦无适而非此事矣。中庸之书要当以是为主，而诸君子训义，于此鲜无遗恨。①

本着前书"天理本真，随处发见，不少停息者，其体用固如是，而岂物欲之私所能壅遏而梏亡之哉？故虽汩于物欲流荡之中，而其良心萌蘖，亦未尝不因事而发见"，朱子在此书又说："此正天理人欲消长之几，不敢不着力"。面对"天理人欲"的消长，以及前面所说的"天理本真"、"良心"和"物欲之私"、"物欲流荡"抗衡，朱子几经反省、操存、体验，竟不能脱然自得，而有"不敢不着力"之感。朱子一再苦参，终于察得："天性人心，未发已发，浑然一致"，所以要"克己居敬，以终其业"。所谓"克己"即克制自己非理性、反理性的活动——这所指当是人欲、物欲。虽然"天理本真"、良心随处发现，不因物欲流荡而梏亡，但天理人欲相消长，所以必须克制这非理性、反理性的人欲，良心才会彰显。"居敬"正是在良心彰显后用以操存的工夫。这还是致察操存的工夫论，只是多出"克己"的工夫。"以终其业"即是贯于大本达道之全的"致中和"。

（二）新说之义蕴

朱子中和新说大抵有以下两点要义：一是就喜怒哀乐之情说未发已发，而由心之

---

① 《朱子全书》第22册，《文集》卷四十，第1803页。

寂然现性之浑然；二是静养动察的工夫论。

1. 就喜怒哀乐之情说未发已发，而由心之寂然现性之浑然

朱子中和新说的最大特征是就喜怒哀乐之情说未发已发，而由心之寂然现性之浑然，这可从以下书文中明显看出。《已发未发说》云：

> ……诸说，皆以思虑未萌、事物未至之时，为喜怒哀乐之未发。当此之时，即是心体流行，寂然不动之处，而天命之性具焉。以其无过不及，不偏不倚，故谓之中。然已是就心体流行处见，故直谓之性则不可。①

此书指出：在"思虑未萌，事物未至之时"，喜怒哀乐之情未发的状态下，是心体的默默流行，由于心是寂然不动，而"天命之性"就此呈现。然而，由于这时所呈现的"天命之性"是在寂然的"心体流行处"呈现，因此不能直接称为"性"。

《与湖南诸公论中和》第一书云：

> 按文集、遗书诸说，似皆以思虑未萌，事物未至之时，为喜怒哀乐之未发。当此之时，即是此心寂然不动之体，而天命之性，当体具焉。以其无过不及，不偏不倚，故谓之中。及其感而遂通天下之故，则喜怒哀乐之情发焉，而心之用可见。以其无不中节，无所乖戾，故谓之和。此则人心之正，而性情之德然也。②

这仍是就"思虑未萌，事物未至"，喜、怒、哀、乐之情未发，没有丝毫心理情绪和生理欲望的干扰之时，呈现"天命之性"。此书的"当体具焉"，比前书的"具焉"更为具体。此书进一步从没有喜怒哀乐干扰的寂然的心所呈现的"天命之性"的"感而遂通"的作用，而说已发的"无不中节、无所乖戾"的"和"。"和"之所以达成，是由于以寂然之心的状态所呈现的"天命之性"为指导，而使喜怒哀乐的情变中节。"性情之德"一词，具有深意。性固然是德性，"情"因为有"性"的指导，发而皆中节，所以说是"性情之德"。

在心的寂然之处显现"天命之性"是有道德内容的，这就是下引《答张钦夫书》

---

① 《朱子全书》第 23 册，《文集》卷六十七，第 3267～3268 页。
② 《朱子全书》第 3 册，《文集》卷六十四，第 3130～3131 页。

所说的"一性浑然，道义全具"。《答张钦夫书》云：

> 然方其静也，事物未至，思虑未萌，而一性浑然，道义全具，其所谓中，是乃心之所以为体，而寂然不动者也。及其动也，事物交互，思虑萌焉，则七情迭用，各有攸主，其所谓和，是乃心之所以为用，感而遂通者也。然性之静也，而不能不动；情之动也，而必有节焉，是则心之所以寂然感通，周流贯彻，而体用未始相离也。①

此书指出喜怒哀乐未发的寂然不动之心所体现的浑然之性的具体内容——"道义具全"。此书确实强调"心"的主调，人的知觉运用都以心为主，由于心在"事物交互，思虑萌焉，七情迭用"的动时，能以"道义俱全"的"天命之性"为指导，在心的感而遂通的作用下，使到情动而中节，以达到"和"。心是贯通于已发未发之间，是一动一静的全体。这正是前引《与湖南诸公论中和》所说的"及其感而遂通天下之故，则喜怒哀乐之情发焉，而心之用可见"。

2. 静养动察的工夫论

静养动察是朱子中和新说的工夫论，《已发未发说》云：

> 未发之中，本体自然，不须穷索。但当此之时，敬以持之，使此气象常存而不失，则自此而发者，其必然中节矣。此日用之际本领工夫。其曰"却于已发之处观之"者，所以察其端倪之动，而致扩充之功也……向来讲论思索，直以心为已发，而所论格物致知亦以察识端倪为初下手处，以致缺却平日涵养一段工夫。其日用意趣常偏于动，无复深潜纯一之味，而其发之言语事为之间，亦常躁迫浮露，无古圣贤气象，由所见之偏而然尔。②

朱子在此提出未发已发、静动的日用之际的本领工夫。未发的静时，"敬以持之"的静养，其目的是使"本体自然"的气象长存不失。自然的本体即是喜怒哀乐未发、心体流行寂然之处所体现的"道义俱全"的"天命之性"。静养使"天命之性"的气

---

① 《朱子全书》第 21 册，《文集》卷三十二，第 1419 页。
② 《朱子全书》第 23 册，《文集》卷六十七，第 3268 页。

象长存，则以此为指导而发，必然中节。如果在静时缺乏涵养的工夫，在日用的言语行事之中，就会浮现躁迫、没有圣贤气象的问题。这是由于工夫中偏于动时的"察识"，而造成气象之偏。以下二书再说明静中未发涵养的重要。《答张钦夫书》云：

> 又如所谓"学者须先察识端倪之发、然后加存养之功"。熹则于此不能无疑。盖发处因当察识，但人自有未发时，此处便合存养，岂可必待发而后察、察而后存耶？且从初不曾存养，便欲随事察识，窃恐浩浩茫茫，无下手处。而毫厘之差，千里之谬，将有不可胜言者……
>
> ……若以天理观之，则动之不能无静，犹静之不能无动也，静之不能无养，犹动之不可不察也。但见一动一静，互为其根，敬义夹持，不容间断之意，则虽下一静字，元非死物。至静之中，盖有动焉，是乃所以见天地之心者。而先王之所以至日闭关，盖当此之时，则安静以养乎此尔。固非远事绝物，闭目兀坐，而偏于静之谓。但未接物时，便有敬以主乎其中，则事至物来，善端昭著，而所以察之者益精明尔。①

朱子不同意"学者须先察识端倪之发、然后加存养之功"。他认为已发的动时固然应当察识，但是人在未发的静时，便应该加以存养。不能"必待发而后察、察而后存"。静时不曾存养，便要随事察识，将有"浩浩茫茫，无下手处"的难题。因此在"未接物"的静时，便要以敬加以涵养，并以此为主导，应接事物时，有敬所主导的善端因而昭著，所以察识的更为精明。"敬"虽然贯通静动，但必须以静为主。《答林择之书》中说："敬字通贯动静，但未发时，则浑然是敬之体，非是知其未发，方下敬底工夫也。既发，则随事省察，而敬之用行焉。"② 其中，"未发时，则浑然是敬之体"一语，更见以静为主。

《与湖南诸公论中和》第一书云：

> 然未发之前，不可寻觅，已发之后，不容安排。但平日庄敬涵养之功至，而无人欲之私以乱之，则其未发也，镜明水止，而其发也，无不中节矣。此是日用本领工夫。至于随事省察。即物推明，亦必以是为本。而于已发之际观之，则其

---

① 《朱子全书》第 21 册，《文集》卷三十二，第 1420～1421 页。
② 《朱子全书》第 22 册，《文集》卷四十三，第 1980～1981 页。

具于未发之前者，因可默识。故程子之答苏季明，反复论辩，极于详密，而率不过以敬为言。又曰：敬而无失，即所以中。又曰：入道莫如敬，未有致知不在敬者。又曰：涵养须用敬，进学则在致知。盖为此也。①

静时未发的涵养或存养的工夫，即是前面所说的"敬以持之，使此气象长存而不失"，也是这里所说的"平日庄敬涵养之功至，而无人欲之私以乱之"。在未发时，便有敬以主于其中，没有私欲的干扰，使到未发之时，镜明水止、气象长存而不失，自此而发者，其必然中节。一切动时的随事省察、即物推明，都必须以静时敬的涵养为主。这即是朱子静涵动察的说法。

三　朱子中和说中心的现代意义

《中庸》讲已发、未发，中、和、慎独、诚，确实提出一套理论；而朱子的苦参中和，从旧说到新说，是一套实践的过程。理论是静态的，而实践是动态的。在朱子苦参的过程中，必须面对日常生活中的各种事务、事态，心的发用和已发、未发绝不可能是理论上的切断。朱子的苦参过程，不论后世的评论如何，确是《中庸》理论在朱子本身及其时代的学术背景下的一个实践过程。

从儒家义理的框架上说，儒家内圣成德之学不论是客观地从《中庸》《易传》之讲天命、天道、诚体，或是主观地由《论语》《孟子》之讲仁与心性，这内圣成德之学是以纵贯系统为主干。这样的传统造成中国儒家文化以重德性为主干，重视立身成德、修己治人，致使知性主体未能充分透显出来独立起用，而造成中国欠缺知识之学的传统。

朱子在新儒家代表人物牟宗三教授的厘定下，以为别子为宗，与儒家内圣成德之教的基本模型由所歧出。唐君毅教授则有较为持平的论说。金春峰教授的《朱熹哲学思想》，以心学来诠释朱学，翔实论述了朱熹也有的心学思想、本体工夫、有上达的境界和天道下贯等思想，是对朱学的翻案。

不论将朱学定为理学或是心学，朱熹哲学的义理模式自有其可贵的现代文化与学

① 《朱子全书》第23册，《文集》卷六十四，第3130～3131页。

术价值。这可从两方面说：一是文化的表现形式，二是推广道德教育的方法论。

（一）文化的表现形式

从文化的表现形式言，有两点可说：一是对调整中华文化心灵的表现形态，以重视知识之学；二是对知性在内圣成德的初阶与完成，及由内圣开出外王的重要性。

第一点，当今是高科技的资讯时代，面对全球化与知识经济的冲击，有识之士已经了解到传统儒家内圣成德之学不重视知识的缺憾，而提出自觉地调整文化心灵的表现形态，以便开出知识之学。其实，这可以在朱子的义理系统中找到资源。在朱子的横摄系统中，心与物为平列相对，以主题的认知心面对客体的事务，作知性探索，是开出知识之学的框架。朱子讲格物穷理，是以心知之明去认知、摄取事物之理，是平面的、横的，所以称为横摄系统。

朱子重视知识，在《与张钦夫书》中即指出"人自有生，即有知识"①。他好学、认真，对中和的苦参，即是将问题以知识看待，几经深思，再三反省，亲身体悟，不断与友人议论。蔡仁厚先生即认为朱子所讲的心，很有时代意义，可以看作从中国文化心灵之中透显知性主体，以开出科学知识的一个现成的观念线索。②

第二点是有关由知性转德性与知性辅成德性的。在《答林谦之书》中，朱子认为，"自昔圣贤教人之法，莫不使以孝悌忠信、庄敬持养以为下学之本，而后博观众理，近思密察，因践履之实，以致其知"。③ 这是由圣贤教人之法说起，从学习程序展开牟宗三教授的所谓静涵静摄的系统。朱子的致知，是以孝悌忠信、庄敬持养为本，然后博观众理，近思密察，因践履之实，以致其知。虽然这是从教育程序上说的从静涵静摄的系统进展，但是朱子静涵静摄，并不止于此而成为知性的专家，而是作为内圣成德之学的基础。在这样的境况下，由知性向自觉地作道德实践转进，已成一触即发之势。正如《大学》的格物、致知，由知性转进向于德性的诚意、正心、修身、齐家，以完成内圣。也如孔子十五志于学，向而立、不惑、知天命、耳顺与从心所欲不逾矩的转进。

---

① 《朱子全书》第 21 册，《文集》卷三十，第 1315 页。
② 见蔡仁厚《儒家思想的现代意义》，文津出版社，1998，第 207 页。
③ 《朱子全书》第 21 册，《文集》卷三十八，第 1698～1699 页。

在上引同书中对当时学者提出批评:"今之学者则不然。盖未明一理,而已傲然自处以上智生知之流,视圣贤平日指示学者入德之门至亲切处,则以为钝根小子之学,无足留意。其平居道说无非子贡所谓'不可得而闻'者,往往务为险怪悬绝之言以相高,甚者至于周行却立,瞬目扬眉,内以自欺,外以惑家。此风肆行,日以益甚。使圣贤至诚善诱之教反为荒幻险薄之资。仁义充塞,甚可惧也。①"这也足以作为我们当今学界有虚浮、自傲学风学者的一个警惕。

从另一角度言,儒家由内圣开出外王,不可能只是空泛地讲仁政王道、礼乐教化;从单一道德性为的完成(如将入井的孺子救起,把恻隐之心的仁端转化为仁行的完成)到仁政、德治的实施,都必须以知性完成道德性为与政教的具体事物,正如《中庸》二十五章所说:"诚者,自成也;而道,自道也。诚者,物之终始,不诚无物。是故君于诚之为贵。诚者,非自成己而已也,所以成物也。成己,仁也;成物,知也。性之德也,合外内之道也,故时措之宜也。"② 朱子以心知之明去认知、摄取事物之理的横摄系统,可以在"诚之者,人之道"的人道上派上用场。

(二) 推广道德教育的方法论

从在当今社会推行道德教育的方法论来说,朱熹的中和说可以说是符合对青少年推广道德教育的模式。现代教育注重知性,认知是学习的主要途径。新儒家牟宗三教授所认为正宗的本体工夫论的纵贯、逆觉工夫和心即理的径路,即使是在当今以中华文化为母体的中国台湾、香港和大陆,也可能是硕士生、博士生的课题,很难在推广青少年道德教育上用得上。

朱子在《中庸章句序》中所说的"心之虚灵知觉,一而已矣,而以为有人心、道心之异者,则以其或生于形气之私,或原于性命之正,而所以为知觉者不同",③ 认为心的作用是知觉,而所以会有道心、人心之差异,是心之觉于理,或根于气的不同。若心的知觉认知性理,而以理为活动的根据,便是道心;如心只用在生理欲望与心理情绪的要求上,以满足本能的欲求为目的,便是人心。用这样的说辞对当代学生进行

---

① 《朱子全书》第 21 册,《文集》卷三十八,第 1698 ~ 1699 页。
② 《中庸章句》第二十五章,第 48 页。
③ 《中庸章句》之《中庸章句序》,《四书集注》,第 21 页。

道德教育，是容易被接受的。

更重要的是在《中庸章句序》中，朱子肯定了"虽上智不能无人心，亦莫不有是性，故虽下愚不能无道心"。① 在现代教育中，对于上智，要加以培养、引导和发展，这是不容置疑的；对于下愚，则有特别教育，这是社会对那些不幸者的照顾，也是一个事实。对于一般中才而言，他们之中有天分资质的不同，是不容否认。朱熹肯定下愚也有道心，用现代的话说，不太聪明的人也可以是好人。这为资质较差的人带来了作为人的尊严，也带来希望，也让后天教育和修养有用武之地，这是当今教育的目标之一。这种说法，比起《论语》中孔子所说的"唯上智下愚不移"的论调，更能符合现代教育的目的。

读书明理，是我们今天人人所耳熟能详的一句话。前面引用的《答陈师德书》说："所谓致知者，又不过读书史、应事物之间，求其理之所在而已"，② 在书史中求理的所在，在接物待人上做到符合理，是那么平易的事。"致知"不仅是得到知识，还是做人的道理；前引《答林谦之书》说的"昔圣贤教人之法，莫不使之以孝弟忠信、庄敬持养以为下学之本，而后博观众理，近思密察，因践履之实，以致其知"，③ 在基础教育中重视道德教育与修养，得到各种事物的道理，通过紧密的思考与视察，从实践中"致知"。《答林谦之书》云："古人自幼子常视无诳以上，洒扫应对进退之间，便是做涵养底工夫了……但从此涵养中，渐渐体出这端倪来，则一一便为己物。又只如平常地涵养将去，自然纯熟"，④ 更为现代儿童道德教育提出理论基础，这也是现今华人地区所推广的《弟子规》的内容。

因为人人都有道心、人心，人通过认知学习，从知识中学习待人接物的道理，再加上重视品德修养，而成为一个有道德的人。这样，虽然人人都有生理的欲求，但是都能在理性的主宰下，由理性控制欲望。朱熹的亲切论说，为现代道德教育提供了空间。

---

① 《中庸章句》之《中庸章句序》，《四书集注》，第 21 页。
② 《朱子全书》第 23 册，《文集》卷五十六，第 2671 页。
③ 《朱子全书》第 21 册，《文集》卷三十八，第 1698～1699 页。
④ 《朱子全书》第 22 册，《文集》卷三十三，第 1980 页。

王夫之的《周易》阐发与明代政治

——以《坤》与《既济》为中心

张学智*

摘　要　本文就《坤》和《既济》卦揭示王夫之《周易》阐发中包含的哲学思想及其时代关切。其一，指出阴之愿乃阳放任、纵容的结果，且恶乃积渐而成，驯至其大。故阳须加强监管之责，不给阴以坐大的机会。其二，对《既济》卦一阴一阳间隔整齐和卦辞"初吉终乱"进行分析，认为安于表面的平静因而丧失对阴所象征的盗贼、夷狄、小人的警惕是酿成明末乱局的根本原因。其三，对《既济》卦中涉及的清流浊流之争与明末政局的关联进行考察，借以看出王夫之在亡国之痛的刺激下对明代诸多弊政的反省，与他对相关哲学问题的痛切思考。

关键词　王夫之　明代政治　《周易》

一　《坤》卦"履霜而知坚冰"，辨之须早

王夫之《坤》卦解释的一个方面，是对坤初六爻辞"履霜坚冰至"及其《象传》《文言》的发挥。借以对明代政治问题进行反省。"履霜坚冰至"，程《传》所言甚为简洁，也不多发挥："阴之始凝而为霜，履霜则当知阴渐盛而坚冰至矣。犹小人始虽甚

---

*　张学智，宁夏中卫人，北京大学哲学系教授，博士生导师，主要从事儒家哲学与中国近现代哲学研究。

微，不可使长，长则至于盛也。"① 朱熹的解释则不但保留了程颐此意，而且对阴的作用及积渐而深的必然性有所肯定，同时认为，阴阳虽自然而不可免，但有主从、淑慝之分。扶阳而抑阴，是圣人参赞天地化育之具体作为：

> 霜，阴气所结，盛则水冻而为冰。此爻阴始生于下，其端甚微，而其势必盛，故其象如履霜，则知坚冰之将至也。夫阴阳者，造化之本，不能相无，而消长有常，亦非人所能损益也。然阳主生，阴主杀，则其类有淑慝之分焉。故圣人作易，于其不能相无者既以健顺仁义之属明之，而无所偏主。至其消长之际，淑慝之分，则未尝不致其扶阳抑阴之意焉。盖所以赞化育而参天地者，其旨深矣。②

王夫之在肯定阴的作用与其存在之必然性这一点上继承了朱熹，但他的发挥则别有深旨，其深刻处在于，指出在阴积渐而成的过程中，阳担负何种责任。王夫之说：

> 霜者露之凝也，冰者水之凝也。皆出乎地上而天化攸行也。涸阴沍寒，刑杀万物，而在地中者水泉不改其流，草木之根不替其生，蛰虫不伤其性，亦可以验地之不成乎杀矣。天心仁爱，阳德施生，则将必于此有重怫其性情者。乃逊于空宵之上，潜于重渊之下，举其所以润洽百昌者听命于阴，而唯其所制，为霜为冰，以戕品汇，则阳反代阴而尸刑害之怨。使非假之冰以益其威，则开辟之草木虽至今存可也。治乱相寻，虽曰气数之自然，亦孰非有以致之哉！故阴非有罪而阳则已怨，圣人所以专其责于阳也。③

"出乎地上"者，坤之初爻也，"天化攸行"者，阴乃天之运化必不可少之要素，明其必然也。虽极阴之时，万物皆潜藏其生意，故阴虽盛而阳仍可做主。但阳若放弃做主之责，以为阳生生之德此时被重阴所掩，无所发挥，故逃遁隐藏，任阴坐大，终至为阴所制，任由阴以肃杀戕害万类。而此时人仍以为阳做主宰，故将戕害万类之名加于阳之上，阳实代阴受过。假使不是阳放弃做主之责，给阴以坐大之地，则阳春之和气将延续至今。虽然阴亦阴阳平衡天地运化不可或缺之物，但阴过盛以致肆虐，则

---

① （宋）程颢、程颐：《二程集》，中华书局，1981，第708页。
② （宋）朱熹：《周易本义》，广州出版社，1994，第35页。
③ （明）王夫之：《船山全书》第一册，岳麓书社，1996，第834页。

阳不能辞放任之咎。就历史上之朝代治乱兴替看，虽一治一乱是自然之数，但昏乱之政必是当政者措置失当所招致，其间一些位高权重担当大任者尤其难辞其咎。就这一点说，阴之罪愆实由阳造成。这是王夫之对《坤·文言》"积善之家必有余庆，积不善之家必有余殃。臣弑其君，子弑其父，非一朝一夕之故，其所由来者渐也！由辩之不早辩也"一语的注目所在。即必须早辩别早遏止，阳须始终监管、镇压乃至室困阴，不使其坐大而失控。

王夫之借历史事实和人物来说明这一点：

> 先期不听于子羽，则钟巫不弑。爵禄不偏于宋公，则子罕不僭。宫中无"二圣"之称，则武曌不能移唐。燕、云无借师之约，则完颜、蒙古不能蚀宋。阴之干阳，何有不自阳假之哉！辩之早者，自明于夫妇、君臣、夷夏之分数，自尽焉而不相为假也。①

"听于子羽"事出《春秋公羊传·隐公四年》，子羽即鲁国大夫公子翚。公子翚谄媚鲁隐公，很得隐公信任，隐公于是把心腹话告诉他。公子翚谓隐公得民心，得各诸侯国之心，可将国君做到底。但又恐此话被急于得位的桓公得知而罪己，于是劝桓公弑隐公。隐公终于被弑于祭钟巫之时。子罕事出《韩非子·二柄》。子罕为春秋时宋国之相。曾谓宋君：赏赐是人所喜好的，请君主来做；杀戮刑罚是人所不喜的，由己来做。刑罚有权力有威严，由此渐渐大权在握，宋君权力旁落，反为子罕挟持。武曌即武则天，据《旧唐书·则天皇后本纪》，武则天为唐高宗皇后，当时称高宗为天皇，则天为天后。高宗多病，百官表奏，多委则天详处。自此辅政数十年，威势与高宗无异，当时称为"二圣"。后则天废中宗自立，国号周。"燕、云借师"事，见《资治通鉴·后晋高祖天福元年》。五代时石敬瑭在契丹的帮助下打败后唐，建立后晋，称帝后割让燕、云十六州予契丹，自此中原丧失北方重要屏障，为北宋、南宋被金、蒙元所灭造下契机。王夫之认为，此数事皆有国者自削其权，自弱其势，遂使阴干阳，下凌上，主上反受其害。王夫之以上所举四事中，包括小人、夷狄、女主，涉及夫妇、君臣、夷夏关系，与王夫之一贯主张的严于夷夏之防，严于君子小人、正统篡弑之辨有关。王夫之一再强调的是，小人坐大，夷狄凌夏，女主篡国诸阴干阳之事，说到底是阳没

---

① （明）王夫之：《船山全书》第一册，第834页。

有早察觉阴之图谋，没有早将其图谋消灭于幼弱之时，更没有正确地认识各自之位分，自尽其责，不相逾越，不相侵夺。这是王夫之对"履霜坚冰至，盖言顺也"一语所作的发挥，是他从《坤》卦中吸取的最大教训，也是他防止阴干阳、下凌上而提出的根本之策。

二　《既济》卦中的一阴一阳之道

《既济》卦一阴一阳一一对应，排列整齐，这给发挥"一阴一阳之谓道"留下了空间。王夫之在早年的《外传》与晚年的《内传》中，皆对这一中国哲学的核心问题有深入阐发。《外传》对一阴一阳之道的阐发，多就哲学原理本身着眼，而《内传》则多言自然与人文的关系。《外传》说：

> 一阴一阳之谓道，无偏胜也。然当其一一而建之，定中和之交，亦秩然顺承其大纪，非屑屑焉逐位授才而一一之也。此天地之所以大。虽交不密，叙不察，而无损于道，则泰是已。若屑屑焉一一建之，因一一和以交之，此人事之有造，终不及天地之无忧矣。故济者人事也。舟之方之，榜之帆之，以通旁午，以越险阻，亦劳矣哉！天地之可大，天地之可久也。久以持大，大以成久。若其让天地之大，则终不及天地之久。有初有终，有吉有乱，功成一曲，日月无穷。方其既而不能保，亦不足以配天地之终始循环，无与测其垠鄂者焉。①

首先，王夫之对道进行界说：道即一阴一阳。这里，道指天地万物的总原理，这一原理的内容是，万物皆有阴阳两个方面，没有孤阴孤阳之物，而且阴阳势均力敌。当然在具体时空中阴阳有偏胜之时，阴盛时阳必衰，阳盛时阴必衰，但从具体事物整个发展过程来看，则是阴阳平衡的。另外从横向看，同一个系统中，阴阳必是平衡的，此事物阴盛必彼事物阳盛。此皆"一阴一阳之谓道"。《周易》六十四卦中，只有《既济》与《未济》是三阴三阳间隔、排列得整齐。王夫之指出，这两个卦，从形式上看，最符合一阴一阳之道。但道同时是理。理是本然的，不待安排的。如此整齐排列的一阴一阳，不符合道自然形成、不加安排的本性。《周易》卦象是模拟天地万物的，

---

① （明）王夫之：《周易外传》，《船山全书》第一册，第 972~973 页。

天地万物就如《易传》所谓"乾道变化，各正性命，保合太和，乃利贞"，是自然和谐的，各卦阴阳排列虽不同，但都是对天地万物的模拟，都是自然的、和谐的。即使是《既济》《未济》之整齐排列，也是顺承天道自然的结果。如果是人为的安排，则其穷尽可立而待。各卦虽不像《既济》《未济》那样一一对称，阴阳排列杂乱，但无损于道之自然广大。就如《泰》卦，上《坤》下《乾》，阴阳暌隔，"交不密，叙不察"，却是"天地交而万物通，上下交而其志同"。一一排列整齐对称，多半是人为的结果，人为不及天道自然。并且人须效法天道。如《既济》《未济》皆以渡河为喻，渡河须用舟楫，则舟楫、人力，劳而功少。天地则不然，因其自然，故能广大而恒久，唯其广大，所以恒久，大与久相互依持。具体事物皆有始有终，有吉有凶，此其所以为广大恒久。人之功在一隅，天之功则普遍。人之功，既得而不能保证不失去，天之功则循环无端，神妙莫测，人终难以窥其际涯。这就是王夫之的天道观，始终是在与人道的对比中彰显其久大的。

王夫之在晚年的《内传》中，对此意的阐发更为深刻。在对《既济》卦辞"既济，亨，小利贞，初吉终乱"的解释中，王夫之说：

> 造化之妙，以不测为神；阴阳之用，以杂而不离乎纯者为正。故象虽诡异，而道以不限于方所者为无穷之大用。其曰"一阴一阳之谓道"者，阴阳十二皆备，唯其所用之谓也，非一阴而即间以一阳，一阳而即杂以一阴，一受其成型，终古而不易之谓也。经之纬之，升之降之，合之离之，而阴阳之不以相间相杂、画井分疆为已然之成迹，则乾坤易简之至德，固非人事排比位置之所能与矣。①

这是说，天地之体为一阴一阳之至纯，天地之用为六十四卦之阴阳杂陈。杂而不离乎纯，则为至正。就体来说，《乾》《坤》六阴六阳，六阳中逻辑地包含六阴，六阴中逻辑地包含六阳。一阴一阳之道，首先指这一原理。并非指一阴后必随一阳，一阳后必随一阴，以此为模型，套用于任何事物。天地自然，是天地之大德，非人力排比所可刻画。

王夫之以《既济》《未济》为例继续申言：

---

① （明）王夫之：《周易内传》，《船山全书》第一册，第491页。

以化象言之，《乾》《坤》六子之性情功效所殊异而交争者，莫水火若也。乃当二仪函五行以絪缊于两间，则固不可以迹求，不可以情辨，不可以用分，不可以名纪。迨其已成，而水与火遂判为两物而不相得，然其中自有互相入而不相害之精理存焉。其终也，火息水暵，而仍归于太和。若其一炎一寒、一润一燥、一上一下者，皆形而下之器，滞于用而将消者也。由此言之，则《既济》《未济》为人事已谢之陈迹，而非《乾》元"乘龙"、《坤》元"行地"之变化，明矣。自不知道者言之，则曰爻有奇偶之定位，而刚柔各当其位，贞悔各莫其中，初与四、二与五、上与三各应以正，乾坤之变化至此而大定，而不知此有形之刚柔、同异，不足与于不测之神也。①

这仍是说，以二气五行为实体的天地大化流行而论，人为的工具，如符号、名言、象数、理则等，皆不可以完全描摹，只可近似刻画，然后通过人文性的解释、体验等，逐渐接近其真实。不管人能否接近此真实，也不管其接近之程度若何，天地太和固自若也。而这些形而下的工具，终会因其一隅的性质，消失渐灭。像《既济》《未济》这样对应整齐的工具，只是人为的器用，而天地的"乾元乘龙""行地无疆"，都是随机的、活泼无方的。虽然《易传》用"为道也屡迁，变动不居，周流六虚，上下无常，刚柔相易，不可为典要，唯变所适"来形容《周易》卦爻系统的功能。但在王夫之看来，人为的工具比之天地自然，则相差甚远。浅见之人，见《既济》一阴一阳布列整齐，又其爻皆刚柔当位，承乘皆正应，卦辞中多有吉语，以为上好之卦象，但王夫之认为此卦仍不足以模写天地之真实，只是小亨，而有初吉终乱之虞。

明朝自万历以后，皇帝居深宫，多年不接见大臣，各曹署之封章堆积如山皆不作批答，内阁、部府除结党内斗之外，表面上相安无事。皇帝居深宫，所见者不过宦官宫姜，养成妄自尊大奢靡享乐之风，对宫外事懵不知觉。而觊觎政权者未尝一日得闲，宦官宵小广植私党，渐成气候。而西北、辽东李闯、后金亦积累而大。此即王夫之所说之"鼓瑟于宫中，而聚谋于沙上"之所指。而此种风气之养成，此种局面之形成，从某种意义上说可谓"阳固授阴以且惧且谋之药石而激之兴"，可谓"小固未亨而亨自此而起"。"终乱"从"初吉"之不知警惕乐享太平而起。故王夫之说："既济之亨，

---

① （明）王夫之：《周易内传》，《船山全书》第一册，第491页。

唯小者亨耳。阴阳各当其位,贞邪各快其志,而相应不相制,则阴之得志可知。"①
"刚柔各止其所,以相杂而不相治。刚已刚而刚道穷,柔已柔而柔道亦穷。唯其情之所
安,势之所便,各逞其志欲,而大乱成矣。非之无举,刺之无刺,涂饰耳目,而执中
无权,谓之乱德。"②

三　《既济》卦中的清浊与安危

接下来的问题是,王夫之为何花这样大的篇幅,在《外传》《内传》中皆不惮辞
费,对一阴一阳之排列详加讨论?笔者认为,他的意图,是要通过曲折的论证方式,
表达他对明代政弊的看法。

首先是清浊问题。王夫之说:

> 天下之方兴也,国是无大辨于廷,清议无成言于野,非有楚楚然必定之清浊
> 也。承经纶之方起,上下各尽其能而如不逮,固无余力以及此焉,而万物之相与
> 各趋其用也。用之既趋,功必求当;人心有余,而规模日起;择位争时,以大剖
> 阴阳之界。经制明而公论彰,区别建立之繁,无遗地而亲疏分,势乃由此而定。
> 则尽人事者,固已极盛而无所加。一以为阳,确然而授之以位;一以为阴,确然
> 而授之以位。安不恧之素,合不僭之交,竭往来之情,历正变之久。相与争于繁
> 芜杂互之地,乃以得此一日,则中流鼓枻而津岸以登矣。夫此一日者,岂可久之
> 日哉?自《屯》之始交而方遇此一日也,顾《未济》之且乱而仅有此一日也,则
> 其为几,亦岌岌矣。③

王夫之先从文化学的角度,追溯是非之起源。他认为,在人类活动的早期,国家
只有雏形之建立,一切草创,这时的人,皆各尽其能,专注于物质文明之建设,无暇
及于是非,也无所谓在朝在野之争。此时朝廷无国是之辩论,民间无清议之形成,故
并无清流、浊流之区别。迨物质文明发展到一定阶段,各种器用愈益发达,人也由于

---

① (明)王夫之:《船山全书》第一册,第493页。
② (明)王夫之:《船山全书》第一册,第493页。
③ (明)王夫之:《周易外传》,《船山全书》第一册,第973页。

物质愈益宽裕，有了思想各种道理、规矩的闲暇时间，于是各种价值观念相继而起，人开始在整个社会阶层中争有利于自己的地位和时机。此时可以说凿破混沌，原始之宁静就此打破。加上各种关于价值的学说，各种宗教、俗世的导人于善的学说、经典逐渐建立，整个社会有了基本的价值取向和是非标准。这种取向和标准，顺之者昌，逆之者亡，成了左右人们思想行为的基本势力。这标志着社会人文已经完全成熟。一经有此，不可改变，人们皆按既有的规范、标准、成说、习惯来行为，将一切言论、是非装入已经形成的框子里，安之若素。在经历了各种争夺的烦扰、杂乱之后，得《既济》六爻——对称所象征的安然、不僭、上下区别分明之后，以为理想之世到来了。此种情形，可以说自从《屯》卦象征的万物开始以来所少有，且比照象征世界终结的《未济》的乱象丛生，可谓仅见之太平景象，于是欣喜相庆。但王夫之告诫，以此难遇、仅见、可遇不可求的特殊情况作为正常情况来对待，则危险的种子自此埋下。这是王夫之从人的文化形成的历史着眼，告诫人们，杂乱、烦扰、朦胧、混沌是常态，清浊太明，不是常情；以非常情为常情，则将由弊病发展为祸乱。

他继续就中国历史上著名的事例说明此一重要观点：

> 二处誉，则七日勿逐以老敌；四处惧，则终日疑戒以求安。非上六之无位以穷者，皆未有须臾忘也。清浊太别而疑战承之，岂或爽哉！甘、傅申训之后，尹、仲作诵以还，汝南月旦之方明，洛、蜀是非之既定，商、周、汉、宋，此四代者亦由是而不延。故君子诚患之也，诚防之也。老子曰："大道废，有仁义；智慧出，有大伪。六亲不和有孝慈，国家衰乱有忠臣。"其感此而激为言，似之矣！虽然，存亡者，天也；得失者，人也。三年伐鬼方而既惫，抑不克鬼方而抑何以为高宗？时会迁流，因而自弛，则亦终无此既济之一日，又岂可哉？不能使河无波，亦不能使无渡河也。①

此中"二处誉""四处惧"，指《既济》六二处于中爻之位，上有承，下有乘，易于得吉。六四则处下卦之上，近九五，为臣位，易招致在上者之疑忌，僚属之嫉妒，是危险之位。王夫之这里指出，六二处得誉之位，尚且不敢大胆追逐敌人，七日不战以使之惰归。六四处疑惧之位，故"终日戒""有所疑"以求得安。除了上六之位因

---

① （明）王夫之：《周易外传》，《船山全书》第一册，第974页。

象征离场而无须特别警惕外，其他阴爻皆不敢有丝毫放逸之意。王夫之的所有关注都在"清浊太别而疑战承之"一句。其前其后，皆为此一句作注。"甘、傅申训"，甘指甘盘，傅指傅说，皆助殷高宗武丁中兴之名臣。"甘、傅申训"，甘之训词不见于史书，只在《尚书·说命下》高宗与傅说的对话中提到甘盘。"甘、傅申训"现只有傅说对高宗的训言，谈到治国与个人的修养，及"非知之艰，行之惟艰"等，其大旨是，君主不能只顾自己逸乐，要办好百姓的事；要敬顺天时，不轻出号令，不轻动干戈，不轻慢祭祀，做事要事先准备，要广求俊杰，不私昵亲近等。"尹、仲作诵"，尹指尹吉甫，仲指仲山甫，皆周宣王的贤臣。周宣王任贤使能，因此中兴。《诗经·大雅》的《崧高》和《烝民》是尹吉甫歌颂周宣王的母舅申伯和赞美仲山甫的，诗中大量歌颂申伯和仲山甫的美德，中有"吉甫作诵，其诗孔硕"和"吉甫作诵，穆如清风"的话，故为王夫之所援用。"汝南月旦"指东汉汝南人许劭与其从兄好评论其乡人物，每月更换人物，时称月旦评。洛、蜀是非，指北宋中期的党争，洛党以程颐为首，蜀党以苏轼为首。王夫之认为，此数人训诫讲得再恳切，是非辨得再分明，也挽救不了当朝衰落的命运，并且正是由于是非太清，清浊太明，导致了商、周、汉、宋几个朝代的国祚变短。对于是非太清、清浊太明带来的祸害，王夫之告诫要吸取历史教训，预为消除。他在注解《既济》象辞"水在火上，既济，君子以思患而豫防之"时说："水在火上，其中必有载水而间火者，所以防水之下注而灭火。君子有中道，以豫为调燮之防，如火可上达其气于水，以成燮熟之用，而止争相轧灭之患。盖以载之之道济之也。"① 主张以和衷共济精神将不兼容之两极隔开，防止因争斗而两败俱伤。最好的方法是用君子中道，将两伤变为互相扶助共成其用。而要达到这一目的，必须能包容对方，此即"以载之之道济之"。

对阴阳排列齐整——对应象征的君子小人之辨清浊太明所招致的政治乱局，王夫之在晚年的《内传》中也多处说明，如在对《既济》卦辞"既济，亨，小利贞，初吉终乱"一句的解释中，王夫之说：

> 既济者，天无其化，人无其事，物无其理。天之化，人之事，物之理，虽杂而必有纯也。至杂而不纯，唯大乱之世，无恒之小人以售其意欲，故所亨者唯小

① （明）王夫之：《周易内传》，《船山全书》第一册，第494页。

也，阴无不乘刚而出其上也。夫六位之分刚分柔，岂非义之必合而为阴阳之正哉？故可谓之"利贞"。而要未闻刚以居刚，柔以居柔，情不相得，势不相下者之可久居也。"初吉"者，如涉者之乍登于涯，自幸其济，而不恤前途之险阻。贞邪互相持以不相下，其为大乱之道，岂顾问哉！故曰："亨，小利贞，初吉终乱。"乱非待既济之后，当其求济，而乱已萌生矣。①

王夫之这里有非常清楚的辩证观点："既济"表示事物的完成、终结，从有机的、发展的观点看，任何事物皆在过程中，皆无既成之一日。既成即是终了。天之化生万物，是一绵延之大流；具体事物皆有其来龙去脉，皆是此绵延大流中的一个环节，皆无终了之一日。在此绵延中，绝无一阴即有一阳与之相配、阴阳无整齐排列之一日。天地之事物，貌似杂多，而实际是纯。而阴阳一一排列整齐，则是交杂。天地是至纯之物，至纯即在杂多中。而一一排列整齐则貌似纯粹，实则违背天地万物之理。"一阴一阳之谓道"，虽分阴分阳为道之必有，为易理之正，但六位刚之居刚，柔之居柔，阴阳不交，刚柔不合，是大乱之道。从人事说，阴阳一一相对，象征君子小人对垒，胶着相持，两不相下，而此正大乱之时。"小利贞"者，天地既非有既济之时，则乱不必在既济之后，有求既济之想，乱之萌芽即潜伏矣。而一一排列整齐，正是表面上的吉潜伏着最终的乱。

王夫之还说：

> 且夫一阴也而即授以一阳，一阳也而即授以一阴，志无定主，道无适从，执中而无权，贤奸各据其安，理欲交战于内，生杀不适有常，以诡合于情事之苟安而谢其愆，以迹相倡和而情相乖忤，杂而不伦，主辅体用之不立。以斯为道，天可以人之智能限之，人可以己之成法处之，而恶能不终于乱哉！无已，则阴之怀土而自私者，与阳分权而利得其所，以行焉而自遂。则亨者，小之亨焉耳。若阳，则固不利有此相参相伍之阴柔与之相应也。故虽当位以正应，而非阳刚保泰持盈之福。故《既济》者，阴之济也；《未济》者，阴之未济也。阳不以既济居成功，不以未济求必济，象与爻皆主阴而言；二卦皆小人之道，衰世之象也。②

---

① （明）王夫之：《周易内传》，《船山全书》第一册，第492页。
② （明）王夫之：《周易内传》，《船山全书》第一册，第492页。

这是说，阴阳机械排列，表示丧失了自主发展的能力，丧失了对道的选择能力，不能在阴阳自然流行中挺立自我，故只能按照机械的方式来苟合。一阴一阳虽是中，但机械求中即是不知权变。如果以阴阳代表君子小人，则机械排列表示君子小人相距相安，不求君子战胜小人，只求暂时安宁而免祸。这种情势，表示浅见之人，只见一阴一阳之迹，不见阴阳错杂之用；只与事物的表面现象相合，而与事物的深微本质违背。并且失去了事物有主有辅、有杂有纯的生动有趣的活体表现。王夫之告诫人们，如果这样理解一阴一阳，以此为常道，那么天的生动活泼随机生物、天的变化无方不可典要就被人的机械理解、机械处置所歪曲、所扼杀、所拘限，这样的局面得利的只是小人，而掌握天道因势利导的君子则不能得保泰持盈之福。

王夫之所以就一阴一阳整齐排列之《既济》大发议论，与他总结明亡教训、抒发改革政治的愿望、表达他的基本哲学主张有关。王夫之表面上是对商周汉宋进行评论，实际上胸中蕴蓄、激荡的是对明代政事的考量，即对明代末期东林与魏忠贤集团惨烈斗争导致明代国家衰弱由此引发的李自成起义、满清入关诸事的深刻思考。而南明政权在残山剩水间大臣争斗不已，权臣悍帅相持不下，不能以恢复大业为重，不能浑厚涵容，激成仇隙，继而沦于灭亡的事实，对王夫之刺激尤大。

清浊太分明，清流浊流争论不已，君子争附清流，耻与小人为伍，小人起而争衡，结党谣诼、排陷君子，朝臣欲息事宁人而不可得，国事大乱，导致异族乘隙而入，此莫明代东林党为甚。明代承袭了宋代，文人地位特高，特别是朱元璋在天下已定之后，滥杀功臣，武人心寒，朝政皆由内阁，由此引起持续不断的党争，在万历、天启朝达到高峰。东林党人在得势之后，一是从朝廷中清除所谓邪党，二是辨明是非，对之进行舆论讨伐。① 东林党对邪党的清算和打击，使得邪党在朝中势力大减，那些尚未被清除的邪党人物，在东林的压力下惴惴不安。为了自保，也为了与东林角胜负，邪党中的许多人投靠魏忠贤。明末名士吴应箕就曾说："与东林忤者，众目之为邪党，天启初，废斥殆尽。识者已忧其过激变生。及忠贤势成，其党果谋倚之以倾东林。"② 魏忠贤势力的增大，对东林党人构成极大威胁。为了渡过危机，东林党人杨涟上疏攻魏忠贤二十四大罪。对此东林内部有不同意见，怕此激烈行为激起魏忠贤肆力反扑的人，

---

①   参见张显清、林金树等《明代政治史》，广西师范大学出版社，2003，第814页。

②   吴应箕：《启祯两朝剥复录》卷一，《北京图书馆古籍珍本丛刊》书目文献出版社，1991。

认为东林内无有力量的太监的支持，外无握有大权的朝臣的支持，若果一击不能将对方置于死地，则反弹更加激烈。这一顾虑是深有见地的。况且在对阉党采取何种程度的打击上东林意见不同，遂造成东林的分裂。杨涟上疏是天启党争极为关键的事件，此事使魏忠贤下定决心，拼死力噬啮东林，从此正邪之争变成了一场争生存的势力之争，不仅朝政大坏，国无宁日，而且使党争常态化，清浊成了打击政敌的口实。无休止的党争，层出不穷的派别角力，也使万历、天启皇帝对政治彻底厌倦与失望，加剧了本已十分厉害的怠政。而皇帝的怠政，反过来使清流失去靠山，邪党因此更加放手倾轧清流。清流遭到惨痛打击，也使有些站在清流一边的人转而趋附浊流，清浊界限变得模糊，使小人更加猖狂。王夫之虽然在平时的议论中严于君子小人之辨，但他鉴于明朝末期由于清浊过于分明，党争搅乱朝政导致外族乘势入侵，国内农民暴动，明朝因此灭亡的教训，所以在《内传》中借《既济》卦一阴一阳对峙之象，阐发他对明末清浊之争与国家治乱安危关系的看法。

　　王夫之对清浊伺察过甚导致国乱而发议论，不仅因明末东林，更因对南明永历政权不顾大局以君子小人之辨为名而引起的争斗深恶痛绝。王夫之亲历的南明这一段党争，《明史·严起恒传》记曰："李成栋叛大清，以广东附于王。起恒从王至肇庆，与王化澄、朱天麟同入直。时朝政决于成栋之子元胤。都御史袁彭年，少詹事刘湘客，给事中丁时魁、金堡、蒙正发五人附之，揽权植党，人目为五虎。起恒居其间，不能有所匡正。已而化澄、天麟相继罢。起恒洁廉，遇事持平，与文安侯马吉翔、司礼中官庞天寿共患难久，无所忤。而五虎憾起恒，竟诋为邪党。王在梧州，尚书吴贞毓等十四人合疏攻五虎，下湘客等狱，欲置之死。起恒顾跪王舟力救。"[1]《明史》这里的记述是从朝廷立场而发，较为正统。王夫之的儿子王敔的《大行府君行述》和潘宗洛的《船山先生传》则从相反的立场出发有不同记述。《行述》记："时粤仅一隅，而国命所系，则瞿公与少傅严公实砥柱焉。纪纲大坏，骄帅外讧，宦竖内恣，视弘隆朝之亡辙而更甚。科臣金公堡、袁公彭年、丁公时魁、刘公湘客、蒙公正发主持振刷，而内阁王化澄、悍帅陈邦傅、内竖夏国祥等交害之，指为'五虎'，廷杖下狱，将置之死。府君（按指王夫之）走诉严公：'诸君弃坟墓，捐妻子，从王于刀剑之下。而党人假不测威而杀之，则君臣义绝而三纲斁，虽欲效南宋之亡，明白慷慨，谁与共之？'

---

　　① 《明史》，中华书局，1974，第 7154～7155 页。

劝公俑匐求贷。时缇骑掠诸君舟，仆妾惊泣，府君正色责之而止。其后五君以严公力得不死。"① 王夫之虽以金堡等为正人而上疏力救，并上疏弹劾权臣王化澄，但也同意永历政权的主张："时方侘傺，欲静兵刑之气，先销唇舌之锋。正望大小臣工，和衷一德，共济时艰。"② 王夫之终因厌倦南明政权在残山剩水间倾轧、互讦的恶劣政治生态，决心回家乡隐居著书。这一短暂政治生涯中刻骨铭心的体验，都被他以隐晦的形式，反映在对《周易》的阐发中。可以说，王夫之对《既济》卦以上阐发，是他总结明亡教训，重建中国文化的理想的一个部分，也是他作为一个有担当、有抱负的亡国知识分子对国家、对民族文化的责任意识的鲜明体现。

---

① （明）王夫之：《船山全书》第十六册，第 80 页。
② （明）王夫之：《船山全书》第十六册，第 317 页。

东亚儒家政治思想中的"仁政"之实践：
东亚儒者对"汤武革命"说的辩论*

黄俊杰**

摘　要　"汤武革命"说是由孟子与荀子在战国时代邦国林立、天下尚未统一的历史情境中所提出，但是，"汤武革命"说之被各国儒者争论，是在大一统王权已成政治现实的时代之中。时代脉络与语境的巨大差异，使东亚各国国君与儒臣讨论"汤武革命"说时，均不能逃脱"名分论"的笼罩。东亚各国儒者都浸润在君臣"名分大义"的思想氛围之中，思考"汤武革命"的合法性问题。东亚儒者对"汤武革命"的论辩，充满了张力，触及三个具有东亚文化特色的伦理学问题：（1）"份位原则"与"行事原则"孰先？（2）君臣关系之相对性或绝对性？（3）"经"与"权"如何抉择？从东亚儒者对"汤武革命"说的论述所见，儒者析论这三个伦理学问题时，所着重的是行为者的责任而不是权利，在很大程度内显示：具有东亚文化特色的伦理学，本质上是一种"责任本位的伦理学"。

关键词　东亚儒家　"仁政"　"汤武革命"说

*　本文繁体字版系作者新书《东亚儒家仁学史论》（台大出版中心，2017 年）第 10 章，本刊征得同意，刊出简体字版。

**　黄俊杰，台湾高雄人，台湾大学历史学系教授，台湾"中研院"中国文哲研究所合聘研究员，主要从事东亚儒学、史学史与方法论、战后台湾史东亚儒学研究。

一　引言

东亚儒家仁学内外交辉，强调从"仁心"开出"仁政"，"修己"与"治人"不可断为两橛。孟子（前371～前289）"后车数十乘，从者数百人，以传食于诸侯"，[①] 鼓吹诸侯推行"仁政"，坚信"苟行王政，四海之内皆举首而望之，欲以为君"，[②] 认为施行"仁政"者必能"仁者无敌"。[③] 但是，如果国君无道，不行"仁政"，人民就可以革命。《易经》革卦象曰："汤武革命，顺乎天而应乎人"。[④] 孟子坚持"道二：仁与不仁而已"（《孟子·离娄上·2》），[⑤] 因此，不行"仁政"的暴君应被推翻，他说："闻诛一夫纣矣，未闻弑君也。"[⑥] 他高度肯定"汤武革命"。自孟子以后，"汤武革命"论成为东亚儒家"仁"学论述中的重要命题。

本文聚焦东亚儒者对"汤武革命"的解释及其所潜藏的伦理学问题，探讨儒家"仁"学论述在政治的实践中所呈现的问题。本文的探讨将循着以下三个问题而展开：

1. 东亚儒者如何理解"汤武革命"？

2. 东亚儒者对"汤武革命"的诠释言论中，呈现哪些伦理学的理论意趣？

3. 上述理论意趣对儒家"仁政"的实践具有何种启示？

本文第二部分分析两千年来中、韩、日各国儒者与儒臣对"汤武革命"的论辩，第三部分进一步解析东亚儒者的汤武论辩中所呈现的伦理学议题，第4节接着从上述论辩中，思考儒家"仁政"说在实践上所遭遇的君臣权力异质问题，第四部分则提出结论。

[①] （宋）朱熹：《孟子集注》，收入《四书章句集注》卷6，中华书局，1983，第267页。

[②] （宋）朱熹：《孟子集注》，收入《四书章句集注》卷6，第269页。

[③] （宋）朱熹：《孟子集注》，收入《四书章句集注》卷1，第206页。

[④] （三国魏）王弼撰、（唐）孔颖达疏《革》，《周易正义》卷5，北京大学出版社，1999，第238页。

[⑤] （宋）朱熹：《孟子集注》，收入《四书章句集注》卷7，第277页。

[⑥] （宋）朱熹：《孟子集注》，收入《四书章句集注》卷2，第221页。

二　东亚儒者对"汤武革命"的解释

（一）中国儒者"汤武革命"说的提出及其发展

从孟子之后，对"汤武革命"的肯定，是中国古代儒家的共识。荀子（约前298～前238）盛赞汤武"修其道，行其义，兴天下同利，除天下同害，天下归之"，[①] 又说："汤武者，善为人所好也"，[②] "汤武者，至天下之善禁令者也"，[③] "汤武者，民之父母也"，[④] 所以荀子说："天下归之之谓王，天下去之之谓亡。故桀、纣无天下而汤武不弑君"。[⑤] 荀子又说：

> 夺然后义，杀然后仁，上下易位然后贞，功参天地，泽被生民，夫是之谓权险之平，汤、武是也。[⑥]

荀子认为汤武革命乃是为了施行"仁政"，因为"汤武存，则天下从而治；桀纣存，则天下从而乱"，[⑦] 所以"杀然后仁"，不是弑君。诚如萧公权（字恭甫，号迹园，1897～1981）先生所说，荀子上述说法"与孟子'诛一夫'之说意义相同，而亦足证荀子不失为儒学之后劲"。[⑧]

孟子与荀子的"汤武革命"论，都是在群雄互争雄长、中国尚未统一的战国时代（前480～前222）。到了大一统帝国形成之后，"汤武革命"这项议题，就在不同的时代脉络与语境之中被解读。汉代以降，"汤武革命"论一再成为儒臣或儒家学者争论之议题。西汉景帝（在位于前157～前141）时，辕固与黄生就为"汤武革命"争论于景帝面前，《汉书·儒林传》记其事如下：

---

① （清）王先谦：《荀子集解》卷7，中华书局，1988，《王霸》，第224页。
② （清）王先谦：《荀子集解》卷11，《彊国》，第298页。
③ （清）王先谦：《荀子集解》卷12，《正论》，第329页。
④ （清）王先谦：《荀子集解》卷12，《正论》，第324页。
⑤ （清）王先谦：《荀子集解》卷12，《正论》，第324页。
⑥ （清）王先谦：《荀子集解》卷9，《臣道》，第257页。
⑦ （清）王先谦：《荀子集解》卷2，《荣辱》，第66页。
⑧ 萧公权：《中国政治思想史》上册，联经出版公司，1982，第109～110页。

辕固，齐人也。以治《诗》孝景时为博士，与黄生争论于上前。

黄生曰："汤武非受命，乃杀也。"

固曰："不然。夫桀纣荒乱，天下之心皆归汤武，汤武因天下之心而诛桀纣，桀纣之民弗为使而归汤武，汤武不得已而立，非受命（而）〔为〕何？"

黄生曰："'冠虽敝必加于首，履虽新必贯于足。'何者？上下之分也。今桀纣虽失道，然君上也；汤武虽圣，臣下也。夫主有失行，臣不正言匡过以尊天子，反因过而诛之，代立南面，非杀而何？"①

在以上这场论辩中，黄生所强调的是"上下之分"，桀纣是君，而汤武是臣，因此，主张汤武是叛乱而不是革命。辕固则认为桀纣荒乱，汤武得天下民心，所以是"受命"而不是叛乱。

在这场辩论中，黄生所采取的是一种"名分论"的立场，主张汤武是桀纣之臣，所以在任何状况下都不可以有异心；辕固所持的立场是以统治者是否践行其道德责任作为判断准则，主张桀纣失德应诛，汤武起兵乃是顺天应人的革命。

"汤武革命"这个议题从汉代以降持续发展，但是因为皇权至上的政治权力结构在帝制中国是一个超稳定结构，所以，多数儒臣均从名分论出发思考这个问题，北宋张九成（1092～1159）读《孟子·梁惠王下·8》"闻诛一夫纣"章，曾惊恐莫名，慌张失措地说：

> 余读此章，诵孟子之对，毛发森耸，何其劲厉如此哉？及思子贡之说曰：纣之不善，不如是之甚也。是以君子恶居下流，天下之恶皆归焉，何其忠恕若此哉？夫孔门之恕纣如此，而孟子直以一夫名之，不复以君臣论，其可怪也。予昔观史，纣为武王所迫，自燔于火而死。武王入至纣所，自射之，三发而后下车，亲以剑击之，以黄钺斩纣之头，悬之太白之旗。余读之掩卷不忍，至于流涕，曰：呜呼！武王虽圣人，臣也；纣虽无道，君也。武王尝北面事之，何忍为此事也。〔……〕余读圣贤之书，无不一一合于心。独于此而惨栗，若以为不当为者。余一介鄙夫，岂能望武王、周公、孔子、中庸之道，万分之一乎？而独如此，何哉？然而有子贡之说为之据，而孔子又无诛一夫之说。此余所以不敢决是非，俟世之有道君子

---

① （汉）班固撰，（唐）颜师古注：《儒林传·辕固》，《汉书》卷88，鼎文书局，1986，第3612页。

为之开警也。①

张九成生于皇权高涨的北宋时代，闻孟子"诛一夫"的言论而"毛发森耸"，而为之"惨栗"不已，实因他信持君臣上下名分之原则，所以坚持"武王虽圣人，臣也；纣虽无道，君也"。

在皇权至上的帝制中国，"汤武革命"是一项绝对敏感的议题，明儒郝敬（1558～1639）曾引宋高宗（在位于1127～1162）与尹焞（1061～1142）的对话如下：

> 宋高宗问尹焞曰："纣亦君也，孟子何以谓之一夫？"
>
> 焞对曰："此非孟子之言，武王誓师之辞也：独夫受，洪惟作威。"
>
> 又问："君视臣如土芥，臣便视君如寇雠？"
>
> 焞对曰："此亦非孟子之言也，《书》云：'抚我则后，虐我则雠。'"②

宋高宗以君臣名分的立场质疑孟子，尹焞则以逃避的语气回答孟子之言皆出自《尚书》，尹焞虽未正面回应宋高宗的问题，但清儒孙奇逢（1585～1675）仍对尹焞大为推崇，他遗憾明太祖（在位于1368～1398）斥孟子之时，"惜当日诸臣不能以焞语入告耳"。③

帝制中国的儒臣与儒者，都浸润在"名分论"的政治思想氛围之中，思考"汤武革命"这项议题。我所谓"名分论"政治思想，可以以北宋司马光（字君实，1019～1086）在《资治通鉴》开卷第一件史实，周威烈王23年（前403）年三家分晋之后的史论文字作为代表。司马光说：④

> 臣光曰：臣闻天子之职莫大于礼，礼莫大于分，分莫大于名。何谓礼？纪纲是也；何谓分？君、臣是也；何谓名？公、侯、卿、大夫是也。
>
> 夫以四海之广，兆民之众，受制于一人，虽有绝伦之力，高世之智，莫不奔

① （宋）张九成：《孟子传》卷4，台湾商务印书馆影印文渊阁四库全书本，1983，第271～272页。
② （明）郝敬：《孟子说解》，《四库全书存目丛书》经部第161册，庄严文化事业出版公司，1997，第31页。
③ （清）孙奇逢：《四书近旨》，台湾商务印书馆影印文渊阁四库全书本，1983，第768页。
④ （宋）司马光撰，（元）胡三省注，章钰校记：《新校资治通鉴注》卷1，世界书局，1976，《周纪一·威烈王二十三年（戊寅前403）》，第2～3页。

走而服役者，岂非以礼为之纲纪哉！是故天子统三公，三公率诸侯，诸侯制卿大夫，卿大夫治士庶人。贵以临贱，贱以承贵。上之使下，犹心腹之运手足，根本之制支叶；下之事上，犹手足之卫心腹，支叶之庇本根。然后能上下相保而国家治安。故曰：天子之职莫大于礼也。

司马光政治思想极为保守，① 他这一段评论史实的"臣光曰"文字中所呈现的"名分论"，确实是帝制中国的君臣思考"汤武革命"这件史实时的思想氛围。

为了说明这种思想氛围对"汤武革命"这项议题浸润之深刻，笔者想举明人李乐（字彦和，号临川，1532～1618）所撰《见闻杂记》中的一段记载：

> 王阳明初见宸濠，佯言售意以窥逆谋。宴时李士实在坐，宸濠言康陵政事缺失，外示愁叹。
>
> 士实曰："世岂无汤武耶？"
>
> 阳明曰："汤武亦须伊吕"。
>
> 宸濠又曰："有汤武，便有伊吕"。
>
> 阳明曰："若有伊吕，何患无夷齐？"自是阳明始知宸濠谋逆决矣。

王阳明初见宸濠，听闻宸濠说："有汤武，便有伊吕"，就知道宸濠必反，可见"汤武革命"这件历史事实，在阳明与宸濠这场对话中，是被阳明与宸濠置于一种双方共许的、未经明言的君臣上下名分之政治思想氛围之中被讨论的；而且，"汤武革命"这件史实，并不是被视为往事陈迹，而是与"现在"有关而对"现在"产生意义的"过去"；所以，阳明一听宸濠之言，就能从宸濠的"言内之意"，推知他的"言外之意"与"言后之意"。这一段对话，很能体现"汤武革命"这件史实在帝制中国被讨论时的语境与脉络。②

宋代以后，对"汤武革命"的第二种解释进路，主张汤武革命确实是放弑，但汤

---

① 参看 Xiao‒bin Ji, *Politics and Conservatism in Northern Song China：The Career and Thought of Sima Guang*（*A. D. 1019‒1086*），Hong Kong：The Chinese University Press, 2005, pp. 10‒15，pp. 35‒60。

② （明）李乐：《郑端简介言·四十七》，《见闻杂记》卷1，伟文图书出版公司，1977，第93～94页。

武的初心乃是为了"至公之道"。北宋刘敞（字原父，号公是，1019～1068）撰写《汤武论》，申论这种观点：①

　　说者曰："汤武非放弑"。是不然，是不及知圣人之权，不以至公之道待圣人，疑其有利天下之心，是以恶其有放弑之名，是以矫为之说，伪为之辞，其意则善矣，其义则不可通。凡恶放弑之名者，为其利之也。大则利天下，小则利一国。是以斥其所以取之之状，贬其所以夺之之罪。今汤武者，圣人也。大有天下，小有一国，无利之之心，无求之之意，然则何疑矣？果不足疑，尚何讳？夫有放弑之名已哉，以为汤武非放弑，是不及知圣人之权，不以至公之道待圣人，率其私心而为之隐者也。是蔽惑之说，非汤武之本指也。汤武之本指在乎隆至公之道，以立放弑之业，受放弑之名，以一至公之义。是以昔者汤放桀，惟有惭德，武王作大武之乐，尽其美不敢尽其善。苟不以放弑为名，汤尚何惭，武尚何未善哉？夫帝王之事，有变有常。常事，礼也；变事，权也。尧授舜，舜授禹，汤放桀，武王伐纣，是皆所谓权也。权者，反于经而后善，故必自贬损，然后中权矣。故尧舜不辞外禅之非，汤武不恶逆取之名。贬而益明，损而益隆者也，尚何疑而讳哉？

　　说者曰："汤武非放弑"。问之曰："汤武圣贤，而桀纣大恶也"。应之曰："然则亦以汤武为非臣，以桀纣为非君乎？夫放弑者，正君臣之名也，非正善恶之名也。桀纣虽不善，其位君也；汤武虽善，其位臣也。以臣伐君，而不谓之放弑，是去君臣乱上下之道也。苟无君臣焉可也？如有君臣，则桀纣乃所谓君，汤武乃所谓臣也。故桀纣天下之恶而已矣，汤武天下之贤而已矣。汤武之有天下，不利之耳，不求之耳，至放桀而伐纣，谁得而避之哉？故谓汤武非放弑，则去君臣而乱上下矣。天下之贤者，将起而掩其君以夺之矣，深非其君以罪而厚自荣以名矣。故善言道者不然，彼汤武者，真放弑者也。明白其道，所以序圣人之心，贬损其名，所以受天下之垢，受天下之垢而名不辱，百姓不疑，万世不非，是乃圣人之所以为圣也。谓汤武非放弑，是不及知圣人之权，不以至公之道待圣人，率其私心而为之隐者也，是去夫君臣上下丧名实者也。矫为之说，伪为之辨者也。昔者晋灵公为不道，诛国人，辱士大夫，支解膳宰，逐大臣赵盾。赵盾出奔，赵穿因

---

① （宋）刘敞：《论·汤武论》，《公是集》下册，卷40，商务印书馆，1937，第477～479页。

民之不悦，执公弑之，然而董狐书曰：'赵盾'。盾曰：'弑者非我也'。董狐曰：'子为正卿，亡不出境，入不讨贼，非子弑君，则谁哉？'孔子曰：'董狐，良史也；赵盾，良大夫也'。由是观之，盾非不知弑君之名也，为法受恶也。为法受恶者，所以崇君臣之义，厉上下之叙也。然而谓汤武非放弑者，是谓汤武无赵盾之德，无孔子之志也。"

这篇《汤武论》主要论点有四：（1）凡是认为汤武非放弑的人，就是不知汤武之权变，对汤武的利天下之心有所怀疑的人；（2）汤武之本心在于弘扬至公之道，所以愿意承受放弑之恶名；（3）称汤武为放弑，是为了正君臣之名分，如果说汤武非放弑，那么上下名分必乱；（4）所以，汤武真是放弑之人。贯穿上述论点的，就是自北宋《春秋》学大兴以来的名分论思想。①

在宋儒肯定名分论的思潮之下，也有以返"经"为"权"之说解释汤武之放伐者，朱子的言论可视为代表。《朱子语类》中有以下对话：

问："'中庸'之'庸'，平常也。所谓平常者，事理当然而无诡异也。或问言：'既曰当然，则自君臣父子日用之常，以至尧舜之禅授，汤武之放伐，无适而非平常矣。'窃谓尧舜禅授，汤武放伐，皆圣人非常之变，而谓之平常，何也？"

曰："尧舜禅授，汤武放伐，虽事异常，然皆是合当如此，便只是常事。如伊川说'经、权'字，'合权处，即便是经'。"

铢曰："程易说大过，以为'大过者，常事之大者耳，非有过于理也。圣人尽人道，非过于理'。是此意否？"

曰："正是如此。"

朱子认为汤武革命虽是异常，但是"合权处，即便是经"，符合"事理之当然"。②

---

① 关于北宋《春秋》学的兴起，参看牟润孙《两宋春秋学之主流》，收入《宋史研究集》第3辑，中华丛书编审委员会，1966，第103~121页；陈庆新《宋儒春秋尊王要义的发微与其政治思想》，《新亚学报》第10卷第1期（上册）（1971年12月），第269~368页；Alan T. Wood, *Limits to Autocracy: From Sung Neo-Confucianism to a Doctrine of Political Rights in China*, Honolulu: University of Hawai'i Press, 1995。

② （宋）黎靖德编，王星贤点校：《中庸·纲领》《朱子语类》卷62，中华书局，1986，第1484页。

宋儒所依凭以论断"汤武革命"之君臣名分论，至明末黄宗羲（字太冲，1610～1695）而一举廓清。黄宗羲著《明夷待访录》，阐扬《孟子》"民贵君轻"与《礼记·礼运》"天下为公"之旧义于明末专制政治最黑暗之日。诚如萧公权先生所说："〔黄宗羲〕政治哲学之大要在阐明立君所以为民与君臣乃人民之公仆二义"。① 黄宗羲重申孟子所论君臣相对性之政治哲学，对名分论展开凌厉的批判。黄宗羲说：

> 小儒规规焉以君臣之义无所逃于天地之间，至桀、纣之暴，犹谓汤、武不当诛之，而妄传伯夷、叔齐无稽之事，使兆人万姓崩溃之血肉，曾不异夫腐鼠。岂天地之大，于兆人万姓之中，独私其一人一姓乎？②

黄宗羲取"公天下"之义，以人民之福祉置于国君之上，所以主张汤武之诛除桀纣，乃天经地义之事，因为"天下之治乱，不在一姓之兴亡，而在万民之忧乐。是故桀、纣之亡，乃所以为治也〔……〕"③ 在黄宗羲看来，"汤武革命"实系顺乎天而应乎人，为民除害之义举。

（二）朝鲜儒者对"汤武革命"说的解释

"汤武革命"说是东亚儒家"仁政"论述的重要组成部分。朝鲜时代朝鲜君臣对话或大臣奏札中，就屡次触及"汤武革命"这个问题，正面肯定或反面批判汤武的言论皆屡见不鲜。④

---

① 萧公权：《中国政治思想史》下册，第637页。
② （明）黄宗羲：《明夷待访录·原君》，《黄宗羲全集》第1册，浙江古籍出版社，1985，第3页。
③ （明）黄宗羲：《明夷待访录·原臣》，第5页。
④ 例如：《中宗实录》，卷27，中宗十一年（1516年，丙子，明正德十一年）12月12日（戊午），第三纪事，收入国史编纂委员会编《朝鲜王朝实录》（东国文化社，1955～1958），第15册，第243页；《宣祖实录》卷165，宣祖三十六年（1603年，癸卯，明万历三十一年）8月10日（癸巳），第一纪事，收入《朝鲜王朝实录》第24册，第514页；《仁祖实录》卷10，仁祖三年（1625年，乙丑，明天启五年）10月29日（甲辰），第一纪事，收入《朝鲜王朝实录》第34册，第45页；《仁祖实录》卷42，仁祖十九年（1641年，辛巳，明崇祯十四年）7月10日（甲申），第三纪事，收入《朝鲜王朝实录》第35册，第102页。

在朝鲜时代儒者所提出的关于"汤武革命"的各种意见中，权得己（字重子，号晚悔，1570～1622）的《汤武革命论》，与丁若镛（号茶山，1762～1836）的《汤论》这两篇论文，正好站在思想光谱的两端。前者强调君臣名分论与天命论，后者特重以臣伐君之合理性。我们以权得己与丁茶山的论述为代表，分析双方的主要论点。

权得己虽避世而为一介民间学者，但是他的政治思想颇为保守，所撰〈汤武革命论〉一文，对汤武革命提出完整的论述。权得己的汤武论区分"古"与"今"之不同，前半段论述在汤武的时代，学者以"天命"之绝否，作为是否革命之判准。权得己说：①

> 盖汤武，古之建国也。原其本始，则人之生也。初无君长，但村落相聚而为屯，于其中推其才智德望能服人者以为之长。众长之中，又推其才智德望之最优者以为之君，此之谓诸侯。诸侯之中，又推其德之最大者以为天子，此尧舜以前官天下之时也。降及夏后，启又为众所推而遂有世及之俗。天下仍戴启之子孙，以至于桀。汤之放桀，又戴汤之子孙，以至于纣。商周二国，盖皆先圣王之裔，而立国已久，非桀纣之所擢拔而任使之者也，亦非夏商之世所裂地而封之者也。故天命未绝则为君臣，天命既绝则可以应天顺人。桀之时则无所闻，若殷之三仁，以王室至亲。祖伊、胶鬲，亦皆一时贤臣。苟欲有为，则商民方苦于纣虐，岂不乐从之哉？然而不敢者，盖其义理在汤武则可，而在三仁祖伊胶鬲则不可故也。

这段文字主张，古代邦国之形成系由下而上，共推德之最大者为天子。② 汤武本非桀纣之所拔擢，所以"天命未绝则为君臣，天命既绝则可以应天顺人"，汤武革命有其合法性。

但是，权得己认为当大一统帝国形成之后，则有君臣之名分，他说：

> 后世则不然，四境之内一君而已，无前代世袭封建之国。苟有一日君臣之分者，

---

① 〔韩〕权得己：《汤武革命论》，见《晚悔先生文集》第 1 册卷 2，收入韩国文集编纂委员会编《韩国历代文集丛书》第 598 册，景仁文化社，1999，第 52～53 页。

② 权得己这种说法与唐代柳宗元（字子厚，773～819）所撰《封建论》之说如出一辙，若合符节。见（唐）柳宗元《封建论》，中华书局上海编辑所编辑《柳河东集》卷 3，中华书局，1960，第 44～48 页。

则君之无道，不能匡救，而又从而为利，则甚不可。虽圣人复起，不易斯言。故应天命者，必起于匹夫，然后可以免君子之责矣。虽然匹夫而起者，亦若是，圣贤地位以上人，则不肯做。汤武则原是有民社土地甲兵而古之建国，故民被桀、纣之虐，而咸为之归依。则是拯救之责，专在于身，故弗容不起。若匹夫则初无民社甲兵，天吏之责，未便在我，而我乃纠合徒众而起，则是先有心于利之，而非汤武之不得已也。又尝因是而论之：孟子所谓诸侯危社稷则变置，及贵戚之卿反覆之而不听则易位者，亦只是言春秋以来君臣之事，及言其势之所必至耳，非谓易位变置，安于义理而无所妨也。盖如赵盾、栾书，虽是大恶，而其君无道，势所必至。夏商二代，列国亦容或有如此者，故指以言之，以警时君耳。三仁，是贵戚之卿，而其所自处者，不过如是，则恐当以是为准则，然后为尽善也。若使孟子居贵戚之卿，则其所处必准三仁而不行易位之事矣。或者举伊尹之事以为诿，则伊尹之营于桐宫者，使太甲居忧而非放之也。其曰放者，后世以其迹涉于放。故或谓之放耳，亦自是上古风俗质朴，师臣之于人君，有警责教诲之道。如父兄之为者，故如是耳。后世则古今异制，不可如是。虽贵戚师臣，苟遇无道不可谏者，有可去之义则去之，不可去者则以身殉之而已。此外更无可为，然不可为诡随苟容之态也。又尝见孟子国人寇雠之说，或颇疑之，此不然。夫君臣务欲各尽其道，君虽待我以无道，我岂可以不忠报之乎？孟子此言，特言众人之所谓君臣者，其势必至于是。①

权得己主张，在大一统帝国时代，应"天命"之召唤起而革命的人必须是匹夫，因为一旦建立君臣名分，则"君虽待我以无道，我岂可以不忠报之乎？"权得己在帝国时代强调的是名分论而不是天命论。权得己以时代区分，既以天命论合理化汤武革命，又以君臣名分论坚持帝国时代革命之不合法性。

笔者认为权得己政治思想本质上是保守的，因为他从"现状"（status quo）出发思考。他论"汤武革命"时所强调的君臣名分论，是为朝鲜王朝政治的现实权力关系背书。这种名分论立场，在他对《孟子》的解释中，表现得更为清楚，权得己说：②

---

① 〔韩〕权得己：《汤武革命论》，见《晚悔先生文集》第 1 册卷 2，收入《韩国历代文集丛书》第 598 册，第 53～56 页。

② 〔韩〕权得己：《杂著·汤放桀武王伐纣章》，见《晚悔先生文集》第 2 册，收入《韩国历代文集丛书》，第 599 册，第 343 页。

古与今异，若世族之家累世受恩，虽天命已改，无所效忠之地，其所自处但有二道，若不为逄干之死则为微子之行遁而已，岂可乘危侥幸弁髦吾君，而自取大利图为佐命也哉？若此，则狗彘之不若也，汉魏以来，尧舜汤武一何多也？然君子不之与者，虽自附如此，其事实殊也，吾家先世未尝有策勋之事，是亦世德，愿吾子孙世守此义，国家有难，则各以职分死之，无道之世，则预于未乱未危之前洁身而去之，至于功名之涂则避之，盖有意于功名便是利心、长此心也，何所不至千百恶行，皆由于此一念，吾子孙宜切戒之，又不宜干没于乱世，自蹈祸机而临危苟免也。

权得己认为"汤武革命"的合法性，必须放在"古"与"今"不同历史脉络中思考。他认为"若世族之家累世受恩"，虽"天命已改"，但只有效死或隐遁两条路可走。权得己并告诫他的子孙"世守此义，国家有难，则各以职分死之"。

与权得己的保守论调相较之下，晚生于权得己192年的丁若镛，则对"汤武革命"大加肯定，他说：[1]

汤放桀可乎？臣伐君而可乎？曰：古之道也，非汤创为之也。神农氏世衰，诸侯相虐，轩辕习用干戈，以征不享，诸侯咸归，以与炎帝战于阪泉之野。三战而得志，以代神农（见本纪），则是臣伐君，而黄帝为之。将臣伐君而罪之，黄帝为首恶，而汤奚问焉？夫天子何为而有也？将天雨天子而立之乎，抑涌出地为天子乎？五家为邻，推长于五者为邻长。五邻为里，推长于五者为里长。五鄙为县，推长于五者为县长。诸县长之所共推者，为诸侯，诸侯之所共推者为天子。天子者，众推之而成者也。夫众推之而成，亦众不推之而不成。故五家不协，五家议之，改邻长。五邻不协，二十五家议之，改里长。九侯八伯不协，九侯八伯议，改天子。九侯八伯之改天子，犹五家之改邻长，二十五家之改里长，谁肯曰臣伐君哉？又其改之也，使不得为天子而已，降而复于诸侯则许之，故唐侯曰朱，虞侯曰商均，夏侯曰杞子，殷侯曰宋公，其绝之而不侯之，自秦于周始也。于是秦绝不侯，汉绝不侯，人见其绝而不侯也。谓凡伐天子者不仁，岂情也哉？舞于庭者六十四人，选于中，令执羽葆，立于首，以导舞者。其执羽葆者能左右之，中

---

① 〔韩〕丁若镛：《文集》卷11，《汤论》，收入茶山学术文化财团编《（校勘·标点）定本与犹堂全书》第2册，茶山学术文化财团，2012，第304~305页。

节则众尊而呼之曰我舞师。其执羽葆者不能左右之中节，则众执而下之，复于列，再选之。得能者而升之，尊而呼之曰我舞师。其执而下之者，众也，而升而尊之者，亦众也。夫升而尊之，而罪其升以代人，岂理也哉？自汉以降，天子立诸侯，诸侯立县长，县长立里长，里长立邻长，有敢不恭其名，曰逆。其谓之逆者何？古者，下而上；下而上者，顺也。今也，上而下；下而上者，逆也。故莽、操、懿、裕、衍之等，逆也；武王、汤、黄帝之等，王之明、帝之圣者也。不知其然，辄欲贬汤武，以卑于尧舜，岂所谓达古今之变者哉？庄子曰："蟪蛄不知春秋。"

丁茶山这篇《汤论》，提出以下主要论点：（1）以臣伐君是古代历史的常道。（2）古代的政治领袖乃由下而上，众人推举而产生。（3）如果未能获得众人推尊，则不能成为天子。天子之更改，犹如邻里长之更换。（4）所以，认为讨伐天子就是"不仁"的主张，是不能成立的。丁茶山在《逸周书克殷篇辨》一文中又说："今人以秦以后之眼，仰视秦以前之天。其万事万物，无一非倒景斜光，汤武其最大者也。"①

从以上的论点来看，丁茶山对"汤武革命"的肯定，本质上是一种"历史判断"，而不是一种"道德判断"。丁茶山只是就古代中国统治者乃由下而上层层推举的历史事实，而肯定以臣伐君符合古代政治的实情，这是一种"事实判断"。丁茶山的《汤论》这篇文章，并未就"汤武革命"这项历史事实，施以一种"价值判断"，在道德上提出正面肯定或反面驳斥。

但是，丁茶山在其他著作中，就推崇汤武为圣人。丁茶山在《中庸讲义补》中说："今案：尧舜，性之者也；汤武，反之者也。太上尧舜，其次汤武，虽然其毕竟为至诚之圣人，则同也。自诚明，圣人也；自明诚，亦圣人也"。② 丁茶山不赞成孔颖达（574～647）与邢昺（932～1010）所提武王以征伐取天下，所以未尽善之说。丁茶山在《论语古今注》中说：③

---

① 〔韩〕丁若镛：《梅氏书评》，卷10，《逸周书克殷篇辨》，收入《（校勘·标点）定本与犹堂全书》，第13册，第329页。

② 〔韩〕丁若镛：《中庸讲义补》，《其次致曲节》，收入《（校勘·标点）定本与犹堂全书》，第6册，第365页。

③ 〔韩〕丁若镛：《论语古今注》，卷2，《八佾》，收入《（校勘·标点）定本与犹堂全书》，第8册，第137页。

夫善与恶对，未尽善则归于恶而已。善之与恶，如阴阳黑白。非阳则阴，非白则黑。阴阳之间，无非阴非阳之物。黑白之间，无非白非黑之色。既未尽善，明有一分恶根未及尽去者也。有瓷焉，全体皆好，惟一孔有漏，终是破瓷。有人焉，全体皆好，惟一恶未去，终是恶人。此善恶剖判之法也。况汤武之事，不是小节，善则为大善，恶则为大恶。居大善而带小恶，无是理也。若带小恶，明非圣人。若非圣人，必归大恶。乌可模糊言之？不惟武王为然，起此事者文王也，成此业者周公也。若云武王有未尽善，此罪此案，武王无独当之理，并文王周公皆未尽善。一家三圣，皆蒙大名。

丁茶山认为汤武是圣人毫无可疑，他在《对策》中主张应因孟子之书而求武王之道，尧舜汤武虽气象悬殊，但都壁立千仞，光辉有迹。[①]

（三）日本儒者的"汤武放伐论"

现在，我们转而探讨日本儒者的汤武论。德川时代日本儒者对汤武革命这件史实也议论纷纷，意见光谱的一端以伊藤仁斋（1627～1705）与荻生徂徕（1666～1728）为代表，主张"汤武放伐论"；另一端以伊东蓝田（名龟年，通称金藏，号蓝田，1734～1809）为代表，主张"汤武非放伐论"，认为汤武所为乃是篡弑。兹详说如下。

1. "汤武放伐论"

17世纪古学派儒者伊藤仁斋，批驳朱子以经权说解释汤武，他说：

先儒又谓，如汤武放伐，伊尹放太甲，是权，此亦不深考耳。若伊尹之放太甲，固是权，如汤武之放伐，可谓之道，不可谓之权，何哉？权者，一人之所能，而非天下之公共；道者，天下之公共，而非一人之私情。故为天下除残，谓之仁；为天下去暴，谓之义。当时籍令汤武不放伐，桀纣然其恶未悛焉，则必又有若汤武者诛之。不在上，则必在下；一人不能之，则天下能之。子婴被杀于咸阳，隋

---

① 〔韩〕丁若镛：《文集》卷8，《对策·孟子策》，收入《（校勘·标点）定本与犹堂全书》第2册，第79～80页。

炀受戮于江都，非项氏、宇文之力所能，盖以合于天下之所同欲也。唯汤武不徇
己之私情，而能从天下之所同然，故谓之道。汉儒不知此理，故有反经合道之说。
宋儒有权非圣人不能行之论。其他非议孟子之说者，皆不知道为天下公共之物，
而漫为臆说耳。①

伊藤仁斋不取朱子所持汤武乃返"经"为"权"之说，他认为汤武放伐即"道"，
因为"道"是"天下公共之物"。伊藤仁斋又说：

　　道也者，天下之公共，人心之所同然，众心之所归，道之所存也。〔……〕故
汤武之放伐，天下放伐之也，天下之公共，而人心之所同然，于是可见矣。孟子
之言，岂非万世不易之定论乎！宋儒以汤武放伐为权变，亦非也。天下之同然之
谓道，一时之从宜之谓权，汤武放伐即道也，不可以谓之权也。②

以上这一段话中，最关键的是"人心之所同然"这句话，所谓"汤武放伐即是
道"这句话中的"道"并非言人人殊，而是必须于"人心"之动向观之。伊藤仁斋曾
引宋人陈栎（字寿翁、徽之，号定宇，1252～1334）说："以人心观天命，欲知天命，
当观人心；欲得人心，当施仁政"。③ 伊藤仁斋经由"以人心观天命"，而将"汤武革
命"注入"仁政"的内涵。

晚生于伊藤仁斋39年的荻生徂徕的汤武论，也主张"汤武放伐论"，但细部论点
与仁斋同中有异。首先，徂徕反对仁斋以"汤武放伐"为"道"之说，他说：

　　至于以汤武放伐为道者，则大不然矣，何者？汤武圣人也，圣人者，道之所
出也，〔……〕夫汤武者，开国之君也，开国之君，配诸天，举一代之人，尊而奉
之，孰敢间之。〔……〕后世有论汤武放伐者，仿孟子也，故汉儒以为权，仁斋以

---

① 〔日〕伊藤仁斋：《语孟字义》，收入井上哲次郎、蟹江义丸编《日本伦理彙编》，育成会，
　　1901～1903，第5册，古學派の部（中），卷下，第51～52页。
② 〔日〕伊藤仁斋：《孟子古义》，收入关仪一郎编《日本名家四书注释全书》（东洋图书
　　刊行会，1922～1926），孟子部1，卷1，第35～36页。渡边浩指出：伊藤仁斋主张暴君
　　放伐乃"道"之实践，见渡边浩《近世日本社會と宋學》，东京大学出版会，1985，第
　　239页。
③ 〔日〕伊藤仁斋：《孟子古义》，收入《日本名家四书注释全书》孟子部1，第38页。

为道，皆僭妄已。①

　　徂徕一再宣称"道者，先王之道也"，② 所谓"道者，先王之道也"一语的确切含义就是："道者，古圣人之所建"，③ 因此，他反对仁斋所说"俗即是道"。④ 徂徕说："道者，统名也。举礼乐刑政，凡先王所建者，合而命之也。非离礼乐刑政，别有所谓道者也"。⑤ 徂徕的"道"是以"人为构作说"（anthropo-constructivism）为基础的"道"。所以，他反驳仁斋之以"汤武放伐"这项历史事件作为"道"之本身，他主张汤武是圣王，乃是"道"之所由出之圣人。张崑将曾比较仁斋与徂徕的"汤武放伐"论之差异说："仁斋将焦点投注在放伐行为所关怀的'对象'——即'人心'，因此是个'民本论'的思维；徂徕则关注放伐行为的'资格者'——即'人君'（或圣王），因此是个十足的尊君主义者。"⑥ 其说可从。

　　其次，尊君论的徂徕与仁斋虽然都认为"汤武放伐"系奉"天命"，但仁斋所重视的是"以人心观天命"，而徂徕强调"汤武以奉天安民为心，故不得不取"。⑦ 徂徕主张"敬天者，仁之本也。故当仁不让，师仁以为己任，尧舜禅让，汤武放伐，皆以此也"。⑧ 徂徕解释孟子所谓"天吏"一词的含义说："君子直奉天命，是谓天吏，如汤伐桀，武王伐纣，皆称天，即此义也。"⑨ 相对而言，仁斋

---

① 〔日〕荻生徂徕：《论语征》，收入《日本名家四书注释全书》论语部 5，第 193 页。
② "道者，先王之道也"一语，屡见于徂徕著作，如《论语征》，第 79、82、149、297、324、308 页，及荻生徂徕《辨道》，收入《日本伦理彙编》，第 6 册，古学派の部（下），页 11 以下各条。田原嗣郎（1924～）对徂徕学中的"道"，有细致之探讨，参看〔日〕田原嗣郎《徂徕学の世界》，东京大学出版会，1991，第 53～130 页。
③ 〔日〕荻生徂徕：《论语征》，收入《日本名家四书注释全书》，论语部 5，第 178 页。
④ 〔日〕伊藤仁斋：《论语古义》，收入《日本名家四书注释全书》，论语部 1，卷 5，第 130 页。
⑤ 〔日〕荻生徂徕：《辨道》，收入《日本论理彙编》，第 6 册，古学派の部（下），第 13 页。
⑥ 张崑将：《德川日本时代古学派之王道政治论》，台大出版中心，2004，第 168 页。
⑦ 〔日〕荻生徂徕：《蘐园十笔》，收入《日本儒林丛书》，第 7 册，续编·随笔部第一，第 28 页。
⑧ 〔日〕荻生徂徕：《蘐园十笔》，收入《日本儒林丛书》，第 7 册，续编·随笔部第一，第 117 页。
⑨ 〔日〕荻生徂徕：《辨名》，收入《日本伦理彙编》，第 6 册，古學派の部（下），卷下，《天命帝鬼神》，第 88 页。

所说的"天命"较注重由下往上之意，而徂徕的汤武论中的"天命"，则似较强调由上而下之意。

2. "汤武非放伐论"

德川时代主张汤武不是放伐而是篡弑的儒者，是 18 世纪的伊东蓝田。伊东蓝田著《弁汤武非放伐论》，自称"折衷孔氏，取合于礼，以正其名"。① 《弁汤武非放伐论》分上、下两篇，上篇叙明他的基本立场，强调"独我日本，虽越在海东，自剖判以迄于今，天子一姓，传之无穷，莫有革命，则可以辨汤武非放伐已矣"。② 下篇则申明他主张"汤武乃篡弑"说的古典依据。伊东蓝田说：③

> 汤武，非放伐也。汤武者，孰谓？谓成汤周武也。何言乎非放伐？篡弑也。汤武圣人也，曷为篡弑？篡弑，臣杀君之谓弑，下夺上之谓篡。尺地莫非王土也，一民莫非王臣也。成汤，夏后氏之诸侯也。周武，商之西伯之子。虽圣，然臣也。桀纣虽失道，天子也。夷齐扣马语，可以见也。故成汤假上帝誓师，既胜夏，维有惭德。周武载文王木主，自称大子以伐殷，示不敢自专，则虽汤武亦心知其为篡弑矣。

伊东蓝田立足于名分论的基础上，坚持"君虽不君，臣不可以不臣；父虽不父，子不可以不子"。④ 所以，他主张汤武之事根本不应视为放伐，应视为篡弑。他的说法与西汉景帝时的黄生如出一辙。⑤

---

① 〔日〕伊东蓝田著，奈良髦编《蓝田先生汤武论·辨汤武非放伐论后叙》，收入《日本儒林丛书》，第 4 册，弁部，第 4 页。

② 〔日〕伊东蓝田著，奈良髦编《蓝田先生汤武论·辨汤武非放伐论·上》，收入《日本儒林丛书》，第 4 册，弁部，第 2 页。

③ 〔日〕伊东蓝田著，奈良髦编《蓝田先生汤武论·辨汤武非放伐论·上》，收入《日本儒林丛书》，第 4 册，弁部，第 1 页。

④ 〔日〕伊东蓝田著，奈良髦编《蓝田先生汤武论·辨汤武非放伐论后叙》，收入《日本儒林丛书》，第 4 册，弁部，第 4 页。

⑤ （汉）班固撰，（唐）颜师古注：《儒林传·辕固》《汉书》卷88，鼎文书局，1986，第3612页。

三　东亚儒者汤武论中的伦理学问题

在梳理了中韩日儒者论述"汤武革命"的言论之后，现在我们可以进一步讨论东亚儒者汤武论中所潜藏的伦理学问题，主要可以归纳为以下三个问题。

（一）在实践"仁政"理念时，到底"份位原则"优先或是"行事原则"优先？

本文第二部分回顾东亚儒者的汤武论时，时时触及这个具有东亚文化特色的应用伦理学问题。所谓"份位原则"，就是指行为者（如汤武）在采取政治或社会经济行动（如革命）时，所考量的原则是名分与地位的问题；所谓"行事原则"，指行为者所考量的原则是该行为的价值或效益（如能否为人民创造福祉）之问题。

远在西汉景帝时，黄生与辕固在景帝面前争论"汤武革命"，黄生坚持君臣"上下之分"，[①] 他所采取的就是"份位原则"；辕固主张"桀纣荒乱"，所以汤武乃是"受命"，[②] 他所采取的是"行事原则"。北宋高宗提出"纣亦君也，孟子何以谓之一夫？"[③] 之问，也是采取"份位原则"。朝鲜儒者权得己强调"古""今"不同，汤武在古代可以视"天命"之转移而采取革命行为；但是帝国大一统之后，则应坚守君臣之分，他采取的是"份位原则"。日本儒者伊藤仁斋与荻生徂徕主张汤武乃"放伐"，仁斋是基于"行事原则"，徂徕则采取"份位原则"；但伊东蓝田主张汤武是"篡弑"，则是采取"份位原则"。东亚儒者的汤武论中的"份位原则"，建立在"名分论"的政治思想之基础之上。

但是，在儒家"仁政"论述的"份位原则"与"行事原则"的拉锯之中，涉及东亚传统政治思想的一个重要概念——"天命"。孔子自言"五十而知天命"，[④] 乃就个

---

① （汉）班固撰，（唐）颜师古注：《儒林传·辕固》《汉书》卷88，鼎文书局，1986，第3612页。

② （汉）班固撰，（唐）颜师古注：《儒林传·辕固》《汉书》卷88，鼎文书局，1986，第3612页。

③ （明）郝敬：《孟子说解》，收入《四库全书存目丛书》经部第161册，第31页。

④ （宋）朱熹：《论语集注》，收入《四书章句集注》卷1，第54页。

人精神之进境言，寓有深邃的宇宙悲情意识（可称为"cosmic feeling"）。孟子则以"天意"或"天命"论政权之转移与合法化。北宋程颐（伊川，1033～1107）有以下一段对话：①

> 或谓："孔子尊周，孟子欲齐王行王政，何也？"
>
> 先生曰："譬如一树，有可栽培之理则栽培之，不然须别种。贤圣何心，视天命之改与未改尔。"

程子所说"视天命之改与未改尔"，可说持之有故，言之成理。朱子论政特重"天命"必须因时之义，他说："齐桓之时，周德虽衰，天命未改，革命之事，未可为也"，② 又说："废兴存亡惟天命，不敢不从，若汤武是也"，③ "此处皆系乎天，不由乎人"；④ 朝鲜儒者权得己说在古代中国"天命未绝则为君臣，天命已绝则可以应天顺人"；⑤ 伊藤仁斋与荻生徂徕之所以主张汤武乃是"放伐"，就是因为汤武奉"天命"。

但是，问题是，谁拥有"天命"的解释权？从汉代以降，儒臣致力于争取"天命"的解释权，想将皇帝权力关进"天命"的牢笼。但是，在秦汉大一统帝国的政治现实之下，"孝"这项儒家核心价值，受到帝国权力的渗透，出现儒家与法家交融之现象，自惠帝（在位于前195～前188）以后，大汉帝国的皇帝宣称以"孝"治天下，皇帝庙号均被冠以"孝"字；⑥ 而且皇帝成为"天"在人间的最高代表——"天子"。汉成帝（在位于前33～前7）时，丞相翟方进（？～前7）就以天象变化之罪名，在

---

① （宋）程颢：《河南程氏外书》，见《河南程氏遗书》，卷11，收入（宋）程颢、程颐著，王孝鱼点校《二程集》上册，中华书局，1981，2004，第145页。

② 见余允文《尊孟辨》卷中，商务印书馆据守山阁丛书本排印，1937，第15页。

③ （宋）黎靖德编，王星贤点校：《朱子语类》卷56，《孟子六·离娄上·三代之得天下章》，第1326页。

④ （宋）朱熹：《书三十四知旧门人问答十九·答陈安卿》，收入陈俊民校编《朱子文集》卷57，德富文教基金会，2000，第2771页。

⑤ 〔韩〕权得己：《汤武革命论》，见《晚悔先生文集》第1册卷2，收入《韩国历代文集丛书》，第598册，第53页。

⑥ 参看〔日〕越智重明《孝思想の展開と始皇帝》，《"國立"臺灣大學歷史學系學報》第15期（1990年12月），第39～64页。

"天人相感"的政治思想氛围之中被赐死。① 儒臣争取对"天命"解释权的努力，显然是失败的。

再者，儒者希望透过掌握"仁政"的解释权，而确立汤武得"天命"的论述，其实也不容易落实。王勉〔生卒年不详，疑为绍兴二年（1132）进士〕说："惟在下者有汤武之仁，而在上者有桀纣之暴，则可。不然，是未免于篡弑之罪也"，这句话被朱子在《孟子集注·梁惠王下·8》的集注所引用，② 也被19世纪日本的藤泽东畡（1795~1865）所引用，③ 显然都获得他们的认同。

但是，在20世纪以前的东亚知识界，不论是"天命"或"仁政"的解释，不仅是一套纯粹概念的推演而已，它们都是在皇权至上的现实权力结构之中被思考、被论述；"天命"、"仁"或"仁政"等政治理念，并不是一套知识的游戏，而常常蕴含着未来行动的纲领，所以，政治敏感度极高的王阳明初见宸濠，一听宸濠说："有汤武，便有伊吕"，④ 就判断宸濠必反。总而言之，"天命"或"仁政"的解释权的争夺，是20世纪以前东亚各国君臣权力拉锯斗争的一种表现方式。但是，由于君臣双方所拥有的权力之本质上的差异（详下节），所以儒臣的"仁政"理想，终究只能成为"未完成的计划"（unfinished project）。

（二）君臣关系是绝对性的关系或是相对性的关系？

东亚儒者对"汤武革命"的诠释言论中，所涉及的第二个伦理学问题就是"汤武革命"的合法性问题，这个问题的本质就是君臣关系问题。如果君臣关系是如孟子所主张的相对性关系，那么，汤武"革命"或"放伐"（日本儒者习用"放伐"一词），就取得完全的正当性。但是，如果君臣关系是上下名分的绝对性关系，那么，汤武之所为就不是"革命"而是"篡弑"。

这个问题在宋代儒者关于孟子不尊周王的争辩中，就已首次引爆。北宋司马光

---

① （宋）司马光著，（元）胡三省注，章钰校记：《新校资治通鉴注》卷33，世界书局，2009，第1051页。

② （宋）朱熹：《孟子集注》，收入《四书章句集注》卷2，第221页。

③ 〔日〕藤泽东畡：《思问録附批评》，收入《日本儒林丛书》，第4册，论弁部，第6页。

④ （明）李乐：《见闻杂记》卷1，伟文图书出版公司，1977，《郑端简今言·四十七》，第94页。

（字君实，1019～1086）著《疑孟》申言"夫君臣之义，人之大伦也"，[①]诘疑孟子之不尊周；李觏（字泰伯，1009～1059）感叹周显王（在位于前368～前321）并非商纣而齐梁不事之，并非夏桀而孟子不就之。[②]郑厚叔（字叔友，约1135）批判孟子鼓吹诸侯"使自为汤、武，则是诸侯未尝受命于天子也"。[③]笔者在旧著中已详论，[④]兹不再赘及。本文第二部分曾引北宋刘敞所撰《汤武论》，[⑤]指出刘敞之所以指汤武为弘扬"至公之道"，但仍为篡弑，其目的实系为正君臣之名分。

朝鲜儒者权得己将"汤武革命"置于"古""今"异趣之脉络中考量，认为大一统之后应以君臣名分为重，并告诫子孙"世守此义，国家有难，则各以职分死之"。[⑥]日儒伊东蓝田亦在君臣上下关系之绝对性的基础之上，批判汤武之举不可称为"放伐"。

在君臣关系本质的厘定中，最核心的问题是："君"的地位是"生就的地位"（ascribed status）或是"获得的地位"（achieved status）这个问题。[⑦]认为汤武是"篡弑"的东亚儒者，都预设国君的地位是"生就的"，君臣名分天经地义，不可颠倒；认为汤武是"革命"或"放伐"的东亚儒者，都认为国君之地位乃是"获得的"，"王"必须行"仁政"，必须体"道"，施行"王道"，才能获得统治的合法性；如果"王"背叛了"道"，那么，人民就拥有革命的权力。"孟子不尊周王"这个问题，引起宋儒的激辩；这个问题也引起朝鲜儒者的讨论。鱼有凤（字舜瑞，号杞园，1672～1744）撰《孟子不尊周论》一文，强调孟子之所以不尊周，乃因"人心离乎周也。人心之所离，

---

① （宋）司马光：《孟子将朝王至孟子谓蚔鼃云云》，《温国文正公文集》（四部丛刊景宋绍兴本），卷73，第541页；并见（宋）朱熹《杂著·读余隐之尊孟辨·温公疑孟上》，收入《朱子文集》卷73，第3649页。

② （宋）朱熹：《杂著·读余隐之尊孟辨·李公常语上》，收入《朱子文集》卷73，第3668～3669页。

③ （宋）朱熹：《杂著·读余隐之尊孟辨·李公常语上》，收入《朱子文集》卷73，第3688页。

④ 另详黄俊杰《孟学思想史论》（卷二）第4章，"中央研究院"中国文哲研究所筹备处，1997，2001，第127～190页。

⑤ （宋）刘敞：《公是集》下册，卷40，《论·汤武论》，第477～479页。

⑥ 〔韩〕权得己：《杂著·汤放桀武王伐纣章》，见《晚悔先生文集》第2册，收入《韩国历代文集丛书》，第599册，第343页。

⑦ 这是人类学家林顿（Ralph Linton）创造的名词，见 Ralph Linton, *The Study of Man*, New York: Appleton - Century Company, 1936, Ch. 8, pp. 113 - 131, esp. pp. 115 - 116。

天命之所绝也"。① 洪泰猷（字伯亨，号耐斋，1672～1715）说：②

> 尊王，大经也，大法也。夫安有圣贤而不知尊王者哉？然非若愚夫愚妇见王
> 宫室之崇以为尊也，见王衮冕之饰以为尊也。王必也存先王之心，而后方见其尊
> 也。王必也行先王之政，而后方见其尊也。先王之心，何也？仁心也。先王之政，
> 何也？德政也。故宫室之崇，衮冕之饰，见之者皆知尊也。若其仁心德政之所存，
> 为可尊为不可尊，唯圣哲能知之。夫有可尊而尊之，是王也。有不可尊而不尊之，
> 是非王也。故能尊王能不尊王，亦惟圣哲由之。尊恶乎在？曰王。王恶乎在？曰
> 道。道之所存，既仁心德政之所存也。然则孟子之尊周与不尊周，亦视此而已。

鱼有凤与洪泰猷都主张"王"的统治地位，并不是"生就的"，而是必须以"仁
心"施行"仁政"，才能获得人民的支持。

（三）"经"与"权"的抉择

东亚儒者的管仲论所触及的第三个伦理学问题是：行为者（如汤武）如何在恒常
的规范（"经"）与因人因事而调整的权变（"权"）之间，维持动态的平衡？

孔子首先提出"权"的必要性。在《论语·子罕·29》中，孔子区分人与人之"可与共
学""可与适道""可与立""可与权"之不同层次的关系，而以"可与权"为最高境界。③ 孟

---

① 〔韩〕鱼有凤：《杞园集·杂著选·孟子不尊周论》，收入中国社会科学院历史研究所文化
　史研究室编《域外所见中国古史研究资料汇编·朝鲜汉籍篇》，西南师范大学出版社、人
　民出版社，2013，第 2 册，第 308 页。

② 〔韩〕洪泰猷：《论·孟子不尊周论》，见《耐斋先生文集》卷 5，收入《韩国历代文集丛
　书》第 647 册，第 303～304 页。

③ （宋）朱熹：《论语集注》，收入《四书章句集注》，卷 5，第 116 页。赵纪彬认为《论语·
　子罕·29》经文系错简，因经文与《论语·为政·4》孔子说"吾十有五而志于学；三十
　而立；〔……〕"之精神进境不同，并与《诗·绵》《说苑·权谋》等所引经文抵牾，因
　此，赵纪彬断定《论语》之正确经文应为："可与共学，未可与立；可与立，未可与适道；
　可与适道，未可与权"。见赵纪彬《〈论语〉"权"字义疏》，《困知二录》中华书局，
　1991，第 263～281 页，赵纪彬之说极具参考价值。关于 1978 年以后，大陆学者孔孟
　"权"说之研究概况，参考岳天雷《中国大陆孔孟权说研究概况（1978～2013）》，《汉学
　研究通讯》第 33 卷第 1 期，2014 年 2 月，第 1～11 页。

子说："男女授受不亲，礼也；嫂溺援之以手者，权也"（《孟子·离娄上·17》），①
延续"权"之问题，赵岐（？～前201）注"经"之含义云："反经而善也"，② 与
《春秋公羊传·桓公十一年》："权者反于经，然后有善者也"③ 互相呼应，是汉儒的共
同见解。

　　"经""权"问题之进入儒家的"汤武革命"论，首见于北宋刘敞。在本文第二部
分所引刘敞《汤武论》一文中，刘敞说：④

　　　　夫帝王之事，有变有常。常事，礼也；变事，权也。尧授舜，舜授禹，汤放
　　桀，武王伐纣，是皆所谓权也。权者，反于经而后善，故必自贬损，然后中权矣。

　　刘敞认为"汤放桀，武王伐纣"，都可称为"权"。他说："权者，反于经而后
善"，完全是汉儒观点。他主张汤武必先行"权"，自贬为"放伐"其君之恶名，才能
弘扬"至公之道"。

　　"经""权"问题到了朱子的汤武论中，获得进一步的发挥。首先，朱子赞成汉儒
反经而善之说，他不赞成程颐以"权"为"经"说，⑤ 但是，朱子在"经"之上，另
立一"道理"以作为是"权"之判准。《朱子语类》说：⑥

　　　　或问经与权之义。曰："公羊以'反经合道'为权，伊川以为非。若平看，
　　反经亦未为不是。且如君臣兄弟，是天地之常经，不可易者。汤武之诛桀纣，却
　　是以臣弑君；周公之诛管蔡，却是以弟杀兄，岂不是反经！但时节到这里，道理
　　当恁地做，虽然反经，却自合道理。但反经而不合道理，则不可。若合道理，亦

---

① （宋）朱熹：《孟子集注》，收入《四书章句集注》，卷7，第284页。

② （清）焦循著，沈文倬点校《孟子正义》上册卷15，中华书局，1987，上册，卷15，第
　　521页。

③ （汉）公羊寿传，（汉）何休解诂，（唐）徐彦疏《春秋公羊传注疏》，北京大学出版社，
　　1999，卷5，《桓公11年》，第98页。

④ （宋）刘敞：《公是集》下册卷40，《论·汤武论》，第477页。

⑤ （宋）黎靖德编，王星贤点校《朱子语类》，卷37，《论语十九·子罕篇下·可与共学章》，
　　第990页。

⑥ （宋）黎靖德编，王星贤点校《朱子语类》，卷37，《论语十九·子罕篇下·可与共学章》，
　　第990页。

何害于经乎！"又曰："合于权，便是经在其中。"

但是，所谓"道理"依朱子之意，是一种具有正向价值的与德性意涵的命题，如朱子所说："汤武之征伐，只知一意恻怛救民而已，不知其他。"① 朱子所说的"道理"，有其公共性，而不是革命者（如汤武）可以师心自用。其次，朱子明辨"经"与"权"之不同，他说：②

> 经，是常行道理。权，则是那常理行不得处，不得已而有所通变底道理。权得其中，固是与经不异，毕竟权则可暂而不可常。如尧舜揖逊，汤武征诛，此是权也，岂可常行乎！观圣人此意，毕竟是未许人用"权"字。学者须当先理会这正底道理。

朱子强调"经"与"权"是两个不同的概念。"经"是永恒的常道，"权"则是一时之通变，但"权得其中"就等同于"经"，但"权则可暂而不可常"。16 世纪朝鲜儒者金诚一（字士纯，号鹤峰，1538～1593）也以汤武"革命废置之争"为"行一时之权"。③

综合以上所论，东亚儒者的汤武论所触及或开发的三个伦理学问题，都在不同程度之内显示：东亚儒家政治哲学基本上是一种"责任本位的伦理学"（duty - based ethics），而不是一种"权利本位的伦理学"（right - based ethics）。环绕着"汤武革命"的论辩，东亚儒者在讨论汤武吊民伐罪、施行"仁政"时，所关心的是与名分或地位相应的"份位原则"优先于"行事原则"。在东亚各国王权至上的现实政治脉络中，东亚儒者如中国的司马光、朝鲜的权得己、日本的伊东蓝田等人，都认为君臣关系是一种上下名分的绝对性关系，而不是在"并立原则"之下的相对性关系。正因为如此，所以，他们虽然同意"汤武革命"乃是行"权"，是"反经而为善者"，但是，朱子、伊藤仁斋与荻生徂徕大多认为"权"是因时、因地、因人、因事而暂时的调整，毕竟

---

① （宋）黎靖德编，王星贤点校《朱子语类》，卷25，《论语七·八佾篇·子谓韶尽美矣章》，第637页。

② （宋）黎靖德编，王星贤点校《朱子语类》，卷37，《论语十九·子罕篇下·可与共学章》，第990页。关于朱子思想中的"经"与"权"，参看韦政通《朱熹论"经"、"权"》，《史学评论》第5期（1983年5月），第99～114页。

③ 〔韩〕金诚一：《疏·请鲁陵复位六臣复爵宗亲叙用疏》，见《鹤峰先生文集》第3册卷2，收入《韩国历代文集丛书》第1903册，第206页。

不能取代永恒的常"经"、常道。

（四）东亚儒者的汤武论中"仁政"的实践问题

正因为东亚儒家伦理学本质上是一种"责任本位的伦理学"，所以，从"汤武革命"论中所见的儒家"仁政"的施行，必然遭遇君臣权力性质不同这个问题。

作为东亚儒家"仁"学之实践的"汤武革命"论，是在 20 世纪以前东亚各国以王权为中心的权力网络中而被思考、被论述的。但是在中日韩各国的权力网络中，统治者的权力与儒臣的权力之性质不同。统治者的权力是"终极的权力"（ultimate power），而儒臣的权力是被统治者所授予的"衍生的权力"（derived power）。因此，君臣上下的名分论成为唯一真理。"汤武革命"这项史实，必须在名分论的政治思想脉络之中被讨论。开明如朱熹，在与学生讨论尧舜之禅受与汤武之放伐时，也以君臣名分作为常理，非不得已不能变易，他说：①

　　盖天下有万世不易之常理，又有权一时之变者。如"君君，臣臣，父父，子子"，此常理也；有不得已处，即是变也。然毕竟还那常理底是。今却要以变来压着那常底说，少间只见说不行，说不通了。

在君臣名分之中，东亚各国儒臣的汤武论，大多只能申论臣下之职分与责任，而较少直指居国君之地位者应负之责任。所以，朱子在《孟子·万章上·6》的集注说："继世而有天下者，其先世皆有大功德于民，故必有大恶如桀纣，则天乃废之"。②

四　结论

本文检讨作为儒家"仁政"论述之反命题的"汤武革命"说，在中、韩、日各国儒者之间的辩论，及其所触及的三个伦理学问题。通过本文的分析，我们可以提出以下几点结论性的看法。

---

① （宋）黎靖德编，王星贤点校《朱子语类》卷 58，《孟子八·万章下·伯夷目不视恶色章》，第 1365 页。

② （宋）朱熹：《孟子集注》，收入《四书章句集注》卷 9，第 309 页。

第一，"汤武革命"说是由孟子与荀子在战国时代邦国林立、天下尚未统一的历史情境中所提出，但是，"汤武革命"说之被各国儒者争论，是在大一统王权已成政治现实的时代之中。时代脉络与语境的巨大差异，使东亚各国国君与儒臣讨论"汤武革命"说时，均不能逃脱"名分论"的笼罩。东亚各国儒者都浸润在君臣"名分大义"的思想氛围之中，思考"汤武革命"的合法性问题。

第二，东亚儒者对"汤武革命"的论辩，充满了张力，触及三个具有东亚文化特色的伦理学问题：（1）"份位原则"与"行事原则"孰先？（2）君臣关系之相对性或绝对性？（3）"经"与"权"如何抉择？从东亚儒者对"汤武革命"说的论述所见，儒者析论这三个伦理学问题时，所着重的是行为者的责任而不是权利，在很大程度内显示：具有东亚文化特色的伦理学，本质上是一种"责任本位的伦理学"。也正是在这种"责任本位的伦理学"的基础之上，许多东亚儒者主张"汤武革命"具有合法性，认为汤武为行"仁政"，必须"反于经而后善"。"汤武革命"是一时不得已之权变行动。

第三，东亚儒者的汤武论，触及东亚各国儒者之权力与国君之权力的互动，恒处于不同质、不对等之关系中，所以，"汤武革命"的理想性，终不免被现实权力关系网络所架空，甚至出卖。东亚儒家"仁政"实践之困境，亦由此可见一斑矣。

台湾的朱子儒学及其现代问题

潘朝阳[*]

摘　要　台湾从康熙二十二年被清政府收复并接受行政管辖之后，其文教之设施和推展，是朱子儒学。经过历来治台之官儒和师儒的努力实行，以庙学、书院和家塾的教育方式，把朱子学为核心的儒家德教加以传播，而成为菁英和庶民共同的道德伦理之常规。经历清朝两百年的儒家政教之治理，台湾与中土相同，是清朝以朱子儒学为国家与文化方向的中国之领域。中华人民共和国成立之后，在台湾发展的当代新儒家的儒学以及其对朱子学之新诠释，却只停留在部分菁英在学院中的学术研究和创作而已，它并没有落实推展在台湾庶民社会中而形成台湾人民的既有传统且有新义的文化规范和伦理信念。将儒家的常道慧命之新义下注于台湾全体社会中，带领台湾迈向刚健优秀的社会和文化的大方向，是台湾儒家的大责任。

关键词　台湾儒学　朱子学　当代新儒学　牟宗三

一　前言

清以朱子儒学为国家文教核心。康熙二十二年（1683），清王朝收复台湾并对其建立有效管辖，台湾从此属于朱子儒学的文教区域。清朝治台达两百年，在这两个世纪，台湾菁英之思想以及庶民之文化皆是以朱子理学的儒学儒教为其根基。

此种文化意识和方向早就成为台湾的文化本质，也是台湾人的心性中轴，日本帝

---

*　潘朝阳，厦门大学特聘讲座教授，台湾师大东亚学系荣退教授暨兼任教授，主要从事东南亚儒学研究。

国主义殖民统治台湾五十年，虽然想尽用尽一切办法，试图抹去台湾人的以朱子儒学为中心的中华文化，终究失败。日本殖民者不得不承认朱子儒学形成的台湾人之中华文化心灵和生命，实在无法改变更动，他们一心想拿日本神道文化来"同化"台湾人，使台湾人不再是中国人，彻底失败。

但是，台湾的朱子儒学其实有两个阶段，一是1949年之前的传统典范，二是此年之后的台湾儒学典范从传统者而提升转换为新创者，其最大差别是前者属于朱子儒学儒教的小传统地区，而后者却是提升而为当代新儒家典范之下的大传统中的朱子儒学之新诠释及其在台湾衍生出来的问题。

本文先说明清康熙以后在台湾建立的朱子儒学教化内容，再则说明当代新儒家1949年之后在台湾的儒学包括朱子儒学之研究的思想高度，并论及在台湾面临的上下双重隔离的危机或困境。

二　清康熙治台贤儒陈瑸建立台湾朱子儒学儒教

台湾于康熙二十二年被清朝收复，虽于次年就有行政区划，有官吏治理，并推展文教，但其实多为虚应故事，或草率不彰。清朝开始的台湾儒学儒教，在实体和思想上的积极推动者是治台第一清官的陈瑸（陈清端公）。

陈瑸在台湾推广儒学儒教，勤于修建文庙和祠宇，故留下重要的儒教之文献。康熙四十二年，时任台湾知县，发现府文庙竟无明伦堂，遂新建之，且为文表显其推行儒家德教之深意：

> 予以壬午春调任台邑，至之翌日，恭谒文庙……问所谓明伦堂者，盖旷然一平地也。噫！斯何地也？而可久旷乎哉？……苟斯堂之不立，则士人讲经无地，必至人伦不明，人理泯而人心昧，噫！宰斯邑者何人？风教攸责，而可令斯地久旷乎哉？予用是殚力以拮据，毕岁以经营，越明岁癸未之夏，而斯堂得成……成之日，用进诸生于堂而告以斯堂取义明伦之旨。①

---

① （清）陈瑸：《台邑明伦堂碑记》，收入《台湾教育碑记》（台湾文献史料丛刊）第九辑，大通书局，未刊年份，第1~2页。

　　陈璸履任而所谒文庙，府学没有明伦堂令其万分惊讶。他以儒家立场，对于历任台湾府县官吏深致不满。盖二十年矣，明伦堂居然虚无，治台清吏的敷衍塞责于此可证，而也显示陈璸是真正贤儒。他新修明伦堂于府学，特别说到天理人理以及人心人伦的一番道理。这些话语，就是朱子儒学的精神。

　　在同一文献中，陈璸又曰：

　　　　予谓五经与五伦相表里者也。伦于何明？君臣之宜直、宜讽、宜进、宜止，不宜自辱也；父子之宜养、宜愉、宜几谏，不宜责善也；兄弟之宜怡、宜恭，不宜相犹也；夫妇之宜雍、宜肃，不宜交谪也；朋友之宜切、宜偲，不宜以数而取疏也。明此者，其必由经学乎！洁净精微取诸《易》，疏通知远取诸《书》，温厚和平取诸《诗》，恭俭庄敬取诸《礼》，比事属辞取诸《春秋》。圣经贤传，千条万绪，皆所以启钥性灵，开拓原本，为纲纪人伦之具，而弦诵其小也。愿诸生执经请业，登斯堂顾名思义，期于忠君、孝亲、信友、夫义妇听、兄友弟恭，为端人，为正士，毋或徒习文艺，恣睢佻达，以致败名丧检，为斯堂羞。庶几不负予所以首先建立斯堂之意。①

　　此文于台湾儒学儒教史上非常重要，是台湾第一篇伦理道德教育的宣言。陈璸提出《五经》和"五伦"的儒教观点，经是《易》《春秋》《诗》《书》《礼》之"经教"，是国家庙学的课程，其教育目标是使儒生养成五伦德性。陈璸要求儒生应立本心之志而读书，并非只徒背诵死文字而已，他也告诫儒生在明伦堂读圣贤书，不可把经典拿来玩弄而以文艺之习为目的，应以希圣希贤为志业。陈璸表达了孔孟一脉相传的儒家常道慧命，此亦是朱子儒学的精神和原则。

　　康熙五十二年，陈璸第二次来台，时任台厦道兼理学政，发现台湾府学居然颓废败落。他指责而言："台湾，荒岛也，夫子庙在焉。圣人之教，与皇化并驰，固无海内外之隔。而岁久弗治，有自来矣。惟大成殿巍然为鲁灵光，若启圣祠暨两庑、棂星门，皆倾圮剥落过半。前后庙基，被水潦冲啮，陵夷就低，竟为人畜往来杂沓之场……"②

①　（清）陈璸：《台邑明伦堂碑记》，收入《台湾教育碑记》（台湾文献史料丛刊）第九辑，大通书局，未刊年份，第1～2页。
②　（清）陈璸：《重修府学碑记》，收入《台湾教育碑记》，第3～5页。

陈瑸重返台湾，发现文庙除了大成殿及其于十年前修建的明伦堂仍在之外，文庙几已败落为废墟。由此可证治台大员甚不在意圣教，任凭全台首学倾颓败坏。陈瑸不得已，乃重修府学。文庙整修毕，陈瑸曰：

> 凡庙学，非作新之为难，而能默体作新之意为难；亦非作新于始之为难，而能继继承承永葺于后之为难。兹余既新斯学于其始，愿执经世子咸各思发愤，以通经学古为业，以行道济世为贤；处有守，出有为，无负国家教育振兴庠序之至意……安知荒岛人文，不日新月盛，彬彬称海滨邹鲁也哉？①

陈瑸殷殷表达了兴学重儒的心思，有了文庙和明伦堂，就要好好护持，莫使倾废，而更重要的是他期盼台湾儒生应该"以通经学古为业，以行道济世为贤；处有守，出有为。"换言之，儒生应发心凝志读透圣贤书，而成为有为有守的君子。这才是国家推展教育的目的。

由于陈瑸的尽心戮力振兴台湾的儒学儒教，在其言行的感召下，台湾确实从一个"荒岛"逐渐地人文日新月盛，终于成为文质彬彬的"海滨邹鲁"。

然则，陈瑸在台湾创新弘扬的是什么形式的儒学儒教？答曰："朱子学也。"清圣祖最重视朱子儒学，故举全中国朝野推广发扬朱子的学术思想。陈瑸作为一位清初的贤儒，其朱子儒学之信仰，笃实坚定。他在台湾两次短暂的治理，除了兴文庙官学，更在台湾首建朱子祠。其对朱子的观念如其文《新建朱文公祠碑记》之所述：

> 予建朱文公祠既成，或问曰："海外祀文公，有说乎？"曰："有。"……按文公宦辙，尝主泉之同安簿，亦尝为漳州守。台去漳、泉，一水之隔耳，非游历之区，遂谓公神不至，何懵也！矧自孔、孟而后，正学失传，斯道不绝如线，得文公剖晰发明于经史及百氏之书，始旷然如日中天。凡学者口之所诵，心之所维，当无有不寤寐依之、羹墙见之者，何有于世相后、地相去之拘拘乎？②

陈瑸意谓朱子既在福建深弘孔子儒学，其教化甚著，台湾属福建管辖，朱子儒学的教化之风，一定跨海传播于台湾。而且，陈氏特别指出其时的儒士之所学所思而深

① （清）陈瑸：《重修府学碑记》，收入《台湾教育碑记》，第3~5页。
② （清）陈瑸：《新建朱文公祠碑记》，收入《台湾教育碑记》，第5~6页。

入其心性中的道理，乃是文公之学。陈瑸又曰：

> 文公之言曰："大抵吾辈于货、色两关打不透，更无话可说也。"
>
> 又曰："分别'义利'二字，乃儒者第一义。"
>
> 又曰："'敬以直内，义以方外'八个字，一生用之不穷。"
>
> 盖尝妄以己意释之：
>
> 惟不好货，斯可立品；惟不好色，斯可立命。
>
> 义利分际甚微，凡无所为而为者皆义也；凡有所为而为者皆利也。义固未尝
> 不利，利正不容假义。
>
> 敬在心，主一无适，则内直；义在事，因时制宜，则外方。无纤毫容邪曲之
> 谓直，无彼此可迁就之为方。
>
> 人生德业，即此数言略包括无遗矣。①

由上所论，陈瑸掌握了朱子毕生最重视的敬义之道德伦理。以敬养心，而以敬心来为人处事，则一切才可合乎义理。这就是朱子儒学之本旨，而也是陈瑸在台湾发扬朱子儒教的主要精神。他最推尊朱子，曰：

> 他（朱子）言之警切胥此类，读其书者，亦惟是信之深、思之至，切己精察，
> 实力躬行，勿稍游移坠落流俗边去，自能希圣希贤，与文公有神明之契矣。②

朱文公祠始建于康熙五十一年，完成于康熙五十二年，陈瑸特以台湾最高教育长官的身份，撰述了这篇《新建朱文公祠碑记》，阐述了朱子儒学及其教化的要义。从此始，台湾才真正迈入朱子儒学教化的人文区。此后至今，台湾文化意识，特别是庶民社会和台湾人民在其生活世界之中的文化价值观及准则，是朱子的儒学儒教。

三　清代台湾朱子儒学儒教的推广

自陈瑸不遗余力，在台湾振兴朱子儒学之后，台湾许多儒吏，皆能重视朱子儒学

---

① （清）陈瑸：《新建朱文公祠碑记》，收入《台湾教育碑记》，第5~6页。
② （清）陈瑸：《新建朱文公祠碑记》，收入《台湾教育碑记》，第5~6页。

的文教之推广。谨举清朝在台湾的书院为例而予以阐述。

乾隆三十九年修成的《澎湖记略》载有通判胡建伟新建文石书院的文章，其中有曰：

> 澎湖一隅，自入版图，于今八十余年，向未设有书院，而教官则又远阻大洋三百余里，实胶庠之所不及者也。生童有志稽古而问道无门，学鲜良师，致有望洋而叹，是何异百工而不居肆，欲其制器尚象，以期得心应手，岂不艰哉！余〔……〕于下车之始，即进生童而校阅之，士多秀杰，但牿于闻见，无人指授，聪明俊彦终于汩没，殊可惜也。嗣于公余之暇，纂辑诸儒入德之方、读书之法、作文之式，以为模范；季考月课，人品学业，渐见成效。①

乾隆之际，澎湖尚无书院，胡建伟以通判职而至澎湖上任，他发现当地的生童资质好，但惜乎无有官学或书院，故无场所读书；亦缺良师，故无宿儒教化。因此，胡氏乃自己以通判兼老师，教当地儒生以"诸儒入德之方、读书之法、作文之式"。而此所谓"诸儒入德之方"，其实就是宋儒之理学。胡氏又曰：

> 时则有贡生许应元、张绵美，监生蔡联辉等呈请捐创书院，以惠士林，……余乃……择文澳之胜地创建焉。经始于乾隆丙戌之孟冬，落成于丁亥之孟夏。中为讲堂三楹，匾曰"鹿洞薪传"，中祀朱子、两程子、周子、张子五贤……左右两间以为山长住居之所，至于东西两面，翼以书室各十间，以为诸生读书精舍。统榜曰："文石书院"。②

依此所述，澎湖其实已有儒士，是他们提议在澎湖建立书院，可见澎籍的生员们，必是冒大浪而至台湾本岛或大陆的官学或书院就读的，胡氏是第一位有心于澎湖之文教的贤儒，遂应当地儒士之请，而才有文石书院的创建。观诸其文，文石书院的精神是朱子儒学儒教，在其中有匾曰"鹿洞薪传"，即意谓文石书院是传承朱子在白鹿洞书

---

① （清）胡建伟：《书院》，《澎湖记略》（台湾文献史料丛刊）第一辑，大通书局，未刊年份，第78～88页。
② （清）胡建伟：《书院》，《澎湖记略》（台湾文献史料丛刊）第一辑，大通书局，未刊年份，第78～88页。

院的办学规范，以《白鹿洞书院学规》为文石书院的学规之模板。而在书院的正厅，则主祀以朱子，并以北宋四子陪祀，此种祀礼就标明了胡建伟在澎湖振兴的文教就是朱子传承并发扬的宋之理学，特重圣贤的道德伦常之教化。

何以证明胡建伟的办学方向和精神是继陈瑸之后而依据朱子儒学儒教？此可从胡氏撰述的《文石书院学约》得知。就以第一条《重人伦》为例言之：

> 古者庠序学校之教，皆所以明人伦也……试思人生那一日不与五伦之人相周旋？圣贤那一言不与五伦之理相发明？孟子曰：规矩，方员之至也；圣人，人伦之至也。又曰：尧舜之道，孝弟而已矣。朱子《白鹿洞规条》，首列父子有亲、君臣有义、夫妇有别、长幼有序、朋友有信五条之目，以为学者学此而已。而博学、审问、慎思、明辨、笃行，则所以学之也。若夫修身、处事、接物之条，皆在所后焉……①

其《文石书院学约》第一条首列《重人伦》，始引孟子言，再就引朱子的《白鹿洞书院规条》以为模板而对朱子儒学之理有所发挥。

其第二条是《端志向》，于其文中，又引朱子之言，曰："书不记，熟读可记；义不精，细思可精。惟有志之不立，直是无着处……"胡氏亦说："宋范文正公断齑划粥，勤苦励学，做秀才时便以天下为己任。此何等志向也！尔诸生可不勉哉！"②依此可证胡氏要求儒生端正己志，亦是由朱子之论立志而来，并以范仲淹来劝勉儒生。

总之，澎湖"文石书院"的儒学儒教的大方针和大原则，是朱子理学之要义。由此以往，清代台湾的文教，就是朱子儒学的实施了。兹举两例以明之。

道光十年，澎湖通判蒋镛重修文石书院，其有一文以志其举，他说到道光七年秋祭时，发现书院已甚颓败，遂倡议修整之，直至道光十年完工，蒋氏曰："从此勤修肄业者，月有课，季有考，良师益友，砥砺磨砻，所谓'穷理以致其知，反躬以践其实。'必深有私淑夫紫阳夫子，而无负胡公勉亭建立书院、兴贤育才之遗意者……"③

---

① （清）胡建伟：《书院》，《澎湖记略》（台湾文献史料丛刊）第一辑，大通书局，未刊年份，第78～88页。

② （清）胡建伟：《书院》，《澎湖记略》（台湾文献史料丛刊）第一辑，大通书局，未刊年份，第78～88页。

③ （清）蒋镛：《续修文石书院记》，收入《台湾教育碑记》，第39～40页。

由此可见蒋镛的儒教思想也是紫阳夫子的"穷理以致其知，反躬以践其实"。紫阳夫子就是朱文公。换言之，从乾隆年间直至道光年间，文石书院之教学精神和方向并无改变，即朱子理学。

同样一年，也就是道光十年，鹿港同知邓传安在新建文开书院之后，撰写了一篇《新建鹿港文开书院记》。在文中，邓氏曰：

> 道光四年，传安为鹿仔港同知，已二年矣。勤于课士，士皆思奋。因文昌宫之左，隙地甚宽，请建书院其上。传安给疏引劝，谕以海外文教，肇自寓贤鄞县沈斯菴太仆光文字文开者，爰借其字定书院名，以志有开必先焉……
>
> 〔……〕今学宫奉孔子为先圣，从祀者皆先师；书院多祀先师，而不敢祀先圣，闽中大儒，以朱子为最，故书院无不崇奉，海外亦然……①

道光初年邓传安创建于彰化鹿港的文开书院是台湾甚重要的书院，因在书院中，主祀朱子，并陪祀明郑在台数位贤儒。此书院是清朝治台官儒正式融合明郑之儒和朱子而为一体之开端，往后，台湾儒学儒教肯定明郑延平王及其诸儒臣的春秋地位，而亦正式明示清朝奉紫阳夫子的理学为中心。

台湾儒教以朱子学为根本已然稳固，台湾民间社会自建类似书院之义学，亦取此标准而为之。兹以台北板桥的"大观义学"为例明之。儒士温陵籍人士庄并于同治十二年撰述《大观义学碑记》，其文一开始就曰：

> 程子曰："治天下，以正风俗，得贤才为本。"余谓非必天下也，即一郡一邑亦然。风俗必本人心，人心关乎士习。贤才不遽得，当培养而玉成之。然则化民成俗之原，兴贤育才之道，莫要于建学立教。②

庄氏虽非儒官，但身为儒士，亦明建学立教之重要性，其目的即是在一郡一邑亦须有儒教来化民成俗、兴贤育才。所以他居游台北板桥时期，觉察当地无书院，但他认为实亦可创立义学以教子弟。当时台北是淡水厅之北部，板桥不同于艋舺之商业繁华，而是台北较偏僻之农业地带，所以，庄氏说道："淡北距堑城学宫百余

---

① （清）邓传安：《新建鹿港文开书院记》，收入《台湾教育碑记》，第41～43页。
② （清）温陵庄：《大观义学碑记》，收入《台湾教育碑记》，第49～51页。

里，惟艋舺有学海书院，而甄陶未广，僻壤孤村之士，既阒教泽，甚有漫分气类，毕
生裹足不登书堂者。民风之陋，士习之颓，职是故欤?"① 当时台北盆地，只有艋舺
有一间书院，可见文教之水平甚差。温氏提到的"分类"，就是指漳泉械斗和顶
下郊拼。民风好勇斗狠，青年不知进德修业，大多成为粗鲁无教之人，社会风气
甚坏。于是庄氏商请当地富豪林维让、维源兄弟，出面出资，于板桥东北隅择一
佳地创建学舍，在此教育地方子弟，此即"大观义学"。庄并心有感怀，故发而
为文曰：

> 夫湮郁之开在人不在地，转移风气在士不在民。士为四民之首，一举一动，
> 关系民气。士习端，则民生观感生起，日趋于善；漓则乡里效尤放纵，日鹜于争。
> 故为士者望弥隆，责亦弥重。诸生既诵法先圣，称衣冠之士，非徒株守章句，揣
> 摩时尚，以弋取科名而已。所当纳身礼让之中，以变移乡俗为己任。修于身而型
> 于家，日与子弟乡人言，出入友助，和亲康乐，共为尧舜之民，兴仁兴让，且遍
> 国俗，中原礼义之邦，文物之地，何能以加。②

此一大段文章，其用意是在于劝勉台北板桥的受学弟子，宜立志于圣贤之教，而
培养自己成为有德有学之儒士。因为任何地方的文风德养，责不在平民，而是在于儒
士。国之养士，并不是希望他们都去科考去当大官，而是冀期儒士在乡在家能够教化
地方子弟和乡人，使地方的风气渐有尧舜礼让之涵养。而庄氏这种信念，正是他发起
并鼓舞林维让、维源兄弟出面领导创建大观义学的初心本愿。

文末有曰："义学之前，大屯、观音山对峙焉，故名大观。为屋二，中祀文昌帝
君，券诸生之文明；尊奉濂洛关闽五先生，示学术之标准。"③ 据此，大观义学，虽属
清代台湾的民间社会自己兴办的儒学教化之场所，但主其事之儒士亦以濂洛关闽之宋
之理学内容为其基本方针，故教育出来的板桥儒生，自然是朱子儒学之教养者。④

---

① （清）温陵庄：《大观义学碑记》，收入《台湾教育碑记》，第 49~51 页。
② （清）温陵庄：《大观义学碑记》，收入《台湾教育碑记》，第 49~51 页。
③ （清）温陵庄：《大观义学碑记》，收入《台湾教育碑记》，第 49~51 页。
④ "大观义学"在板桥林家花园的旁边，新北市至今无孔庙，历年孔子圣诞，皆借"大观义
　学"作为祭孔之场所。"大观"也者，固然如庄氏所言，并观大屯和观音两山，故谓之
　"大观"。但在义理上言，"大观"实出自《易·观卦》。

在台湾，以朱子儒学或宋理学为基本精神和内容的儒教，从康熙时代的陈瑸开展弘扬之后，一直延续到清末。兹举光绪年代的一篇台湾儒教之文略加陈述。光绪八年，时任鹿港同知的孙寿铭重修鹿港文祠而为文以记之。其文曰：

> 同治己巳（八年）孟夏，分守鹿港。时戴逆初平，人心未靖。因思武侯治蜀尚刑法，何如文翁崇文教。诹吉谒文祠……右武祠，左书院曰"文开"。聘蔡君德芳为之主讲……如是者年余，诸生文颇有可观。
>
> 〔……〕光绪丙子（二年）守台郡事，访悉主讲蔡君、施君葆修、丁君寿泉先后成进士；岁逢大比，登贤书者不一其人。佥谓文风之盛，不惟冠一邑，直冠一郡。
>
> 〔……〕解经当如汉儒之精详，而不涉及荒诞；穷理当如宋儒之明达，而不遁于虚无；读史，自马班以迄王宋所撰述，探其奥突、抉其精微，举上下数千年治乱兴衰之故，洞悉于胸中，其余诸子百家，贯而通之；处为名儒，出为名臣……①

这是一篇写于清末的关于台湾鹿港之文祠的文章。在文中可以发现光绪时代的台湾，在地方上，儒教已经培养了自己的儒士，他们已有进士，且已负起台湾本身的儒学儒教之传播延续之责。再者，孙氏之文末，亦显示了彼时台湾儒生的读书，基本上就是以经学方式研读儒家五经；同时须学习宋儒五子著作，相信入门书是《近思录》和朱子的《四书集注》；再又须研读史册，以明历朝兴衰之故。习儒之目的，是为在乡为儒家君子，在朝为儒家贤臣。

此种台湾儒学儒教，直至乙未惨变而沦为日本殖民地之后，在台湾的中国儒学的正式教育体制，当然被日本殖民者中断，但台湾民间反日抗日的儒士则隐于社会中，通过汉书房、家塾、鸾堂持续地传延儒家的德教，其风一直没有断绝，所以日据台湾五十年，日人无法同化台湾人，台湾人仍然是中国人，此因无他，就是两百年来的朱子儒学儒教的功效。

四　1949 年之后大儒牟宗三在台湾的判教型的儒家思想

传统台湾的庶民与菁英两阶层，如同上述，是以朱子儒学儒教为其人文、心灵、

---

① （清）孙寿铭：《重修鹿港文祠碑记》，收入《台湾教育碑记》，第 55 ~ 56 页。

生命的价值核心。就民间言，台湾人民的生活中的节规，是朱子整理创作出来的礼制；就菁英而言，通过官学、书院和家塾之教化，亦是朱子儒学之理。日据五十年，台湾自身的文化意志和方向，仍然属于儒家传统，而其操作是朱子学。

然而，毕竟台湾明郑和清朝时期，在文化和学术上，它是华夏之边陲，所以，儒学儒教表现在台湾是学者黄丽生所说的"边缘儒学"，就中土的中原言，是孔孟大传统的边缘之小传统；就福建言，则是闽学大传统的边缘小传统。以清朝大部分时间言，台湾的儒士，多属渡台仕儒，当然，清之台湾两百年来，自己也培养了不少的贡生、举人，甚至进士，但是台湾并无本土创生出来的具有思想学术开创性的大儒，台湾最著称的"名儒"甚少，且是清末以及日据之际的知名儒者，他们是台南连横、鹿港洪弃生、苗栗丘逢甲以及台中叶荣钟，他们都以抗日和著作传世，唯在儒学方面，并未新创，在儒家学理上能够新创典范，方是大儒。

1949 年，由于历史因素之影响，形成中土儒家的第二次渡海来台之巨大波澜。第一次是追随明郑而来台的闽浙粤等地的儒者，如陈永华、徐孚远、辜朝荐、王忠孝、卢若腾、沈佺期以及先郑成功而来台的沈文开等人。他们表现了春秋大义之人格风范，但在思想上并未在台湾建立体系。真正在台湾治学创述而将儒学提高到具备本体宇宙论、心性论以及文化论之高度并给予新的诠释创造，是 1949 年之后从中土渡海来台居住讲学著书的大儒。其中有继承熊十力先生的牟宗三、徐复观两位先生，亦有大史家钱穆先生。

就朱子儒学来说，牟宗三和钱穆两位先生都有重要的传世新创之诠释，前者以《心体与性体》为代表；后者以《朱子新学案》为代表。今文谨以牟宗三先生的朱子学诠释系统，来简述 1949 年之后台湾朱子儒学的典范型问题。

牟宗三先生最重要的宋明儒学之创作是《心体与性体》的三大册以及后来出版的《从陆象山到刘蕺山》，合为四大册巨著。众多弟子之中，蔡仁厚先生最善述牟先生之学，为求行文之简约，本文以蔡先生的论述来说明牟宗三先生在台湾的朱子学新诠释之意义。

《心体与性体》的撰述，从 1961 年开始，到 1967 年、1968 年间完稿，历时八年之久，而由台北正中书局出版于 1968 年的 5 月、10 月以及 1969 年的 6 月。蔡仁厚先生说：

> 平常讲宋明儒学，都知道有程朱、陆王两系。一般称程朱一系为理学，陆王

一系为心学。大家亦知道有所谓朱陆异同，一个道问学，一个尊德性；一个说性即理，一个说心即理。但对其中的义理关节，却只能讲一些浮泛的话，而不能作确定的判断与分疏。至于这六百年学术发展中曲曲折折的内容，更很少有人深入去理解。一句"朱子集北宋理学之大成"的空泛优伺之言，便使得北宋儒学步步开展的义理关节，普遍而长久地受到轻忽；再一句"阳儒阴释"的颟顸语、鹘突话，更把宋明儒的心血精诚混抹了。一般对于宋明儒学的了解，大体都停在恍惚浮泛的层次。数十年来，虽有二三师儒提撕点示，亦时有开光醒目之言，但通贯六百年的学术，而确定其义理纲维，厘清其思想脉络，则自先生此书始。①

蔡先生这一大段叙说指出：第一，六百年的宋明儒学的义理关节、曲折内容，数百年来甚少人能够细心深入去探讨厘清分判，往往一句话"朱子集北宋理学之大成"就把六百年儒家的旨要和主体，都归入于朱子一人，对于六百年儒学之分殊甚至朱子本人的本质，都恍惚而迷糊；第二，由于五四反传统文化的西化浪潮，一些有影响的学者如胡适，用一句轻佻肤浅的"阳儒阴释"的颟顸语、鹘突话，就让六百年的宋明儒学的刚健本性沉沦涂黑，致使现代中国人对于宋明儒学充满偏见和误会；第三，牟宗三先生创作《心体与性体》，始能确定宋明儒学的义理纲维，并且厘清其思想脉络。

然而，六百年宋明儒学之本质及其各家分际究竟如何？蔡先生以简单的结论式的论述表达了牟宗三先生的重要判教。蔡先生说："（牟宗三先生）确定北宋之周濂溪、张横渠、程明道、程伊川，南宋之胡五峰、朱子、陆象山，明代之王阳明、刘蕺山等九人，乃是宋明儒学的纲柱。"② 纲柱既定，经过厘正诠释之后，蔡仁厚先生叙明牟宗三先生的判教结论：

北宋诸儒，上承儒家经典本有之义，以开展他们的义理思想，其步步开展的理路，是由《中庸》、《易传》之讲天道诚体，回归到《论语》、《孟子》之讲仁与心性，最后才落于《大学》讲格物穷理。所以，他们的义理系统之开展，实系于对道体、性体之体悟……濂溪、横渠、明道，这北宋前三家所体悟的道体、性

① 蔡仁厚：《牟宗三先生学思年谱·学思历程》，收入《牟宗三先生全集》（32），联经出版事业公司，2003，第144~145页。
② 蔡仁厚：《牟宗三先生学思年谱·学思历程》，收入《牟宗三先生全集》（32），联经出版事业公司，2003，第146页。

体，以至仁体、心体，皆静态地为本体论的"实有"；动态地为宇宙论的"生化之理"，同时亦即道德创造之"创造实体"。它是理，同时亦是心，亦是神，所以是"即存有即活动"者（活动，是就能引发气之生生、有创生性而言）。①

北宋三大儒，即周濂溪、张横渠、程明道，是从天道诚体而下落内化为仁心仁性，此义理建立后，再由天心仁心发用带出知性心而来开展格物穷理之工夫。此种入路是天性神心一体不二，是即体即用，是"即存有即活动"。他们的经典是《中庸》《易传》→《论语》《孟子》，四部经典通贯为一之后，再将其理落实具现在《大学》的格致诚正修齐治平的具体实践上。

蔡仁厚先生再提及牟先生对程伊川的判准，曰：

> 伊川……依其实质的直线分解的思考方式，将道体、性体皆体会为"只是理"。既然只是理，它便不是心、不是神，亦不能在此说寂感。道体的"神"义与"寂然不动，感而遂通"义既已脱落，则道体便成为"只存有"而"不活动"的理；而本体宇宙论的创生义，遂泯失而不可见。言道体如此，言性体亦然。伊川又将孟子"本心即性"析而为心性情三分，性只是形上之理，心与情则属于实然的形下之气。理上不能说活动，活动义落在气（心情）上说。于是性体亦成为"只存有"而"不活动"。②

此处蔡先生则说出牟宗三先生对程颐的儒学观点之判定，伊川与濂溪、横渠、明道不同的地方是将道体、性体理解为"但理"，而无所谓心、神的活动义。心与情，是气非理，它是气层面的活动。故伊川只有道体和性体，但此体只是理，本身不能说神感神应，至于人之有感应，则伊川认为是气的心情之活动。所以存有层在但理的道体性体，而活动层在气的心与情。这是区隔了道体性体与心情之感应为二的本体宇宙论和心性论。

蔡先生又曰：

---

① 蔡仁厚：《牟宗三先生学思年谱·学思历程》，收入《牟宗三先生全集》（32），联经出版事业公司，2003，第144～145页。
② 蔡仁厚：《牟宗三先生学思年谱·学思历程》，收入《牟宗三先生全集》（32），联经出版事业公司，2003，第146～147页。

南宋初期之胡五峰，上承北宋前三家之理路而发展，开出"以心着性，尽心成性"的义理间架……但朱子出来，因其心态同于伊川，乃自觉的顺成了伊川之转向，而另开一系之义理。接着象山直承孟子而与朱子相抗。于是朱子、象山，加上五峰之湖湘学，乃形成三系之义理。到了明代，王阳明呼应象山，刘蕺山呼应五峰，宋明儒学之义理系统，乃全部透出而完成……以是，先生乃作如此之判定：北宋前三家，濂溪、横渠、明道为一组，此时未分系。以下伊川、朱子为一系，象山、阳明为一系，五峰、蕺山为一系。①

由此，从北宋到明末，这六百年宋明儒学，可以依据其等之主体思路而分为北宋三大儒一组，再分为伊川、朱子一系；象山、阳明一系；五峰、蕺山一系。

据牟宗三先生的朱子判教，朱子是十分有特色的大儒。蔡仁厚先生据之而对朱子有所诠释。他说：

朱子为学极有劲力，加上他广泛的讲论，使得在他之前以及和他同时的人，都和他发生了关涉。他讲论而且注解北宋诸儒的书，他与胡五峰的门人有连年往复的论辩，与吕祖谦常相讨论，与陈同甫争论汉唐，而陆象山更是他终身的论敌。还有在他以后的王阳明，又继象山之后出来反对他。这些都可以看出朱子是一个四战之地，他是宋明儒学义理问题的中心或焦点。②

但是，蔡先生又强调："讲宋明儒学，'以朱子为中心，可；以朱子为标准，则不可。'元明以来，朱子的权威日渐形成，至于清代而益厉。于是天下人甚至'轻于叛孔而重于背朱'，这都是以朱子为标准之过。结果是人人述朱，而不必能得朱子学的实义；人人尊朱，而又未必能识朱子的真价值。"③

这段叙述指出了宋明儒学史的一个很重要的状况，八百年来，几乎以朱子为标准，

① 蔡仁厚：《牟宗三先生学思年谱·学思历程》，收入《牟宗三先生全集》（32），联经出版事业公司，2003，第147页。
② 蔡仁厚：《"性理"的全义与偏义》，《新儒家的精神方向》，台湾学生书局，1984，第167~177页。
③ 蔡仁厚：《"性理"的全义与偏义》，《新儒家的精神方向》，台湾学生书局，1984，第167~177页。

到清朝更变本加厉而为御用儒家的最高典范，八股取士，唯尊朱子四书注。结果是后世不真明白宋明儒家众家之精要，同时也未能真正认识朱子。

接着，蔡仁厚先生阐述牟宗三先生对朱子的重要观点，他说：

> 　　就儒家内圣成德之教的义理纲脉来衡量，朱子的系统并不等于先秦儒家孔孟中庸易传的传统。若以儒家的大流为准（最高标准是孔子，在宋明儒中，则明道是一个模型），朱子是当不得正宗的。如果一定要以朱子为大宗，则他的大宗地位是"继别为宗"。牟先生这个说法，我认为是切当不可易的。[按，在宗法上，王（共主）与君（诸侯）的嫡长子（太子、世子）继承王统与君统，其余诸子（王子、公子）则别出而另成宗系。这些别立宗系的"别子"之嫡长子，又继别子而为"大宗"，此之谓"继别为宗"。王统君统，是永承大统；继别为宗，则是别出宗系以成统（此亦是百世不迁之大宗）。说朱子是继别为宗，是就宋儒义理的传承而取譬以为言。濂溪、横渠、明道，由中庸易传而回归论孟，确能上承孔孟以下先秦儒家的本义原型而引申发展（此方是正宗、正统之所系）。到伊川而有义理的转向（此犹如别子），故落于大学讲格物穷理，而对于道体性体心体的体悟，则发生了偏差而有歧出。伊川此一转向正为朱子所积极继承并充分完成，所以他是"继别为宗"。至于真能不失先秦之本义原型，而顺承北宋前三家发展的，则是朱子所反对的胡五峰的湖湘之学，以及直承孟子而开出的象山之学。]①

以上蔡仁厚先生所述的一大段，就是牟宗三先生在台湾创述的《心体与性体》，对于宋明儒学，特别是朱子学的最清楚最高度的哲学层次之判教。蔡仁厚先生最能善述牟先生之论点。其表述于此，也代表了 1949 年之后，台湾的儒学，特别是对朱子儒学研究之典范转移的最深度的成就，此新的诠释典范，在台湾当代新儒家，形成了一个儒家对于宋明儒学之研究路线的新的体系，而有别于传统的"程朱理学—陆王心学"的传统二分法之认识。

以上引述了当代新儒家第三代重要儒者蔡仁厚先生的"牟宗三儒学"对于六百年

---

① 蔡仁厚：《"性理"的全义与偏义》，《新儒家的精神方向》，台湾学生书局，1984，第 167 ~ 177 页。

宋明儒学之"一组三系说"的阐释，特别在最后提出朱子是儒家的"继别为宗"之"大宗"。此种新创典范的诠释体系，可谓在台湾完成，而对全中国言，是别开生面的新创典范的观点。蔡先生之论述，并非孤证，另一位当代新儒家第三代重要儒者刘述先先生，也有相同的判断，他说："近年来，关于朱子的研究有了突破性的成就。牟宗三先生出版三大卷的《心体与性体》，钱穆先生出版《朱子新学案》，都是卷帙浩繁的伟构。钱先生考证精详，牟先生义理精透……钱先生则显然比较同情朱子，故不时而致其倾慕赞叹之辞。牟先生则以朱子歧出于孔、孟、周、张、明道的思想，独继承伊川，加以发扬光大，而有所谓'别子为宗'的说法……基本上，我赞同牟先生以朱子为'别子为宗'的看法。"①

五　当代新儒家诠释朱子儒学的时代重要性

然而，当代新儒家对朱子的"继别为宗"（"别子为宗"）的判教，并非否定或贬抑朱子儒学。

相对心学家的观点，朱子理学却更具有重视"知性"义。元、明、清三代，特别是清朝两百多年，为政者和菁英知识分子若能积极正视理学的"知性心"的内在蕴含的"外延思维"，而将此思维形式纳入国家学院教育体系中，则中国或能与欧洲一样同步开展出现代化科学，但由于科举取士的内容之八股化，朱子儒学在实际运作上亦随之而僵化，浸久而往，朱子本人对于外在自然界之求知兴趣及其外延性思维形式，终被掩埋而无法彰明，此是中国近现代科学理性不得健康发展的一大主因。蔡仁厚先生于此方面，给予朱子一个正面的肯定性诠释，他如此说：

> 朱子的"即物穷理"，其穷究的方式虽然是横列的、认知的，但由于他的主题仍然是道德实践，所以并不具备积极的知识意义。因为，穷究存在之理乃是哲学的态度；必须穷究存在事理的曲折之相（即事物本身的性质、数量、关系等），才是科学的态度。朱子自是性理学家，而不是科学家。但朱子的理气之分，却也含有"可以引出科学知识"的思想根据：

---

① 刘述先：《朱子哲学思想的发展与完成》，《自序》，台湾学生书局，1982，第1~3页。

就"理"上建立的，是哲学、道德学；

就"气"上建立的，则是积极的知识（科学）。

前者是朱子的本行，后者则是他"道问学"的过程中，顺带出来的。当然，朱子对于知识也有很浓的兴趣，如像《朱子语类》卷二、卷三论天地、鬼神，都是就"存在之然"而作讨论。由气的造作营为来说明自然界的情形，虽然还没有达到科学的阶段，但讨论气的造作营为，其性质是属于物理的，在基本原则处也是科学的，当然可以向科学走。①

朱子儒学的"理气二分不离不杂"的体系中，"道问学"由"气"而带出心对自然之结构逻辑之理的认知，此即朱子儒学潜藏之科学路线。蔡先生在其文中提及朱子《朱子语类》中讨论天地、鬼神处，就有隐含或显示某种类型的科学性。试举一例言之。

问："月本无光，受日而有光。季通云：'日在地中，月行天上。所以光者，以日气从地四旁周围空处迸出，故月受其光。'"先生曰："若不如此，月何缘受得日光？方合朔，待日在上，月在下，则月面向天者有光，向地者无光，故人不见。及至望时，月面向人者有光，向天者亦有光，故见其圆满。若至弦时，所谓'近一远三'，只合有许多光。"又云："月常有一半光。月似水，日照之，则水面光倒射壁上，乃月照也。"问："星受日光否？"曰："星恐自有光。"……②

由此段可知朱子及其弟子对于大自然现象均有浓厚的好奇以及判断，而这一大段叙述是关系于月球之相关知识之答问，它具备了科学路线须有的观测和判断，当然，由于当时观测技术、器具之不够充分，再加上已验证为正确的有关知识内容之累积之欠缺或不足，故朱子师徒的关于月球之光的理解，于今来看，是多有不正确者，但无论如何，他们却表现出朱子理学之中所具有的让知性主体独立做主的一个明显趋向。而在《朱子语类》中，类似的问答不少，在在都显出朱子能正面看待自然界物理之内

① 蔡仁厚：《朱子心性思想的时代意义》，《哲学史与儒学论评：世纪之交的回顾与前瞻》，台湾学生书局，2001，第199页。
② （宋）朱熹：《朱子语类》卷第二，收入朱杰人、严佐之、刘永翔主编，朱子撰《朱子全书》第十四册，上海古籍出版社、安徽教育出版社，2002，第137～138页。

容。可惜由于宋明儒家毕竟偏重德性心之养正而走道德的成圣成贤之路，因此相对而言，知性心之外延结构地发展其对事物之数量、关系、构造等之客观性认知，此种知识乃至科学之充分建立，在往后中国的菁英发展史中，遂没有其地位。由于此故，中国近代的科技文明相对之下遂落后于欧西，因为科技之不如欧西，彼之坚船利炮攻入东亚，清朝遂无招架之力，而使中国蒙受被帝国主义侵凌压迫的悲惨命运。

另外，朱子儒学也提供了一个积极性，应予肯定弘扬。刘述先先生指出：

> 朱子的理气二元放在形上学的本质层面看是一个错误，但由实体而转为功能，移在践履论上讲，却表现了很深的睿识。本心是一，心即理，此处不容析心与理为二。但就气化之迹上看，则天理、人欲、德性、见闻，不容不作分疏，……朱子在践履上的扎实、细密的工夫必以此为前提，……，朱子嘉惠于后学有不可得而议者，岂可以全盘加以抹煞！

> 道德的践履工夫，在今日看来，似乎迂阔不切实际，只是少数人的事，与多数群众无关，但其然岂其然哉？西风东渐之后，现代人强调，的是人权观念，不再是责任观念。然而即在西方，教育子女仍不能不讲究训练。〔……〕一个社会真要完全缺乏了道德自律，还成怎样一个社会，所谓不诚无物，一切都要垮台。人自不能人人为圣人，但也不能个个是自然人，在利欲胶漆盆中翻腾，没有半点理想的向往。①

刘先生指出在西化或现代化的冲击下，朱子主张的气化心情观的敬德修为，在当前社会人心的教育方面，是非常重要的道德伦理之教化方式。一个完全顺物欲而堕落下萎的世界和人心，是很可怕的，因为一切都会崩溃。在此种现代性中，我们不在形而上学来苛求朱子理气二分的哲学的亏欠，而仅就一个气化的现象界来看社会人心的失落，则朱子非常强调的"以敬涵养"的工夫论就是十分重要贴切之治世良方。

刘先生又说：

> 现代西方民主社会最大的……危机在把政治权利的平等推广成为一切的平等，而产生了铲平一切的不良后果。

---

① 刘述先：《朱子哲学思想的发展与完成》，台湾学生书局，1982，第 532～533 页。

保障人权的结果，使得多数人满足于做他的自然人，惟一的关怀是自己欲望的追求与生活的快乐。这种社会最大的危机是对成功的崇拜，把金钱当作衡量人的价值的惟一标准，文化与道德的水平日益低落。

〔……〕在以往宗教、道德的价值为中心的时候，的确产生了泛宗教主义、泛道德主义的弊害，现在却不幸走上了另一极端，传统的宗教、道德日益式微，却没有一套新的像样的东西来代替，而落入了一种真空状态之中。人不是变得无所适从，怀疑彷徨，就是变得古怪邪僻，自以为是……

〔……〕我们……必须重新回头恢复一些已经抛弃的价值……今日面临我们的一大问题在，如何在一个政治民主、思想自由的社会之中重新建立道德与宗教的价值。在这个探索的过程之中，研究八百多年前朱子的思想，也可以给我们莫大的启示。①

刘先生深知西方资本主义式的民主政治带来的社会和人心，是从道德人而下落为自然人，物欲和金钱的追求，变成人的唯一目的，因此，人类逐渐丧失了道德和人文，于是世人若非多成为虚无者，就多成为怪诞者。因为这样的堕落，终必毁灭人类和文明，所以，我们必须在今日的民主社会中重新建立道德与宗教价值。在这个重建中，刘先生告诉我们，八百多前的朱子儒学的道德境界及其工夫入路，乃是我们最大的资粮和启示。

六　结论：朱子儒学儒教研究和实践之盲点及其对应之方

1949 年之后，当代新儒家在台湾的儒学复兴和新创，有两方面，一是将台湾儒家文化、思想、学术从一个中国边缘性的小传统位置提升到中国中心性的大传统位置，特别是对于传统朱子儒学发出了一个创新的诠释；二是将台湾的儒学上提到具有现代意义的新儒学，而不再是四百年因循静态的清朝式朱子儒学之固有典范。

在本文的上一章中，笔者特别举出杰出的第三代当代新儒家之学者蔡仁厚教授和刘述先教授阐述的关于朱子儒家思想和智德在这个时代的重要性，在上上章中，则点

①　刘述先：《朱子哲学思想的发展与完成》，台湾学生书局，1982，第 548～549 页。

明了第二代最具原创性的当代新儒家大儒牟宗三先生对于宋明儒学以及朱子之判教式的新典范之创立。这些重要的儒学之诠释成就，是在台湾发生的，故就此而言，台湾的儒学达到了一个从来未有的水平，就在全中国言，它也具有了一个学术研究的高峰。

但是 1949 年以后的当代新儒家对于宋明儒学，特别是朱子儒学的新阐释，却有一个运作上的问题。蔡仁厚先生看出了此种危机，他说：

> 当代新儒家在学术思想方面确有卓越的贡献，但在教化方面，则由于政治社会之转型与学校教育之变革，形成儒家在理论与实践之间的重大落差。尽管当代新儒的第一代，对于乡村建设之倡导，政党政治之践行，风教伦常之重视，皆能精诚贯彻，但客观地看，不但成效不彰，而且难以着力。而第二代第三代的新儒，则基本上都是教授、学者，偶而有人从政，也不过"尽心焉耳矣"。……据此，我们对于当代（二十世纪）的新儒家，实可提出这个的评介：
>
> 在学术思想上，致力于返本以开新。
> 在教化功能上，则仍然衰微而不振。[①]

蔡先生真是点出了当代儒者与传统儒者或是大儒如朱子的最大差别，那就是今日的儒家在大学里面担任一位儒学之学者，在知识体系上，他们建立了新的典范。但是他们却无法在中国庶民社会中真正起到移风易俗、潜移默化的德教之功。换言之，儒家学者与庶民社会是严重脱节的，起码 1949 年以后的台湾当代新儒家就是如此。

传统朱子学在台湾的意义，是一直不与台湾庶民社会脱离的，在台仕儒以及台湾本身培养出来的儒士和儒官，并非在形而上学或本体宇宙论、心性论方面，超越朱子儒学的典范，而是依据朱子之儒学，在台湾社会里，推展朱子理学形式之儒家教化，使台湾庶民百姓生活世界的文化和伦理内容和实践，都是朱子的学说和道德。直至当代，以台湾的庶民社会而言，他们的人伦以及他们的人与神鬼关系和人与天地的关系，其实依然是康熙治台以来的那个朱子儒学传统。然而，在高层次的大传统之新创典范之当代新儒学，却与此传统产生了上下两层不相统贯的断裂现象。

厦大国学院院长陈支平教授研究朱子儒学，也以史学家的视野发现了上下双重断

---

① 蔡仁厚：《从人文教化看朱子的成就与影响》，《哲学史与儒学论评：世纪之交的回顾与前瞻》，台湾学生书局，2001，第 202 页。

裂。陈教授说：

> 从历史学的视野考察朱子学，我认为朱子学的学术结构应该是由两个方面所组成。即一方面是由中国哲学和中国思想史学者所热烈讨论的"义理"、"心性"等哲学层面的问题，……而在另一方面，应该是朱熹对于社会关怀与社会管理的学术思考，恰恰是这一方面的学术结构，有可能为研究中国哲学史和中国思想史的学者所忽略。……
>
> ……社会关怀与社会管理之学，是必须进行社会实践的。事实上，有着强烈社会责任感和政治责任感的朱熹以及他的学生们，在构建其理学理论的同时，对于社会的实践，也就是"知"与"行"的问题，是十分重视的……
>
> 〔……〕我要考察的重点内容，是朱熹及其后学们究竟为当时的社会做了些什么样的事情，以及这些事情对于当时的社会和后世产生了什么影响。①

陈支平教授在此段文章中表达了：朱子并不仅仅是道德的形上学、本体宇宙论、心性论的大哲学家，他及其后学，其实应包括了理学家以及心学家们，同时也是在实践层次中的"社会关怀者"和"社会管理者"。陈教授的意思是在学术研究上，切莫忽略作为社会、政治的理想实践者的朱子。

我们认为在史家的视野中看到更为全面的朱子，陈教授是对的。而同时，朱子及宋明儒家们，也是在社会或民间的文化和道德教化领域的实质践履者。换言之，他们是形上学、本体宇宙论、心性论的哲士，也是社会和政治的理想层和现实层的参与者，亦是体制和民间教育的创造者和实施者。

陈教授的深层的呼吁是要求相关学者在作研究时，宜更加留意在形而下世界实践型的朱子及其儒学。

笔者现在更进一步呼吁的则是当代儒者不只是在学术领域上，作为一位称职的、创造型的儒家学者，而更应该走出学术殿堂，进入民间社会，在广土众民的社会中，如同朱子及其后学一样，是在人民的生活世界中，实践儒家的社会德教。这种工作，其实就是朱子一生中最重要的社会和人文实践。

在台湾的当代新儒家并不是全然没有思虑到这一个重要的面向。笔者仍然再举蔡

---

① 陈支平：《朱熹及其后学的历史学考察》，序言，商务印书馆，2016，第2~3页。

仁厚先生的观点来加以说明。蔡先生能想到的当代儒家的社会实践，依然是民间自主的书院教化。他说：

> 儒家根生土长，十足是"在地的"，何以会有疏离之感？因为家庭和社会的结构起了巨大的变化，人们的生活方式和工作环境，也一直在剧变中。如今，在我们居息的家庭里，已经没有祖先的位置；在我们的学校里，也已没有孔子的位置……儒家虽也有孔子庙，但那只是官式教化的象征。在古代还算好，庙同时也是"县学"、"府学"、"国子学"的所在，如今连这样的"学"也消逝不见了。现在的大、中、小学，又全是西式化的知识教育，而"做人之道"（人品教养）落空了……谁来负责教导国民"做人"呢？最后当然还是靠儒家。
>
> 〔……〕我想到"书院"。书院是儒者民间讲学之所在……我的意思很单纯，只是想为散处各地的儒士，安排一个落脚安身的地方，让他们有机会落地生根，为乡里服务，为乡里造福。
>
> 我想象中的书院，……一切顺其自然，因时因地而制宜。只要有一间房子，便都可以挂牌……当然最好能成立一个基金会，打下稳实的基础。
>
> 书院的活动，基本目标是"讲学"和"教化"。[1]

蔡仁厚先生是在台湾发出呼吁召唤，希望当代儒家除了在大学高教中作为一位研究知识化儒学的学者之外，能够走出学院而重返民间社区，在人民的生活世界中，广建书院，在其中讲学和教化。近来，这个文教复兴趋势，在两岸愈显发达振复。建书院以及在其中的儒家人文道德的启发，本来就是朱子最重要的功德之一。当代也应再来实践朱子的社会德教之理想，当然，在台湾，当代新儒家有些儒士已经于社会中立大小不一的书院，于其中践履庶民儒学之儒教之路，唯他们的儒家典范已不仅是传统朱子儒学，而是新典范的当代新儒学。

---

[1]　蔡仁厚：《关于"儒家人文教"与"儒学在地化"》，《中庸新诠与儒学反思》，台中：晨星出版有限公司，2015，第141～142页。

从朴文镐"性"论看湖洛论争的发展

史甄陶[*]

摘　要　本文主要从韩国儒者朴文镐的性论，一窥湖洛论争后续的变化，以及韩元震的论点有何展开。朴文镐身处于十九世纪末，在人物性异同的问题上，仍旧与田愚争论不下。朴文镐不赞成田愚仅从万物根源论"性"，进而提出"性四层说"——"太极之性"、"赋予之性"、"气禀之性"和"习成之性"。前三者主要是继承韩元震的观点，但是他与韩元震不同之处，在于朴文镐主张"形"会影响"气"之偏全，这是人性与物性相异的主要原因。同时，朴文镐提出"习成之性"，凸显"变化气质"的重要性，强调这是人复性工夫的关键处。此外，由于主同派与主异派各持朱熹之说，以为己见。朴文镐遂从时间的角度，将朱熹不同的说法，视为思想前后的转变，提出弥平其矛盾的方法。

关键词　朴文镐　"性四层说"　韩元震　湖洛论争　朱熹

一　前言

"湖洛论争"是 18 世纪韩国儒学界最重要的论争之一，"人性物性异同"是其论辩的主要内容之一，代表人物有湖派学者韩元震（1682 ~ 1751）和洛派学者李柬（1677 ~ 1727），两人都属于李珥（号栗谷，1536 ~ 1584）为主的畿湖学派。韩元震主张人性和物性相异，以及未发时心体有善有恶；李柬主张人性与物性相同，以及未发

＊　史甄陶，女，祖籍江苏溧阳，出生于台湾台北市，现任台湾大学中国文学系助理教授，研究专长为宋明理学、诗经学。

时心体纯善。① 他们的论争一直持续到 19 世纪末，仍然没有解决，其中继承韩元震学说的朴文镐（1846～1918），以及与李柬立场一致的田愚（1841～1922），可以说是此论争后续的代表人物。他们的性论皆有可观之处，然而田愚的学说，目前仍有薪火相传，② 但是对于朴文镐的观点，现今的研究成果并不多。③ 因此本文以朴文镐的性论为主要研究的对象，探讨韩元震学说的后续发展，以及 19 世纪末期朝鲜儒学的独到之处。

朴文镐，字景谟，号壶山、枫山、老樵，宁海人。他 7 岁开始从父亲朴基成学文，11 岁认识李象秀（1820～1882），20 岁开始向他求学。④ 尔后朴文镐在科举中落第数次，遂专心于义理心性之学，特别重视朱熹的经注，并私淑韩元震的学说。⑤ 1872 年建成枫林精舍讲学，并供奉朱熹（1130～1200）、李珥、宋时烈（1607～1689）、韩元震等人。朴文镐著述甚多，有《大学章句讲义》《大学章句详说》《论语集注详说》《孟子集注详说》《书集传详说》《周易本义详说》《壶山集》《人物性》等，数量超过一百本，涉及的面向非常广泛。因此若要了解朝鲜后期朱子学的发展，朴文镐实在是一位不可忽视的学者。

二 朴文镐与田愚争论的焦点

朴文镐与田愚的思想，皆属于以李珥为主的畿湖学派。李珥发挥朱熹“理气不离”

---

① 杨祖汉：《韩儒“人性物性异同论”及其哲学意义》，《从当代儒学观点看韩国儒学的重要论争》第八章，台湾大学出版中心，2005，第 391 页。

② 在韩国，田愚的思想到现在还有传人，根据田炳郁教授提供的资料，现今全罗道淳昌乡校训蒙斋山长金忠浩（古堂）先生，便是田愚的再传弟子。田愚的相关研究，参见杨祖汉《朝鲜儒者田艮斋对朱子思想的理解——比较牟宗三先生的说法》，《中正汉学研究》2016 年第 1 期（总第 27 期），第 93～116 页。

③ 目前与此议题最接近的研究成果是梁在悦《壶山朴文镐의性学과性四品说에관한考察》，《东洋哲学研究》1991，第 12 辑，第 273～292 页。

④ 参见“韩国历代人物综合信息系统”，http：//people. aks. ac. kr/index. aks。查询日期：2017 年 11 月 1 日。

⑤ 李东哲：《诗集传详说·解题》，《韩国经学数据集成》，汉城：成均馆大学校，1991，第 14 册，第 17 页。

和理"无计度、无造作"的观点，反对李滉（号退溪，1501～1570）"理气互发"的说法，主张"气有为而理不为"，并在此观点下强调"气发理承"——理不活动，唯有气会活动，故理只能通过气而有所表现，以及"理通气局"——理既然只能乘气而有所表现，因此也受到气的局限。至于人心和道心的问题上，李珥既然主张气发理乘一途之说，则人心、道心俱是气发，则心（气）当其为能使理全幅体现的本然之气，就是"道心"，心（气）当其一变而不能顺理而发的非本然之气，就是"人心"。于是在工夫论上，李珥的重点便在"养气"上面，当气恢复为能依理而行的"本然之气"，则自然是道心的显露。①

17世纪之后，栗谷学派在政治上进一步分化为老论和少论，在学问上则发生湖洛论争：湖派以韩元震为首，洛派以李柬为首。两人都支持李珥所强调的"理通气局"，然而偏重有所不同，韩元震重视气的局限性，强调人、物性异，李柬重视理的普遍性，强调人、物性同。两派的论争一直延续到19世纪末，朴文镐景仰韩元震的学说，主张人物性异，而田愚则受到金长协（1651～1708）后学的影响，强调人物性同。两人于1885～1886年，频繁地往来通信，② 结果不欢而散。四年之后，田愚将其所著人物性论，托人带去给朴文镐。③ 朴文镐并未接受他的看法，他曾说：

> 庚寅夏，善长以艮斋意，示其所著人物性论。其论分"物"、"吾"、"圣"三层，以为物性同于吾，吾性同于圣。不直云"物"、"圣"性同，而必以"吾"做枢纽而承接之，何也？虽曰急于扶物性一边，何其自处之至是卑也。④

又说：

---

① 杨祖汉：《李栗谷、成牛溪"四端七情与人心道心"的论辩》，《从当代儒学观点看韩国儒学的重要论争》第五章，第318～321页；《朝鲜儒者田艮斋对朱子思想的理解——比较牟宗三先生的说法》，《中正汉学研究》，2016年第1期（总27期），第94页。

② 朴文镐《人物性》，《壶山集·附录》（此书目前收藏于韩国中央图书馆）卷5，页5。朴文镐《壶山集》中，目前保存他写给田愚的信，共有七封（朴文镐《答田艮斋》，《壶山集》卷13，第16～27页）。但是田愚《艮斋集》中，目前仅有一封《答朴景谟》[《艮斋集》（此书目前收藏于韩国中央图书馆）前编卷4，第52～53页]。

③ 朴文镐：《人物性》，《壶山集·附录》卷5，页4。

④ 朴文镐：《人物性》，《壶山集·附录》卷5，页4。

艮论中引孟子注"同得天地之理以为性"之语，以为人物性同之证。吾辨之曰："是谓得之之同，非谓所得者同也。"只见同字而不就其所用，可乎？若以此为性同之证，则其上文曰"同得天地之气以为形"，亦可以此而遂万物之形皆同乎？形同则性同，形异则性异，如影随形，如响随声，有不可诬。今观其形各不同，则性之不同，不言可知。朱子所称"异体之理绝不同"，言约而意尽矣。①

从朴文镐对田愚的反驳中，大致可以看见田愚的观点，以及与朴文镐的差异。田愚的人物性论，分为"物、吾、圣"三层，此三层之性皆同，主要根据朱熹对《孟子·离娄下》"人之所以异于禽兽者几希"的注解。但是朴文镐认为田愚的说法断章取义。因为朱熹的注解是这么说的：

> 人物之生，同得天地之理以为性，同得天地之气以为形；其不同者，独人于其间得形气之正，而能有以全其性，为少异耳。虽曰少异，然人物之所以分，实在于此。众人不知此而去之，则名虽为人，而实无以异于禽兽。君子知此而存之，是以战兢惕厉，而卒能有以全其所受之理也。②

朱熹的说法其实有两面：一面是从万物的根源而论，人物皆以天理为性，这是论其"同"；另一面则从万物之气禀不齐而论，人得形气之正，因此性全，物不得其正，因此人物之性相异。在朴文镐看来，田愚的重点仅在人物同得到天地之理而言，但就着实际"用"的层面而言，人与物在气的局限下，到底能展现多少性理，则有所不同。因此他主张，探讨人性与物性的重点，应该要"因情明性"，③ 也就是放在经验上可见的层次来思考，而不能仅从本源的层次上谈。但这并不表示朴文镐反对从本源论性，而是考虑到人有不同的情况。他说：

> 性一而已，故程子曰："二之则不是。"张子亦曰："气质之性，君子有不性焉。"君子且犹不性，况圣人乎？故孟子曰："尧舜性之也。"又曰："尧舜性者也。""之"字亦有迹，不若"者"字之无迹，而人与性遂混合无间矣。然则为圣

---

① 朴文镐：《人物性》，《壶山集·附录》卷5，页4～5。
② 朱熹：《四书章句集注·孟子集注》，中华书局，1983，卷8，第293～294页。
③ 朴文镐：《性学辑考》，《壶山集·杂著十》卷58，第28页。

人说者，奈何只曰性，可也。……然中人以下之质，不能免气禀之不齐，故程、张二子，又不得已而立本然、气质之名。①

"性"只有一个，程颐与张载都说过此源于天理的"性"，但是朴文镐认为这只能用于圣人；至于中人以下，则会有具有形体之后的气禀问题，因此不得不产生"本然之性"与"气质之性"的说法。由此可见，相较于田愚从本源处论性，朴文镐更关心的是天命之性在后天的影响下，所产生出来的各种情况，也就是"因情推性"的方法。② 他说：

> 孟子之论性善，亦无他方法，只是因情推性而已。而物之情未可保其可以为善，则又安可谓其性同于人乎？③

朴文镐有意沿袭孟子论性善的方法，但是其人性论的内容，却明显地与孟子的思想旨趣不同。以下便是他对"性"的看法。

三　朴文镐对韩元震"性三层说"的继承与发展

朴文镐主张人性与物性不同，但是人物性的差异何在？朴文镐在朝鲜儒学发展的脉络中，追随韩元震的观点，但同时继续拓展出自己的见解。韩元震对人性的讨论，最重要的就是"性三层说"：

> 元震窃疑以为性有三层之异。有人与物皆同之性，《中庸》二十二章《章句》："人物之性亦我之性。"有人与物不同而人皆同之性，《孟子·告子篇》辑注："以理言之，则仁义礼智之禀，岂物之所得而全哉。"《大学·序》文："天降生民，则莫不与之仁义礼智之性。"有人人皆不同之性。《论语》子曰："性相近也。"性非有是三层而件件不同也，人之所从而见者，有是三层耳。就人物上除了气，独以理言，则浑然一体，不可以一理称之、一德名之，而天地万物之理、仁义礼智之德，无一不具于其中矣。

① 朴文镐：《性学图说》，《壶山集》卷40，第23～24页。
② 梁在悦：《壶山朴文镐의性学과性四品说에관한考察》，《东洋哲学研究》第12辑，1991，第287～288页。
③ 朴文镐：《考亭人物性考》，《壶山集·杂着十一》卷59，第22页。

此人与物皆同之性也。就人心中,各指其气之理而名之,则木之理谓之仁,金之理谓之义,火之理谓之礼,水之理谓之智,四者各有间架,不相淆杂,而亦不杂乎其气而为言,故纯善而无恶。人则禀气皆全,故其性亦皆全,物则禀气不能全,故其性亦不能全。此人与物不同,而人则皆同之性也。以理杂气而言之,则刚柔善恶,有万不齐。此人人皆不同之性也。岂人既有人与物皆同之性,又有人与物不同之性,与人人皆不同之性哉? 特以其独言理而不及气,则人与物皆同;各指其气之理,而亦不杂乎其气而言,则人与物不同,而人则皆同。各指其气之理,故有仁义礼智名目之不同,而人与物不同,亦不杂乎其气而为言,故纯善无恶,而人则皆同;以理与气杂而言之,则人人皆不同,而有是三层耳。上二层本然之性,下一层气质之性。其实一性而已也。①

这里所谓的"性三层",就着本质上来看,只有一性,然而之所以会分为三层,是因为"性"受到气质的影响,而有表现上的差异。② 第一层指的是"人与物皆同之性",第二层是"人与物不同而人皆同之性",第三层是"人人皆不同之性"。从理气论来看,第一层独以"理"言,人与物同具天地万物之理、仁义礼智之德,"则其性无不同矣"。③ 第二层是就着气之理而论性:人禀气皆全,因此性全,物禀气不全,因此性亦不能全。至于性的内容,则是以健顺五常而言。④ 第三层之性则是就着理与气杂而言之,其中有善有恶,人与人,物与物,皆不相同。此外,韩元震又将第一层性与第二层性,称之为"本然之性",将第三层性,称之为"气质之性"。⑤ 朴文镐基本上也同意这样的看法,他说:

性理分三等为说,然后人物之性乃有着落。夫天者,一原之理也,人物同也;性者,异体之理也,人物异也;气质之性则其善恶不齐,亦如心之有善有恶,故

① 韩元震:《上师门戊子八月》,《南塘集》1,卷7,《韩国文集丛刊》,汉城:民族文化推进会,1998,第201辑,第163~164页。
② 杨祖汉:《从当代儒学观点看韩国儒学的重要论争》,第419页。
③ 韩元震:《与崔成仲别纸》,《南塘集》1,卷8,《韩国文集丛刊》,第201辑,第22页。
④ 韩元震:《附书·气质五常辨后》,《南塘集》,卷11,《韩国文集丛刊》,第201辑,页42。
⑤ 以上讨论,参考杨祖汉《从当代儒学观点看韩国儒学的重要论争》,第393~409页;李苏平:《韩国儒学史》,第459~467页;吕政倚:《从中韩儒学中的"人性、物性"之辩论当代新儒家的"内在超越"说》,政治大学哲学研究所博士学位论文,2017,页82~84。

人人而不同，物物而不同矣。①

然而，他也并非毫无己见。在《性学图说》中，朴文镐明确地将"性"分为四层：太极之性、赋予之性、气禀之性和习成之性，同时又将前两性归于"本然之性"，后两性归于"气质之性"。

以下便针对朴文镐论"性"的前三层——继承韩元震的部分进行解说、分析。至于"习成之性"，是朴文镐自己所提出的观点，则置于下一节讨论。

朴文镐将韩元震所说"人与物皆同之性"，称为"太极之性"。他之所以采用此名，因为"六经罕言此性，惟《系辞》之太极二字，可以当之"。② 他在解释《周易·系辞》"易有太极，是生两仪。"时说道：

> 按此无性字，而太极亦可谓之性，故取之。盖万物同一太极，是极本穷源之性也。万物各一太极，是物与一性者也。此之所取，取其万物同一义耳。③

"太极"是万物的根源，对朴文镐而言也就是万物共同之"性"。这一看法可能是受到韩元震的影响。④ 至于此性的特质，他说：

> 此所谓以理为性者也，万物之所以生之理也。极本穷源，无加无减，至善之名也。冲漠无朕，而寂然不动之地也，万殊之一本也，人与物同之性也。⑤

这段话主要是强调"以理为性"，是万物发生的本源，也是存在的根据。他采纳程颐的看法。程颐曾说："孟子之言善者，乃极本穷源之性"，⑥ 主张此性乃是至善；又以"冲漠无朕"形容性理的空寂不动，无形无兆的状态。⑦ 由此可见，朴文镐认为唯有本源之性，才是万物同一之性，此性等同于理。

---

① 朴文镐：《孟子随笔·尽心上·尽心一章》，《韩国经学数据集成》47 册，第 45 页。
② 朴文镐：《性学图说》，《壶山集》卷 40，第 24 页。
③ 朴文镐：《性学辑考》，《壶山集·杂著十》卷 58，第 8 页。
④ 韩元震说："超形一一气而言，则太极之称是也。"参见《与李公举柬·别纸辛卯六月》，《南塘集》I，《韩国文集丛刊》，第 201 辑，卷 9，页 213。
⑤ 朴文镐：《性学图说》，《壶山集》卷 40，页 24。
⑥ 程颢、程颐：《二程遗书》，收于王孝鱼点校《二程集》（中华书局，2004）卷 3，第 63 页。
⑦ 程颢、程颐：《二程遗书》卷 15，收于王孝鱼点校《二程集》，第 153 页。

至于"赋予之性"，等同于韩元震所谓"人与物不同，而人皆同之性"。朴文镐认为《六经》中谈"性"，多半指此。此性的内容是：

> 此所谓以性为性者也，万物之生之理也。随物各赋而其理或全、或偏之名也。万象森然而众理方动之地也，一物与一无妄而一定不易者也。一本之万殊也，一物之一本也。人与人同、犬与犬同、牛与牛同者也。人则与善、牛则与顺、马则与健、金与刚、火与热之类也。万物各一太极者也。凡此泛言之，则曰理，指物而言，则曰性。此理既赋于物，则非复理也，乃性也。①

朴文镐主张的"赋予之性"，是人与物的后天之性中，被天所赋予之性理。无论先天或后天，性的源头皆本于一理，然而散在万殊之中，人性皆同，但与物性不相同。他说：

> 以本然之理而言之，犬之性亦犹牛之性，牛之性亦犹人之性耶？言不同也。此则人与犬、牛，其本然之性不同者也。物中之水、木、犬、牛，固与人殊性，而人中之尧、舜、桀、纣，未尝言殊性，此乃本然赋与之理，万物各一其性者也。②

在朴文镐看来，从本然之理的角度，即便是圣王之性与暴君之性，也没有差别。然而人与物之性却不同。他又说：

> 万物禀阴阳五行之气以生，而人得其全，故五常备焉。禽兽得其偏，故其灵者，乃有一焉。虎狼之于父子，仁也；蜂蚁之于君臣，义也；雎鸠之于夫妇，礼也；鸿雁之于兄弟，鸽鹍之于朋友，亦近于智与信云。③

人性与物性在本质上的不同之处，是因为人全备"五常之性"，但是物却偏得其一。④ 除此之外，朴文镐主张"天下之言性者，岂有舍形气而可能说着'性'字乎？"

---

① 朴文镐：《性学图说》，《壶山集》卷40，第24页。
② 朴文镐：《性学辑考》，《壶山集·杂着十》卷58，第23页。
③ 朴文镐：《人物性》，《壶山集·附录》卷5，第1页。
④ 朴文镐：《性学辑考》，《壶山集·杂着十》卷58，第13页。

又提出人与禽兽"以其正横之异体，故禽兽之性，必递落于人性一等，偏而不能全以此也"。① 又说："性之偏全，各随其形。"② 可见他分判人物之性全与不全的问题，也可以从"形"入手。这与韩元震着重的焦点不同，韩元震强调"就人心中，各指其气之理而名之"，③ 也就是从"心"的角度，说明人物所禀之气，是否与理相合，但是朴文镐却重视"形"与"性"的关系。

对于第三层"气禀之性"的解释，朴文镐说：

> 此所谓以气为性者也，万物之生之性也。物各禀得，而其气或清、或浊、或粹、或驳之名也。一物之万殊也，一身之一定也。人人不同，犬犬不同，牛牛不同者也，人有不善而牛马有不顺健之类也，六经中亦多言此性。其为性也，气与质合而得。然本其有生之初而观之，则气之用事居多，故谓之气禀之性也。④

他认为这是由"气"的层面论性，此"气"是由"生"而来。⑤ 由于人物禀气清、浊、粹、驳不同，因此人与人的气禀之性不同，物与物的气禀之性也不同。《六经》当中所言之性，多半是气禀之性。而人物之善恶，也在此性中表现出来。这是因为从"生"的角度看，本然之性已受到气禀的影响，进而产生不齐的现象。朴文镐认为，告子所说的"生之谓性"，便是气禀之性。⑥

以上所述及的"太极之性"、"赋予之性"和"气禀之性"，主要是朴文镐继承韩元震的观点之后，提出的另一种说法，就着基本概念来看，与韩元震差异不大。至于韩元震的意见，朴文镐认为主要是从程、朱而来。他说：

> 昔退之有三品性之说，只就气质性中而分三品，其说固浅近不足言。至于程

---

① 朴文镐：《人物性分殊图说》，《壶山集》卷40，第31页。
② 朴文镐：《人物性》，《壶山集·附录》卷5，第1页。
③ 韩元震：《上师门戊子八月》，《南塘集》1，卷7，《韩国文集丛刊》，汉城：民族文化推进会，1998，第201辑，第163页。
④ 朴文镐：《性学图说》，《壶山集》卷40，第25页。
⑤ 朴文镐说："性之为字，从心从生。生者气也，生之理则性也。"朴文镐：《性学辑考》，《壶山集·杂着十》卷58，第10页。
⑥ 朴文镐：《性学辑考》，《壶山集·杂著十》卷58，第22页。

子论性，以人生而静以上为一说，又以性善为一说，又以生之谓性为一说，玩其辞，味其旨，显然有三品之分。近世湖中诸贤之论性有三品者，其本盖出于程子此说，及《朱子语类》天、命、性、气之论。

程颐认为告子"生之谓性"与孟子不同，告子是"彼命受生之后谓之性"；① 至于朱熹的意见，则出现在他解释"气质之性"时。朱熹说：

> 性譬之水，本皆清也。以净器盛之，则清；以不净之器盛之，则臭；以污泥之器盛之，则浊。本然之清，未尝不在。但既臭浊，猝难得便清。故"虽愚必明，虽柔必强"，也煞用气力，然后能至。某尝谓《原性》一篇本好，但言三品处，欠个"气"字，欠个来历处，却成天合下生出三般人相似！孟子性善，似也少个"气"字。②

由此可见，韩元震与朴文镐对程朱之学十分熟稔，继承他们的性论，并且加以说明和分析，成为"性三层说"的立论根据。

此外，在上述的架构下，朴文镐区分出人、动物、植物和枯槁之物的差异，根据他的分类，制表如下：③

	理、气（形、生、知觉）	性
人	有理而有气，而有形，而有生，而有知觉者	正生性全
禽兽	有理而有气，而有形，而有生，而有知觉者	横生性偏
草木	有理而有气，而有形，而有生，而无知觉者	倒生无知觉性非真性
枯槁之物	有理，有气，有形而无生者	死物无生气性非真性

朴文镐的观点虽然受到朱熹的影响，但与朱熹也有所不同。朱熹说：

> 天之生物，有有血气知觉者，人兽是也；有无血气知觉而但有生气者，草木是也；有生气已绝而但有形质臭味者，枯槁是也。④

朱熹仅从"血气知觉"、"生"和"形"三个方面思考，但是朴文镐则是由

---

① 程颢、程颐：《二程遗书》，收于王孝鱼点校《二程集》，卷3，第63页。
② 黎靖德编《朱子语类》，中华书局，1984，第72页。
③ 朴文镐：《人物性分殊图说》，《壶山集》卷40，页31。
④ 朱熹：《答余方叔》，《文集》，卷59；《朱子全书》第4册，第2854页。

"理"、"气"、"形"、"生"和"知觉"五个面向思考，分析的内容更加细致。在朴文镐的脉络下，原本朱熹考虑中人兽无别的状态，重新被厘清为人兽有"正生"与"横生"的差异。并且还特别说明草木是"倒生"，可见他对"生"的定义，并非是朱熹"生气"的概念，而是指"生"的状态。这里可以看出，朴文镐虽然承袭朱熹的想法，却也形成了自己独特的分析结构。

　　还有一点需要补充的是，朴文镐对于"心"的看法。他追随朱熹的观点，强调"性者，心之理也。故其为字，从心从生，心与性未尝相离。有心则有性，无心则无性"。因此他主张"草木枯槁皆无心，则其无性"。① 很显然的，朴文镐主张"心"是"知觉"而已，被"一元之气所统"，心仍然属于气禀的层次，只能说是人的实践主体，却不足以成为人的道德主体。② 就这一点来说，朴文镐仍在朱熹和韩元震的观点之下，并没有更多的突破。③

　　从以上的解说与分析中，可以看见朴文镐根据《系辞》得出"太极之性"；依循《孟子》的观点说明"赋予之性"；指明告子"生之谓性"的概念提出"气禀之性"。他继承韩元震思想，具有以下三方面的特点，值得重视。首先，从韩元震到朴文镐的观点，正能凸显出程颐和朱熹论"性"，不仅限于孟子，同时也关注告子，扩大了儒家"性"论的内涵，在这个基础上，韩元震与朴文镐更进一步衍生出"性"论的各种复杂面向。其次，在"赋予之性"的概念中，朴文镐展现出人与物的后天之性，可与先天之理相通的一面。这样的学说，确保了程朱之学工夫论的可行性，但是却对修养工夫的动力，没有清楚的说明。再次，在人、动物、植物与枯槁之物的分类上，朴文镐不仅受到朱熹解释的影响，同时也后出转精，从"理""气""形""生""知觉"的理论框架，更完整且全面地对万物之差异性做出更加细致分析。

---

① 朴文镐：《人物性分殊图说》，《壶山集》卷40，第31~32页。

② 朴文镐以"气"论心，与朱熹的看法一致。关于朱熹之心，仍由气禀所决定，无法成为道德主体之说，参见李明辉《朱子论恶之根源》，《国际朱子学会议论文集》，台北中研院中国文哲所筹备处，1993，第26~30页。

③ 杨祖汉曾针对韩元震人性、物性的观点，说："（韩元震）不愿先从天命太极说下来，而要以人心之五常证天道，由此可见人之可贵，应是南塘说人、物性异之用心。但虽有此用心，南塘的立论所依据的，……是由于气化而来的差异，并无关于人的自觉努力。这样，亦不能显出人的可贵，及真正异于禽兽之处。"见杨祖汉《从当代儒学观点看韩国儒学的重要论争》，第422页。

四　朴文镐的新说——"习成之性"

朴文镐的性论，还不仅上述"性三层说"的观点。他在韩元震的架构下，又提出"习成之性"，并且主张这是"性学图"的"骨子所在"。① 这是他独到的见解，并且非常重视这个问题。以下分为三部分讨论。首先，究竟什么是"习成之性"，朴文镐说：

> 此所谓以习为性者也。凡人有生以后，自少至老所习之性也。习于善，则恶者可变为善，习于恶，则善者亦变为恶者也。一身之有，万其殊也，日以或不同，而岁以或有迁者也。六经之中亦颇言此性。其为性也，习与气合而得，然沿其成质之后而观之，则习之为事居多，故谓之习成之性也。②

朴文镐将此性与"气禀之性"，同归类于"气质之性"中，但是习成之性与气禀之性不同之处，在于习成之性的养成，是气禀经连累月被习惯所浸染之后的结果，是人变善或变恶的转折点。

其次，"习成之性"判定的原则，以及特质为何？朴文镐曾在解释《礼记·乐记》"声音动静，性术之变，尽于此矣"时说：

> 按此编之例，凡遇论气质性处，有习字则属之于习性，余皆属之于气。今此虽无习字，而"性术之变"四字，有制裁变化之意，故取以属之习性云。③

由此可见，"习成之性"是"性"中可以制裁变化之处，这虽然是在气禀之性中，但是却是人可以挣脱气禀的限制的关键。如朴文镐在解释《礼记·王制》"中国夷戎，五方之民，皆有性也，不可推移"时说::

> 按，凡言气皆兼天地之气，此则单指地气，即所谓土性也。又按，以气论之，

---

① 朴文镐：《性学图说》，《壶山集》卷40，第30页。
② 朴文镐：《性学图说》，《壶山集》卷40，第25页。
③ 朴文镐：《性学辑考》，《壶山集·杂著十》卷58，第12页。

则不可推移，以习论之，则可以变化。①

他接受郑玄“地气”的解说，说明人在禀气上受到“土性”的影响，不可推移，然而若从习性的角度来看，则可以加以变化。既然“习成之性”会影响人的“善”或“恶”，便是修养工夫的重心所在。他说：

> 夫太极混沌之中，人物赋与之始，阴阳气禀之初。其为性也，皆无所容人力于其间，唯有一仰于在天之理与气而已。至于习性，然后乃有下手着力处。凡以性为学者，不于此焉从事，而更于何处耶？……吾之所取于此图者，只取其习于善，而至于复性一事而已。夫吾辈生禀中人以下之质，能立志为学，动心忍性，寸除诸恶，铢集众善，以终底于变化气质，而复我本性，此系乎人力之至，而非性与气之责也。②

在朴文镐看来，“习成之性”是人“可以用力之地”，这就是“复性”工夫之重点。然而圣人不用顾虑，惟有中人以下，需要经过气质之性的转化，从小处去恶习善，才能使人不受到气禀的障蔽，进而让“本然之性”朗现。此外，朴文镐说：

> 盖人性虽曰本善，其气禀所拘，习俗所染，不能无此等昏愚之人。人虽昏愚，为先觉者，亦不弃之，常引以推之于中人之中，而为之晓之曰：“汝之性本善，与禽兽之性不同，此自天之赋与之，初而已如是，汝何故乐趋禽兽之域哉？”彼虽昏愚之甚，亦将油然感悟，惕然畏惮，有以回头却步，而冀得免禽兽之归矣。③

至于中人以下者如何才能产生反省与警惕呢？朴文镐主张需要藉由他人提醒，领悟人与禽兽的差异，进而兴起感悟，戒慎恐惧。这种领悟并非由人之道德主体自发地产生。

至于“习成之性”与前面所述之“性三层论”，有什么样的关联？朴文镐曾以“米”为比喻：“太极之性”就如同米被收于仓廪之中；而“赋予之性”则像是仓廪中的米，按照各人的爵秩高下和俸给多寡，分给不同的官吏，则称之为“禄”；“气禀之

---

① 朴文镐：《性学辑考》，《壶山集·杂著十》卷58，第10～11页。
② 朴文镐：《性学图说》，《壶山集》卷40，第29～30页。
③ 朴文镐：《性学辑考》，《壶山集·杂著十》卷58，第34～35页。

性"则是班禄当中的米粒，或有大小精粗不同，或是量器不准，或遭雀鼠侵扰，或受吏隶剥削，或遇路上盗贼抢夺，或口袋破洞而漏，等等，因此各人所得皆不相同；"习成之性"也就是讨取被抢夺的部分，追回损失的部分，缝补好口袋的漏洞，最后将所得的俸禄，全部运送回家。① 由此可见，朴文镐的重点不在于"米"，而是"米"作为"禄"之用所产生的各种问题。同时在此譬喻之中，性之四层的状态昭然若揭，特别是"习成之性"的工夫论特质，显得更加清晰。

总而言之，朴文镐在韩元震的"性三层说"上，再加入"习成之性"不仅凸显"变化气质"在工夫论中的重要地位，并且明确指出用力之地。虽然朴文镐建立起自己的性论体系，然而这并不表示他的学说毫无问题。很显然的，朴文镐在他的"性"论中，并没有提到实践的动力来源为何？正如牟宗三先生所说，孔子、孟子乃至周敦颐、张载和程颢等人，肯定人具有道德主体，并且借由逆觉体证的工夫，当下就可以呈现道德主体，以及给出实践的动力。但是朴文镐对于动力的问题，始终没有加以说明，的确有所欠缺。

五　朴文镐对朱熹异说的厘清

朴文镐强调"性四层说"，那么他如何看待朱熹说法中不一致的情形呢？朱熹在《中庸》首章"天命之谓性"的注释中，强调"人物之生，因各得其所赋之理，以为健顺五常之德"，② 所强调的是人物具有共同的性理。但是朱熹在注解《孟子集注》"生之谓性"时，则说："（人物）以理言之，则仁义礼智之禀，岂物之所得而全哉？"③ 所强调的是人为万物之灵，与物性不同。这是主张人物性同的李柬和人物性异的韩元震发生争论时，各自所根据的文献。朴文镐对此问题的看法则是：

> 主同之家所依以为重，莫如《中庸》首章注，主异之家所依以为重，莫如《孟子》"生之谓性"章注。以此二注迭为宾主，与相辨难，终年阅世而不知止焉，则实无异于宋人之守株，而未免有固滞之病。盍异观于其合二注而再转为晚

---

① 朴文镐：《性学图说》，《壶山集》卷40，第26页。
② 朱熹：《四书章句集注·中庸章句》，第17页。
③ 朱熹：《四书章句集注·孟子集注》，卷11，第326页。

年〈答黄商伯书〉乎？又盍观于其三转而为《语类》人物性门僩录乎？①

朴文镐认为，朱熹在《中庸章句》与《孟子集注》中的说法虽然有异，但是在朱熹晚年时，其弟子黄灏已经提出这个问题，而朱熹也从"万物之一原"与"万物之异体"两个层次回答。在朴文镐看来，前者是"太极之理"，"是万物之所公共也"；后者是"以五常之性而言，是万物之所各具也"。② 他主张这是朱熹晚年的第二次转变。至于第三次转变，则是《语类》中沈僩记载朱熹重新解说〈答黄商伯书〉。朱熹说：

> 曰："气相近，如知寒暖，识饥饱，好生恶死，趋利避害，人与物都一般。理不同，如蜂蚁之君臣，只是他义上有一点子明；虎狼之父子，只是他仁上有一点子明；其他更推不去。恰似镜子，其他处都暗了，中间只有一两点子光。大凡物事禀得一边重，便占了其他底。如慈爱底人少断制，断制之人多残忍。盖仁多，便遮了义；义多，便遮了那仁。"问："所以妇人临事多怕，亦是气偏了？"曰："妇人之仁，只流从爱上去。"③

朴文镐认为这段话要与《朱子语类》中吕焘所记载的朱熹言论一同参看，④ 其重点在于"体之所异，性亦随而异焉"。⑤ 重点放在"赋予之性"。但是朴文镐特别补充："又按慈爱以下，又专论人之气质之性，览者查之。"⑥ 可见此段文字当中，也谈到"气禀之性"。从上述的讨论可知，虽然朱熹的批注内容，前后的确有所不同，但是朴文镐从时间的角度，将朱熹不同的说法，视为思想前后的转变，弥平了其中的矛盾，同时也解决了朴文镐所担心的"以朱子攻朱子"的情况，将朱熹重新恢复到崇高的地位。

此外，朴文镐厘清朱熹观点的最特别之处，乃是重新检讨主同之家与主异之家的

---

① 朴文镐：《考亭人物性考》，《壶山集·杂著十一》卷59，第2～3页。
② 朴文镐：《考亭人物性考》，《壶山集·杂著十一》卷60，第8页。
③ 黎靖德编《朱子语类》卷4，第57页。
④ 黎靖德编《朱子语类》卷59，第1377页。
⑤ 朴文镐：《考亭人物性考》，《壶山集·杂著十一》卷61，第28页。
⑥ 朴文镐：《考亭人物性考》，《壶山集·杂著十一》卷61，第3页。

立论根据及其有效性。他主要从朱熹的著作着手，并加以评论：

> 夫朱子之书，如彼期多而要，不出于四等。如《精义》、《辑略》之类，是虽经朱子之手辑，实则非其言也。如《语类》则虽曰其言，亦非其所手定也。如《大全》、《或问》之类，虽其所自言而手笔者，亦只是一时之事，故或不能无憾于其间。至如经书注，则既就而屡改之，是终身之事也，故经书注不可以初晚论。然则世之论朱子人物性同异说者，舍经书注，且安所取衷哉。①

由此可知，朴文镐依照朱熹写作时间的长短，以及是否由朱熹手定这两个标准，将朱熹的著作分为四等：最重要的是 "经书注"，其次是《大全》及《或问》，再次则是《语类》，最后是《精义》和《辑略》。但是确认朱熹观点的关键，并不仅在是否用到最重要的经书注，而是能否在这些文献中，找得到根据，并且看见其中解释的层级关系。他说：

> 《语类》、《大全》虽本有逊于经书注，然今因论经书注而有此二说，则此二说者，是亦经书注而已。假令以二注为经，则《黄书》当为其注，而偶录又为其疏，三者打成一片，盛水不漏，其宗旨所载有可见矣。……若夫主同之家，则不待〈黄书〉、偶录，只开卷读 "生之谓性"，圈下一性已恍然无去处，只转身思遁，又何暇安意平心而徧读其诸书乎？②

就着厘清朱熹人物性论的文献上，朴文镐认为最重要的是从朱熹对《孟子》 "生之谓性" 的批注着手，其次则采取《答黄商伯书》和《语类》，类似于《孟子章句》之注与疏。这种滴水不漏的做法，与主同派仅从经书注来说明，更加严谨且有效。

总而言之，从朴文镐对朱熹异论的诠释内容与解决方式中，不仅可以看见他的性论立场，同时对于立论的根据，也有更深一层的反省。这里正反映出 19 世纪韩国儒者朴文镐对朱熹著作的评价，并且可以看见他的研究方法——利用著述时间顺序的排列，以及经学注疏的基本框架，厘清朱熹说法前后矛盾之处。

---

① 朴文镐：《考亭人物性考》，《壶山集·杂著十一》卷59，第2页。
② 朴文镐：《考亭人物性考》，《壶山集·杂著十一》卷59，第2~3页。

六 结论

从 18 世纪初，韩元震与李柬开始的湖洛论争，到朴文镐的时代，已经将近二百年之久。然而到了 19 世纪末，人物性论之异同，仍旧是朴文镐与田愚争论的焦点。相较于田愚对道德主体性——"心"的关注，[①] 朴文镐更重视"性"的分析，提出"性四层说"。这不仅是韩元震"性三层论"说的延续，并且朴文镐更强调"习成之性"，借以凸显修养工夫的重要。他之所以不赞成人物性同，有以下三方面的原因：

> 其一曰，以气则形不同，以理则性不同，实一串事耳。若曰形则各异而性皆相同，则是理与气之相离而为二也。久矣，形之与性更不相干，而所赋者或非其物之理，岂可乎哉？其二曰，凡物之性使果皆同，其发用之际，必混杂无定。主牛或有为马性，马或有为犬性，而今人考之犬之性，虽或不齐，终不为马性；马之性虽或不齐，终不为牛性。观其发明之不混，则其本之异，岂不甚明乎？其三曰，凡主异者，其意欲人之自贵也。若曰自贵之弊必至于自骄，则其弊视自贱者之入于自陷，又何如也？[②]

首先，从理气关系来看，朴文镐主张"形"关乎"气"，"性"关乎"理"，若人形与物形不同，则两者之"气"不同，其"性""理"亦不同。若是将人性与物性视为相同，则是将"理"与"气"视为互不相干的二部分，不合乎朱熹理气不离的说法。这是说明"赋予之性"的重要性。其次，朴文镐从"发用"的角度思考，观察到犬、牛、马各有其性，所以不同类型的动物，其性各不相同。这里所说明的是物与物之间，具有不同的"气禀之性"。再次，朴文镐主张，强调人性与物性的差异，其好处在于使人产生回复本然之性的认知，不会陷溺于自贱。这是修养的工夫，是"习成之性"之所以必要的原因。同时在研究观点上，朴文镐强调"由情见性"，重视从形而下的经验层面，思考形而上的性理，充分把握程朱之学"体用一源，显微无间"的特点。

---

① 杨祖汉：《韩儒田艮斋"性为心宰"的道德实践涵义》，收于潘朝阳主编《跨文化视域下的儒家伦常》，台湾师范大学出版中心，2012，上册，第 231～260 页。

② 朴文镐：《考亭人物性考》，《壶山集·杂著十一》卷 59，第 5 页。

　　朴文镐除了重视性论的层次之外，对于立论的根据也有所反思。他认为若要厘清朱熹说法前后不一致的情况，就需要徧读朱熹著作，并且以朱熹修订时间最长的"经书注"作为基础，同时还要兼顾朱熹自言或手笔的《大全》与《或问》，再加上门人所记的《语录》，如此才能确认朱熹的观点。这正反映出朴文镐严谨且细致的研究态度。

　　虽然朴文镐的"性四层说"，对于继承和发展朱子学说，有所贡献，但是在他的观点中，除了圣人能"循其自然"之外，中人之所以能够"自贵而反其性"的自觉能力，以及下等人由凡入圣的学习动力，皆没有提出明确的说明。因此，朴文镐性论下的"人"，仍然无法超脱气禀的决定，成为真正的道德主体。也就是说，朴文镐虽然在思考架构上有所改变，但是在理论上并没有突破朱熹及韩元震所带来的限制。

图书在版编目（CIP）数据

国际孔孟学刊. 第一辑／曾振宇主编. -- 北京：
社会科学文献出版社，2018.9
　　ISBN 978 - 7 - 5201 - 2625 - 0

　　Ⅰ. ①国…　Ⅱ. ①曾…　Ⅲ. ①儒学 - 文集　Ⅳ.
①B222.05 - 53

　　中国版本图书馆 CIP 数据核字（2018）第 086139 号

国际孔孟学刊（第一辑）

主　　编／曾振宇
执行主编／冯　兵

出 版 人／谢寿光
项目统筹／赵怀英
责任编辑／赵怀英　王玉敏

出　　版／社会科学文献出版社·独立编辑工作室（010）59366446
　　　　　　地址：北京市北三环中路甲29号院华龙大厦　邮编：100029
　　　　　　网址：www. ssap. com. cn
发　　行／市场营销中心（010）59367081　59367018
印　　装／三河市东方印刷有限公司

规　　格／开本：889mm×1194mm　1/16
　　　　　　印　张：14.5　字　数：259千字
版　　次／2018 年 9 月第 1 版　2018 年 9 月第 1 次印刷
书　　号／ISBN 978 - 7 - 5201 - 2625 - 0
定　　价／69.00 元

本书如有印装质量问题，请与读者服务中心（010 - 59367028）联系